行政学叢書❹

官のシステム

大森 彌——[著]

東京大学出版会

Working Papers on Public Administration 4
Continuity and Transformation in the Japanese
Bureaucracy : The "Kan" System
Wataru OMORI
University of Tokyo Press, 2006
ISBN 978-4-13-034234-6

刊行にあたって

日本行政学会の創立以来、『行政学講座』（辻清明ほか編、東京大学出版会、一九七六年）と『講座　行政学』（有斐閣、一九九四―九五年）が刊行された。私が編集代表を務めた『講座　行政学』の出版からすでに十余年の歳月が徒過してしまった。『講座』の刊行を終えたらこれに続いて『行政学叢書』の編集企画に取り掛かるというのが、私の当初からの構想であった。しかしながら、諸般の事情が重なって、刊行の予定は大幅に遅れ、とうとう今日にまで至ってしまった。

しかし、この刊行の遅れは、考えようによってはかえって幸いであったのかもしれない。一九九五年以来ここ十余年における日本の政治・行政構造の変化にはまことに大きなものがあったからである。一九九三年には自民党が分裂し、一九五五年以来三八年間続いた自民党単独一党支配時代は幕を閉じ、連立政権時代に移行した。そして政治改革の流れの始まりとして衆議院議員選挙が中選挙区制から小選挙区比例代表並立制に改められ、政党助成金制度が導入された。また一九八〇年代以来の行政改革の流れの一環として行政手続法や情報公開法が制定された。第一次分権改革によって機関委任事務制度が全面廃止され、地方自治法を初め総計四七五本の関係法令が改正された。「小沢構想」が実現に移され、副大臣・大臣政務官制度や党首討論制度が導入され、政府委員制度が廃止された。「橋本行革」も法制化され、内閣機能の強化、中央省庁の再編成、独立行政法人・国立大学法人制度の導入、政策評価制度の導入が行なわれた。さらに、総選挙が政権公約（マニフェスト）を掲げて戦う選挙に変わった。そして小泉内閣の下では、道路公団等の民営化や郵政事業の民営化が進められ、「平成の市町村合併」も進められた。

その一方には、公務員制度改革のように、中途で頓挫し先送りにされている改革もあるものの、憲法に準ずる基本法制の多くに戦後改革以来の大改正が加えられたのであった。したがって、この『行政学叢書』の刊行が予定どおりに十余年前に始められていたとすれば、各巻の記述は刊行後すぐに時代遅れのものになってしまっていた可能性が高いのである。

このたび、往年の企画を蘇生させ、決意も新たにこの『行政学叢書』の刊行を開始するにあたって、これを構成する各巻の執筆者には、この十余年の日本の政治・行政構造の著しい変化を十分に踏まえ、その上で日本の行政または行政学の前途を展望した内容の書籍にしていただくことを強く要望している次第である。

この『行政学叢書』は、巻数も限られているため、行政学の対象分野を漏れなく包括したものにはなり得ない。むしろ戦略的なテーマに焦点を絞って行政学のフロンティアを開拓することを目的にしている。一口に行政学のフロンティアの開拓と言っても、これには研究の領域または対象を拡大しようとするものもあれば、新しい研究の方法または視角を導入しようとするものもあり得る。また特定の主題についてより深く探求し、これまでの定説を覆すような新しい知見を提示しようとするものも含まれ得る。そのいずれであれ、ひとりひとりの研究者の目下の最大の学問的な関心事について「新しいモノグラフ」を一冊の単行本にまとめ、これらを連続して世に問うことによって、日本の行政学の新たな跳躍の踏み台を提供することを企図している。そしてまた、この学問的な営みがこの国の政治・行政構造の現状認識と改革提言の進歩発展にいささかでも貢献できれば、この上ない幸せである。

二〇〇六年三月

編者　西尾　勝

官のシステム　目次

刊行にあたって

序章 官たちの世界 …… 1
官の範囲の縮小／官と「行政」／官の継続／官の人生／戦後改革─尊厳化から世俗化へ／官と「国家」／大半は出先機関の職員／タガが弛んだ官たち／行政研究の「業」（ごう）／本書の構成
I章 持続した官のシステム──立ち枯れた職階法 …… 21
1 人事院職階課の盛衰 22
2 職階制導入当初の議論 24
足立忠夫の公述／辻清明の公述
3 進みつつあった職階制実施の阻止 30
職階制のイメージ／各省庁人事担当者の反対／開始された「キャリア採用」試験
4 潰えた自由任用制 42

戦前期の自由任用／「一般行政」の編入
5 立ち枯れた職階法 47

II章 変わらぬ大部屋主義の職場組織 …… 51

1 職場組織の風景 52
仕事の内容が書かれていない辞令／官民共通の大部屋／職員配置の例
2 「大部屋制」の発見 57
海外勤務の役人による発見／外国人研修生の驚き
3 組織形成――二つのタイプ 61
「初めに職務ありき」／「初めに職員ありき」
4 大部屋執務の行動と心理 63
大部屋主義の定義／大部屋執務の心理学
5 大部屋主義の組織形成 72
一所の執務空間／仕事振りの相互評価／人間関係の重視／概括列挙の所掌事務規定／

曖昧な職員定数／よき人柄が望まれる所属長

Ⅲ章 規格化された組織とその管理……81

1 行政組織の決定制度 81
行政活動の「鉄格子」／国会と内部組織の決定権／議院内閣制との関係

2 国の行政組織体制 85
長く続いた一府一二省体制／一府一〇省体制へ／国の行政機構

3 省組織の編成原理 92

4 省庁の特別職 95
大臣・委員長・長官／副大臣・大臣政務官／秘書官

5 府省の一般職 101
組織編成に関する方針／事務次官／官房・官房長／局と局長／部・部長／局、部又は委員会事務局の次長／課・課長／総括整理職・分掌職

6 行政組織の内部管理制度 115
組織の新設改廃手続／行政組織の内部管理の特色

IV章 定員削減のメカニズム …… 119

1 国家公務員の定員の「純減」 119
純減目標の決定
2 国家公務員定員の規制 124
定員管理法制別定員
3 定員削減の推移 126
計画的定員削減／府省別の増減
4 総定員の最高限度と計画的削減の手法 130
定員の総量管理／中央省庁等改革と実施部門の切り落とし／総量規制方式の問題点
5 更なるスリム化の圧力 136

V章 日本国所管課の活動……139
1 所管課の重要性 139
組織編成基準上の課（室）
2 所管課の陣容と活動 142
3 法案作成における所管課 147
4 国会対策 154
5 質問主意書への答弁書の作成 160
6 事例研究——課レベルの組織変動とその動因 162
抽出された組織変動の型／組織変動の型と変動要因
VI章 分権改革と省庁の対応……173

1　第一次分権改革と省庁の対応　173
憲法第六五条問題／分権委と機関委任事務制度の廃止／阻まれた公共事業の分権改革と税源移譲
2　三位一体改革と所管課の対応　187
分権委の最終報告／三位一体の改革／第一ラウンドの終了

終章　官のシステムのゆくえ……209

1　人事システムの改革　209
キャリアパスと人事管理の特徴／キャリアシステムの見直し／ノンキャリアの幹部登用／昇任システムと職務段階／組織段階の序列化／減点主義の人事
2　実績・能力評価システムの導入　223
国家公務員法改正の頓挫／国公法第七五条の覚醒／新たな人事評価制度の試行／人事評価の難しさ／チーム評価の必要性
3　セクショナリズムの是正と公務員一括採用　234
府省間人事交流と退職管理の内閣一元化／「日本国事務官・技官」の一括採用

4　官の不祥事とその対策　237
頻発した不祥事／国家公務員倫理法の制定／官民の利益共同体
5　政官関係の改革　248
政官の相互浸透／政治家の官僚への「接触ルール」／「官僚は政治をしてはならない」／事務次官制の廃止と府省「政治部門」の強化／現代民主政のアポリア
注　261
あとがき　275
索引

序章　官たちの世界

官の範囲の縮小

二〇〇一年一月から、日本国の行政機関は、国家行政組織法の外に出た内閣府（内閣府設置法適用）と国家行政組織法の下にある一〇省とで編成されている。内閣には内閣官房と内閣府・内閣府本府が置かれ、その本府に重要政策会議の一つとして「経済財政諮問会議」が設置され、この会議の議長は内閣総理大臣が務める。二〇〇一年四月二六日に成立した小泉内閣は、これを梃子にして、いわゆる「骨太の方針」を毎年六月頃に決定し行財政改革を推し進めた。その改革のスローガンが「官から民へ」「国から地方へ」である。「国から地方へ」の「国」は実際には「官」であり、したがって、改革の対象は「官」のあり方ということになる。民でできることは民に、地方でできることは地方に任せよう、それにより官の役割を縮小しよう、ということになる。もちろん、この改革は官の廃止を企図しているのではなく、その縮小、すなわち国レベルでの「小さい政府」の実現を目指そうとしている。官を民間と地方で挟み込む戦略である。

構造改革の一環といってよいが、二〇〇四年四月から、明治以来続いてきた国立大学（かつては帝国大学）は一斉に「国立大学法人」になった。それまでの国家公務員の身分は法人の教職員の身分に引き継がれたし、俸給月額は次期昇給期に変動がないとされたが、呼び方が変わった。国家公務員として使用してきた職名である「文部科学教官」、「文部科学技官」及び「文部科学事務官」は使用できなくなり、「国立大学法人〇〇大学職員」といわなければならなくなった。国立大学の教職員は官ではなくなり、国立大学法人法の規制の下に置かれることとなった。教官は教員へ、技官は技術職員へ、事務官は事務職員へと呼称が変わった。一応、官のシステムから抜け出て、非公務員になり雇用保険の被保険者となった。ただし、相変わらず俸給等の経費は国庫からの交付金でまかなわれるから、民間化（私立化）ではない。もっとも私立大学にも一定の基準で補助金が国庫から交付されているから、両者間の距離は縮まり始めたともいえる。

組織の名称変更が実態の変更を必ずしも意味しないのは、公共政策理論における「継受」（サクセッション）の概念が示すとおりである。サクセッション（遷移）は、もともと生物学の用語であるが、これを応用し、政府の行う公共政策の空間は飽和状態になり、外観では大きな変更のように見えながら、その実は微調整や言い換えが少なくない実態を「継受」といっている。「官」から「法人職員」になったからといって、その実態（意識と行動）がすぐ変わるわけではない。ともあれ約一三万人の国立大学の教職員が公務員ではなくなった。後述するが、これに先立って国の行政機関の一部が独立行政法人化と非公務員化され、外観上は官の範囲の縮小が起こっている。

官と「行政」

官は「つかさ」と読み、もともと、君主に仕えて政治を取り扱う仕事を意味している。官僚とは、文字どおり「官の仲間」「ご同役」である。わが国では明治時代の官吏を官員といったが、官職に就いていているという意味では現在でも国の公務員は官員である。

幕末から明治初年にかけての国民国家形成の当初、中央政府構成論でいえば、立法、司法と語法を一にして「行法」（ぎょうほう）という素直な文字が使われたことがある。このことは、井出嘉憲が「行政国家における〈官〉の支配──制度とことばと」という論考で指摘した通りである。(1) 五か条の御誓文に基づき明治元年閏四月二一日に発せられた「政体ヲ定ム」（政体書）は、天下の権力は総て太政官（中央政府）に帰するものとした上で、「太政官ノ権力ヲ分ツテ立法行法司法ノ三権トス則偏重ノ患無ラシムルナリ」と三権分立体制を打ち出し、次いで「立法官ハ行法官ヲ兼ヌルヲ得ス行法官ハ立法官ヲ兼ヌルヲ得ス」としていた。三権をもって、法を立てること、法を行うこと、法を司ることとしている。ここでは「行法」であって「行政」とは言ってはいないのである。実に素直な表現である。しかし、「行法」と「行法官」が出てくるのは政体書の中でもこの部分だけであり、政体書の「太政官ヲ分ツテ七官ト為ス」の中では「行政官」という語が使われている。

同じ年の九月一九日に「姑ク議政官ヲ廟シ議参両職以下ヲ行政官ニ併セ議事ノ憶裁取調局ヲ設ク」

という『御沙汰書』が出されている。議政官は立法官のことで、議参とは議定と参与のことで同じく立法官である。このように定めた理由を「議政行政之分別ヲ以テ議事ノ制可被為立筈之處自然実状ニ於テ議政亦行政之事ト相成」としたのである。[2] 立法、行政と分けてはみたが、「自然の実情」においては、立法もまた行政となってしまうので、現状においては立法官を行政官と併せることとなったというわけである。行政官の最高の地位は「輔相」であり、後の内閣総理大臣に該当する。その任務は天皇を補佐することにあった。天皇を補佐する「輔相」の地位は、名実ともに「政（まつりごと）」の中枢にあり、その立場は政体書が素直に掲げた「行法官」ではなくして、「政（まつりごと）を行う行政官」とされたのである。明治新体制の下では、未だ「立法」と「行法」によって政治を行える状態は整っておらず、「立法」と「行法」を一体化した「行政」によって政治を担当することが必要であると考えられたといえよう。一八六九年（明治二）四月、議政官が廃止され、議定と参与は行政官に編入され、輔相の次位を占めることになる。

「行政」とは、文字どおり「政（まつりごと）を行うこと」である。『広辞苑』によれば、「政」（まつりごと）とは「祭事または奉事の意」とあり、「主権者が領土・人民を統治すること。政治」とある。「行法」といえば文字どおり「法を行う」の意味になる。それが、「行政」に取って代られ、その担い手が広く「官」となったのである。「行法」を天皇「輔相」の「行政」が駆逐し、その「行政」が日本近代統治の重要な骨格を形成する活動になったということができる。その行政は誰によって担われたのか。言うまでもなく「天皇の官吏」であり、したがって「行政」の組織は官の体系となった。

今日に至るまで、官は、明治初期以来の「行政」を実践してきたといえるかもしれない。

官の継続

官員に様がつけられて「官員様」と言われていた明治初期、福澤諭吉は、「世間の氣風」ともいうべき「官途」熱を「青年の書生僅に数巻の書を讀めば乃ち官途に志し、有志の町人僅に数百の元金あれば乃ち官の名を假りて商賣を行はんとし、學校も官許なり、説教も官許なり、牧牛も官許、養蠶も官許、凡そ民間の事業、十に七八は官の関せざるものなし。是を以て世の人心益其風に靡き、官を慕ひ官を頼み、官を恐れ官に諂ひ、毫も濁立の丹心を發露する者なくして、其醜體見るに忍びざることなり(3)」と嘆いた。

明治時代、日本は国民国家を形成し西欧列強に伍していくため、いわゆる近代化推進エリートを必要としていた。幕藩体制が融解し、水平、垂直両面で人びとの流動が起こり、志と努力によって官への途も開かれた。そこから「官途」の志望者が出てきて、夥しい数の官員が生まれた。福澤は、もう少し人材が「私立」へと移ることの必要性を説いた。この説には「政府人に乏し、有力の人物政府を離れなば官務に差支ある可しと」という反論があることを予期し、次のように「決して然らず」と切返した。「今の政府は官員の多きを患るなり。事を簡にして官員を減ずれば、其事務はよく整理して其人員は世間の用を爲す可し、一擧して兩得なり(4)」と。

実際には、福澤の嘆きをよそに「官員の楽園」が形成されていく。一八八六年(明治一九)の帝国大学令と翌年の文官試験試補及見習規則の制定を通して官吏制度が整備され、統治の中核に官が座ることになる。水谷三公は、明治から戦後改革時まで、日本国を動かしてきた官僚の誇りと奢りを描述した『官僚の風貌』の中で、官僚制を含む継続的な営為組織に必要な能力を、汎用性のある専門技術・知識に基づく「専門能力」、個別の職場・職域に応じて実務を処理する「職務能力」、そして関係者の固有名詞や個体差を前提として人を動かす「職場能力」に類型化し、日本の官僚の世界では、より重視されてきたのは「職場能力」であったことを描いている。(5) どちらかといえば「職場能力」に官員たちの昇進・栄達がかかっていたからである。さほどの専門能力を発揮しなくとも、先進国に追いつき追い越す国是が自明だったため官員の偉さは持続できたといえようか。昭和の戦争時代には、軍人が自分たちを含む官員以外の人びとを「民間人」と蔑称していたことは遠い記憶になったかもしれないが、「官尊民卑」の振る舞いは民からの顰蹙を買いながらも、国の役人の職名にのみ「官」をつける呼称制度は戦後改革をくぐりぬけ、今日まで維持されている。

官の人生

「○○官」と呼ばれる国の職員のほとんどは、府省ごとに採用され、定年まで、その府省の人間として働く。官は生涯職である。これらの国家公務員を一般職といって、大臣等の特別職と区別するが、一般職は係員から事務次官に至るまで政権交代によって更迭されることはなく、分担する仕事の内容が何であれ、よほどのことがない限り本人の意に反して降任や免職をされない。その反面、政党・会派に対する政治的中立性を要求され、人事院規則で定める政治的行為を禁止され、また、職務専念義務、守秘義務が課せられ、争議行為や信用失墜行為を禁止されている。

国の行政活動は国家公務員の身分を持つ正規・常勤の職員によって担われるが、その官たちは人事院が行う国家公務員採用試験の合格者である。この試験は、一九八五年までは、上級甲種、上級乙種、中級、初級に分かれていたが、それ以降は、上級甲種が国家公務員採用Ⅰ種に、上級乙種と中級が採用Ⅱ種に、初級が採用Ⅲ種に再区分された。法律上何ら根拠がないにもかかわらず、上級甲種・採用Ⅰ種の合格・採用者をキャリアと呼び、それ以外をノンキャリアと呼ぶ慣わしとなっている。キャリアは、早い速度で比較的高い地位（少なくとも本府省の課長ポスト）に昇任することを人事運用により約束されているため「有資格者」とも呼ばれたりする。この人事運用が「キャリアシステム」である。

国家公務員の任用は、採用、配置、昇任、配置換え、退職というように、職員の人生経路と結びついている。これまで、採用後の任用は主として「年次・年功」という基準で行われてきている。四月や七月に慣例的な人事異動が行われる。ある時期が来ると別の部署へ移動する。引越しである。本府省内ということもあれば、出先機関ということも、自治体ということも、外郭団体や関連団体ということもある。時には住所地の変更を伴う転勤もある。辞令一本で動くからである。異動の内示を拒否すれば、その後の人事で相当に不利になりうるから、その覚悟がなければ異動内示に従って赴任する。昔も今も「宮仕え」は変わらない。

こうして役人としての人生を過ごすが、定年前に外郭団体や民間会社などに再就職することを「天下り」といっているから、「官」の表象イメージは「天」ということになる。同じ官僚制の国フランスでは「パントゥフラージュ」（この言葉は自宅でくつろげるように履くスリッパであるパントゥフルから派生したという）というが、日本では「天から降りること」になる。民間もしたたかに「天下ってきた」元官僚を官庁とのパイプ役などに使うが、それが不透明な公共事業発注の温床になったりもしてきた。

戦後改革――尊厳化から世俗化へ

一九四六年一月一日、天皇は「天皇ヲ以テ現御神（アキツミカミ）トシ、且日本国民ヲ以テ他ノ民族ニ優越セル民族ニシテ、延テ世界ヲ支配スベキ運命ヲ有ストノ架空ナル観念ニ基クモノニ非ズ」とする詔書を発した。これは、天皇が神の末裔であり、神聖にして侵すべからずという、明治政府の指導者が一〇〇年前に案出した天皇の神格化を天皇自らが否定したものであった。この詔書をもって、それまで天皇の官吏とされてきた日本国の官たちもまた、自らを国民の意思に基礎づけなければならなくなった。この原理的転換を「尊厳化から世俗化へ」と特色づけておきたい。

すべての官吏は、天皇の任官大権に基づいて任命され、旧官吏服務紀律によれば「凡ソ官吏ハ天皇陛下及天皇陛下ノ政府ニ對シ忠順勤勉ヲ主トシ法律命令ニ従ヒ各其ノ職務ヲ盡スヘシ」とされた。陛下のお召しがあれば、二四時間いつでも馳せ参じ、忠義を尽くし、それへの恩顧として「俸給」をいただく、そう考えられたのが天皇の官吏であった。官吏の忠誠対象は、絶対・無私・超然の存在である天皇であったから、その天皇との距離によって官吏の序列化（偉さの順位づけ）がなされ、忠誠の同調競争も起こった。天皇の「御意思」の忖度と成り代わりが官吏の権勢の基礎ともなった。それが、外に向かっては官尊民卑と国尊自治卑（国は偉く地方は国の手足）を、内では差別的な身分制の維持という特権の体系となったといえよう。

この尊厳化された官吏制度に原理的な改革を施したのが戦後改革であった。天皇主権から国民主権への転換によって天皇の官吏は国民に奉仕する公務員になった。天皇を頂点とする権威の体系の中で価値序列化されることにより特権的な身分であった官吏たちは「自己証明の危機」に直面したはずである。そうであればこそ日本官僚制研究の先駆者の一人、辻清明は、一九四七年（昭和二二）に、いち早く次のように言い放ったのである。「日本官僚制の最大の特色は、官職を占めることによって、かれらの享有する社会的特権が、民衆の眼に一つの身分的優越を表象するものとして映じていることにある。……この官吏の民衆に対する逆立ちした関係を更新、約言すれば『対民衆官紀』の確立として現れねばならぬ(6)」と。

再編された戦後の日本の政治体制では、それまでの官吏は、国家公務員となり国民全体の奉仕者とされ、その選定、罷免は国民固有の権利とされた。身分的色彩の濃い勅任官、奏任官、判任官等の区別は廃止された。天皇の官吏は国民に奉仕する世俗化された公務員へ転換したと見ることができる。公務員は当然に民意の代表機関としての国会の統制の下に行動する自覚と役割を獲得しなければならなかったはずである。

しかし、憲法は変わったが「官のシステム」は残った。これは、敗戦後、連合国最高司令官総司令部（ＧＨＱ）による日本統治が「間接統治」の形をとり、その統治のために官吏機構を使ったため、その改革が不徹底となった面が大きい。変わった憲法の下でも、「行法」を本務とする公僕であることを容易には受け入れない自律性の強い日本国の「実務者集団」の総称、それが官である。官の集団は特有の制度と意識の融合態である。意識改革は容易ではなかった。

土光臨調の異名をとった第二次臨調の第二部会（行政組織及び基本的行政制度の在り方）に参画した関係者は、座談会（一九八三年）で次のような興味深い回顧録を残している。(7)

山下　結局、国家公務員というのは国家と雇用関係にあるわけですが、この場合の国家とは何か、それはどういう関係かということが、基本的問題ですね。

佐藤　それは政府ということになると思いますが、国民主権ですから、最終的にはデモクラティック・コントロールに服する。そこから公僕という関係になる。

山下　だけど、総合管理庁（人事組織の総合調整官庁）構想というものを出した背景として問題になったことですが、やはり大変な数の雇用をやっているという以上、それを総括的に面倒を見ている相手方がはっきりしないということは、僕はあり得ないと思うんですよ。あれは人事院が決めるとか、それから個々の実際の指揮権の方は、各省庁の長が持っているとか、それから給与の法律は人事局（旧総理府）がやるんだとかいう現状は、公務員のほうから文句を言ってしかるべきだと思うんです。一体おれ達をこれだけ雇っといて会社で言えば人事部のようなものが全部一応対象にしているのに、政府の場合は、バラバラで総括的に責任をとるところがない。ストライキがないからそんなことで済ませるんですよ。ストライキがないということを利用して、逆に言うと、みんな追っつけ人事をやっているわけですよ。都合のいい追っつけ人事をやっているんだ。

牛尾　だから、総合管理庁構想をまとめるときに、職員との交渉が大変だからという一矢がはいりましたよね。

山下　官庁の方は、そんなことをしたら組合から交渉されちゃいますよと。

牛尾　何言っているんだ、交渉するためにあるんじゃないかとこちらは言っていた。（笑い）分割逃げ回りだから、それを総合して向かい合った方がいいんだというと、みんな何というとっぴなことを言うという顔をしていましたね。

山下　そうなんですよ。せっかく静かになっているのに、そんな交渉の受け皿を作っちゃったら、文句を言ってくるところができちゃうから大変なことになると言うんだな。そこのところで、行政における人事問題というのは、根本的に言って不思議なことだと思った。……

（以下、略）

佐藤　やっぱり陛下の官吏なのですね。雇用なんという発想がそもそもないんですから（笑い）。

（……中略）

牛尾　しかし、人事管理の責任がなきゃ経営当事者の能力がないと同じだと言った。

河合　今、一応それは人事局がやっている、対組合の交渉とか、対組合交渉の窓口の役割を人事局が行うわけですけれども、人事局は非常に当事者能力がないわけですね。

山下　ないですね。ないようにしてあるわけ……。

少し長い引用になったが、この座談会で発言している山下、牛尾氏等は民間企業の経営者であるが、彼らが同情するほどの職員団体の弱体ぶりである。座談会では「組合」という言葉が用いられているが、公式用語では国家公務員の「職員団体」である。組織・人事運営に対する影響力の点では、人事当局がはっきりしている自治体職員組合と比較し、この「分割逃げ回り」体制の中で、国の職員組合は脆弱である。自治体において職員の労働条件のみならず組織・人事配置の変更が労使交渉の対象になり、極端な場合には「長や当局は組合の事前同意や妥協が得られぬ限り、そしてその場合に組合との対立や紛争を覚悟しない限り、重要なことはほとんど何もできないといわれるほどである」(8)。このようなことは国の省庁については寡聞にして知らない。

興味深いのは、この弱体ぶりが、結局、国家公務員が実質的に「天皇の官吏」であると捉えられている点である。戦後改革によって政府活動の正統性の源泉が天皇から国民に転換した後も、国のレベルで官という職名も当然のように継続し、その意識改革も進まなかったことになる。

「官」と「政」の両世界で実力者とみなされた後藤田正晴は、一九九四年の時点でなお次のように書いている。「役人は、国民に対するサービス提供の実行者である。政府は、サービスの提供機関であり、統治行為も、実はサービスである。……それなのに、官僚主義が指摘され、批判されている。これは何を意味しているのかというと、まだ、日本の行政組織には『天皇の官吏』の風潮が残り、民を統治する意識が払拭されていないということではないか(9)」と。

戦後の間接統治とその後の持続した自民党単独政権によって官のシステムは「対民衆官紀」から遮断され、世俗化の時代にも官の虚勢は維持された。経済成長が進み、豊かさが増すにつれて、虚勢を張りつつ、さらなる世俗化によって自壊作用を起こすことになる。人を動かすメカニズムは、外からは法規制などの制度的統制であり、内からは常識などの価値コミットメント（教育・訓練の成果）であるから、この両面が整備・確立されないと、世俗化の帰結は、自分たちもまた豊かさのおこぼれに与りたいという、止めどもない自堕落な行動になりうる。すべてこの世は「色と欲」が官のシステムにも浸透すれば、それは世俗化というよりも俗物化となる。「公僕」（国民への奉仕者）の意識が育たないうちに、自己規律を失えば、限りなく世俗化の坂道を転げ落ちていくしかない。

その結果、世間から厳しい批判を浴び、虚勢を維持できなければ、新たに官の「実勢」を築くほかない。かりに官という職名が付されていても、自己の存在証明を何に置き、それに対する世間からの支持をどのように調達するかを真剣に考えなければならない。世俗化した官のシステムにどのような展望を開きうるのかと。

官と「国家」

ところで、世間ではほとんど疑問視されていないが、国家公務員という呼び方にも官のシステムが反映しているといえる。国のレベルの職員のみをことさら「国家公務員」と呼んでいるのは、「国家」概念を国のレベルに限定していることを意味する。これは一種の僭称ではないか。「国家」とは、日本国憲法でいう「国」と「地方公共団体」とによって構成されるのであるから、地方公務員と対比するのであれば、「国家公務員」ではなく、国民全体へのサービス提供機関であるという性格を明確に表すために、さしずめ「全国公務員」と改称してしかるべきである。人を呪縛する力をもつ「国家」を国の職員にのみ冠する言い方には一種の権威主義が付着している。

官という職名は自治体の職員には付されていない。もっぱら国の役人に付ける。地方にも警察官という官の付く役人がいるではないかという疑問が起こるかもしれない。確かに通称は警察官という。しかし、やはり官は国家公務員にしかいないのである。都道府県警察に配置されている警察官のうち、警視正以上の階級にある警察官は正式には「地方警務官」であり、一般職の国家公務員とされ、その俸給等は国庫から支給されている。地方警務官の定員は、都道府県警察を通じて、政令で定め、その階級別定数は内閣府令で定められている。地方警務官以外の警察官は「地方警察職員」と呼ばれ、給与等は都道府県が支給するが、その定員は政令で定める基準に従い条例で定めることになっている。地方警察職員の任免権は、警視総監又は道府県本部長がもち、警察官は上官の指揮・監督をうけて職務を遂行するから、わが国の警察組織は、全面的に国の警察という集権色の強い体系となっている。都道府県の職員である地方警察職員も「警察官」に包摂され、一様の呼称となっているが、「地方警務官」というように官の付くのは国家公務員だけなのである。

官は、言葉としては権威主義的な響きを伴うだけではなく、実際に、上下関係を内包して使われている。例えば地方公務員の給与等については「官公均衡」といって、国家公務員である官に対して、地方公務員を「公」と呼び区別している。官公均衡論には、どこか地方公務員の平均給与が官である国家公務員のそれを上回るのは認められないというニュアンスがある。官公の公とは自治体のことで例えば公立学校という。

官である国の役人（特にキャリア）が、自治体職員の身分を自動的に取得して（身分切り替え）、都道府県等の管理職のポストに就く場合、一般に、都道府県等の固有職員に比べて、そうしたポストに就く年齢は若く、その給与が多いのが慣わしとなっているのも、官の処遇に公と差があってしかるべきだと考えられているからである。これは、キャリアシステムのない自治体の人事運営に、それを実質的に持ち込んでいるとも考えられる。二年ほど自治体職員になったキャリアは再び官に戻るのが普通である。自治体の職員組合は、これを「天下り官僚」と呼んできた。

大半は出先機関の職員

一口に国家公務員といってもさまざまで、仕事も地位も勤務場所も多様である。東京都千代田区

「霞が関」には本府省の庁舎が集中し、「霞が関」が官庁所在地と官集団の代名詞となっているが、国家公務員は、職員数の分布では、圧倒的に地方の出先機関（地方支分部局）で働いているのである。二〇〇五年度末現在、府省の内部部局等で仕事をしている国家公務員は約五・八万人に過ぎず、約二一万五八〇〇人の国家公務員は各府省の地方支分部局等で勤務している。

地方支分部局は、大別して、おおむね広域的な管轄区域（ブロック）単位に設置されている機関と、おおむね都道府県単位に設置されている機関およびその他の機関（支局・事務所・支所・出張所など）に区別される。国家公務員の大半がこれらの出先機関に勤務している。(10)

その中には、遠く二〇〇海里の海域を巡視し領海侵犯の監視や海難の救助に当たっている海上保安庁の海上保安官、太平洋の真中の孤島で勤務している気象庁の気象観測官、俗称税務Gメンの国税庁税務査察官、蜂に刺されてショック死するなど命がけで国有林の下草刈りをしている営林署（一九九九年から森林管理署）職員などがいる。民間化で大揺れした全国約一万八〇〇〇か所の特定郵便局の「局長」は国政選挙時には自民党の強力な集票マシーンにもなる国家公務員だった。

このような圧倒的に多数の地方勤務の公務員と本府省勤めの少数の公務員が、国家公務員の一般職を構成し、府省分担管理の下、政策の形成と実施の業務を行っている。

タガが弛んだ官たち

このところ、官と呼ばれる実務者集団、すなわち日本国の官たちの評判はすこぶる悪い。役人は、広義の権力の運用を担っており、どんな職位に就いていても、権力の座にある者が、人びとの怨嗟や恨みの対象となりやすく、また人びとから遠慮会釈のない悪口や非難を浴びやすいのは、昔も今も変わらない。人気がないのはしかたがないにしても、気の毒ぐらいの評判の悪さである。したがって、日本国の役人について語るとき、「限りなき共感を抱きつつ」とは言いにくいし、そうはいえない実態もある。

しかし、律儀に、目立たず、気苦労の多い仕事を、来る日も来る日も、黙々と行っている日本国の役人に対して、くじけず、腐らず、まじめにがんばれ、と激励の言葉の一つもかけてあげたい気持ちにもなる。当の役人自身が気づいているように、その働き振りが鈍り、紀律のタガにガタが来ていることも確かである。昔から役人の紀律のことを「綱紀」といっているが、国の役人の場合は「官紀」となるが、それが相当に弛んだ。国家公務員倫理法の制定など対策（後述）も講じられているが、そのよって来るゆえんを明らかにして、もう一度、タガを締め直す必要がある。そのためにも官のシステムの構造と振舞い方を根本から再検討する必要がある。

行政研究の「業」（ごう）

官のシステムをどのような基本姿勢で研究するのか。「二〇〇〇年度の日本行政学会研究会」（二〇〇〇年五月一三日）において、著者は、「改革の時代と日本行政学」と題する報告を行ったが、そのとき冒頭で次のように述べた。

明治以来、統治の世界でも一般世間でも流通した「行政」という言葉を冠した学問を自称する限り、「政（まつりごと）を行う」意味での「行政」という、この語法の歴史的刻印から簡単には逃れることができない。これを単なるセマンティックスの問題として片づけるわけにはいかないし、当たり前のようにそう呼んできたという常識論で「何か不都合があるのか」と居直ることもできない。それは、日本行政学における一種の「業（ごう）」のようなものではないかと考えられる。「行政」学は、そう自らを名乗ること自体によって「自己言及」問題に直面するといってもよい。行政学者が対象に向かう緊張感は、この対象の特性に起因している。日本行政学の基本的課題は、この「行政」の実態を解明し、この「行政」の継続と変容を分析することであらざるをえなかった。その際の学問的志向は「行政」を民主的統制に服させる理論と手法の開発であったということができる。それは明治の初頭にふっと登場してすぐ消えてしまった「行法」の意味を問い直すことでもある。この点で、日本行政学は、広い意味で「行政」改革の学という使命を内包しているとみることができよう。

この問題への取り組みが、先輩の研究者たちによって、どのような努力と形をとって行われてきたかが日本行政学史を彩ることになる。行政学者は、他の学問はいざ知らず、この「業」を絶えず念頭に置かざるをえない。行政学者による「行政」研究自体が、実務としての「行政」活動に対して批判的作業とならざるをえない理由は、学問のあり方の一般論には解消できない歴史的理由があるといえよう。少なくとも私は日本の行政学とはそういうものだと考えてきた(11)。

本書の構成

本書は、政策過程における行政の「政（まつりごと）的側面」の研究ではなく、「政（まつりごと）的側面」を内包する行政活動がどのような組織と人事の仕組みの中で行われているかを明らかにしようとするものである。この意味では広義には行政管理の研究に属するといえる。日本行政の研究者たちは、さまざまな角度から日本官僚制を分析してきている。本書は、そうした先行研究に多くを負っているが、本書では、できるだけ組織と人事の仕組みに焦点をあわせて、なによりも官のシステムの「粘性」を描こうとしている。

粘性（viscosity）は流体工学の概念であるが、流体内部で流れが起こるとき、「速い流れは遅い流れに接すると遅くなる」現象をいい、日本の国会研究にも応用された概念であるが、ここでは、官のシステムが変化に抵抗する粘着力をイメージしている。Ⅰ章が「持続した官のシステム――立ち枯れた職階法」と題され、「速い流れの」戦後改革の中で旧システムがいかに温存されたかを描述している理由である。本書の特色の一つは、この持続した官のシステムの組織形態を「大部屋主義」と捉え、それが政策源となっている所管課の陣容と活動といかに結びついているかを明らかにしようとしている点である。その際、官のシステムにはめられている「鉄格子」として府省組織の規格化と定員削減に着目し、組織・定員の管理制度も説明している。それらは膨張しようとする官のシステムへの歯止めとして仕込まれている。

ところで、流体工学上の粘性は「遅い流れは速い流れに接すると速くなる」現象も意味するから、

「遅い流れ」の（変わろうとしない）官のシステムは改革の「速い流れ」に接して変わらざるをえないとも考えることができる。官によって担われている日本国の行政は、省庁再編・分権改革・規制緩和などによって変化を余儀なくされ、改革を迫られている。本書のVI章が「分権改革と省庁の対応」を取り上げているのは、分権改革の「速い流れ」と、これを阻止したい省庁の「遅い流れ」が衝突している様子を描き、なお「遅い流れ」の粘性を浮き彫りにしようとしたからである。

本書の終章が、他の章より分量が多くなっているのは、一見して不動に見える官のシステムが、いよいよシステム転換を余儀なくされている事態をやや詳しく検討し、著者なりの改革展望を提示しようとしたからである。改革（リフォーム）は、型替え（転型）であるが、官のシステムは型替えへの強い粘性をもち続けながら、不祥事の多発や時代不適応によって自壊の道を辿っているようにも見える。核心は事務次官を頂点にしたキャリアシステムとそれに付属した組織と人事の管理方式をいかに改革するかである。「遅い流れは速い流れに接すると速くなる」こともある、それが読者に対する本書のメッセージである。

I章 持続した官のシステム——立ち枯れた職階法

法律は施行されることが当たり前であり、ひとたび施行・実施された後、当初の立法事由が失われ実質的に死文化していても、状況の変転でいつ覚醒させる必要が起こるかもしれないから、所管省庁は廃止せず保存しておく。しかし、施行されてから半世紀以上を経ても実施されない例は珍しい。その珍しい例が公務員制度における職階制の関係法である。一九四八年施行の「国家公務員法」（以下、国公法）の関係規定と一九五〇年施行の「国家公務員の職階制に関する法律」（以下、職階法）がそれである。

職階制が今日に至るまで未実施であるということは、公務の現場で仕事が行われているという単純な事実からして、職階制とは異なった組織・人事システムが作動しているということになる。それは戦後改革をやり過ごして生き続けた官のシステムである。戦後改革のうち未完の改革に終わった行政システム改革の最大のものが、ここにあると考えられる。それゆえ職階制未実施の顚末を概観しておかなければならない。職階制実施の拒否にこそ、戦後改革を生き延びた官のシステムの本質が潜んでいるからである。

明治維新後に形成された官のシステムは戦後改革を巧妙に潜り抜け、今日に至るまで連綿として続いている。それは、歴史に「蛙飛び」がないということだけでなく、官のシステム独自の事情によっている。事物に無変化ということはないから、官のシステムも、いくつかの点で「断絶」を含む変化を遂げてきているが、そこには変化の圧力に耐えて連続している面も特徴として見出すことができる。

変化を迫られても、変わるまいと抵抗するのには理由や意図がある。それが端的に現れるのは、例えば、従来なじみのなかった組織・人事制度が外部からの強い力で移植されようとした時である。そうした移植が試みられたのは、敗戦日本の官吏制度改革のためにGHQが導入を強要した「職階制」であった。

1　人事院職階課の盛衰

職階制を所管することになった国の機関は一九四八年（昭和二三）一二月に設置された人事院である。人事院自体が戦後改革の申し子のような存在であった。人事院は、労働基本権が制約されている国家公務員の利益を擁護するために、毎年、給与勧告を国会と内閣に行っている。その初代総裁を務めた浅井清は、一九七〇年の著書『新版　国家公務員法精義』の中で、職階制について「公務員制度の改革に当たり、たちまち評判となり、役者が舞台の先端に出て脚光を浴びたように、もてはやされたが、国家公務員法施行以来、既に二十二年を経て、今なお実施されず、全く世人から忘れ去れてしまった[1]」と書いた。人事院は、ＧＨＱのＧＳ（民政局）公務員制度課の指導による職階制作成方法では日本の公務員制度にとって有効な職階制が作れないことを実感し、当初予定していたような厳密な職階制の実現を断念していたのである。

一九五一年二月、人事院の職階課は職階部に格上げされ、総員二七一人を擁していた。一九五二年八月、吉田内閣の行政整理の中で給与局の職階課へ格下げされたが、筆頭課と目されていた。その職階課は、一九六〇年二月には給与局を離れ、管理局に移され、一九四八年以来の院内筆頭課の座から下ろされた。その後の転落も明白である。職階課は、一九九一年、スクラップ・アンド・ビルドのスクラップの対象となって廃止され、管理局法制課所掌事務の一つ（「職階制に関すること」）職務分類官一人）となった。そして二〇〇四年、総務局総務課の所管になり、職務分類官も廃止された。法律の実施は所管課と不可分であるから職階法は実質的に潰えたといえる。

しかし、職階法自体は廃止とはなっていない。二〇〇四年夏、国の行政改革推進事務局が立案した国家公務員制度改革関連法案骨子では、能力等級法（「一般職及び一般職の職員の能力等級制に関する法律」（仮称））を制定するとし、「能力等級制の導入に伴い、職階制は廃止する」と明言されていた。しかし、この改正法案は陽の目を見ないこととなった。したがって、立ち枯れとなった職階法は残り続けている。草花には芽を出しても成長し開花することなく枯れ果ててしまうものもあるが、半世紀以上も放置された上で廃止される制度とは、いかにも不幸な生い立ちである。どうして、わが国では職階制は本格実施されなかったのか（厳密に言えば、国営企業（現在は林野事業のみ）の管理監督者以外の職員は適用除外の扱いのこと）。その真因を導入当時の論議とそれに照応する実態の中に見出すことができる。

2 職階制導入当初の議論

戦前の官吏制度の改革は戦後改革の一環であり、一九四七年の国公法の成立はその画期をなすものであった。これにより官職を職務の種類及び複雑・困難と責任の度合いに基づいて分類整理した職階制を作り、その職階制の適合した給与準則を定めることとなっていた。それはアメリカ式の科学的人事管理法の導入であった。しかし、人事院と各省庁人事担当者による職階制作成は困難を極めた。結局、職階制の根本原則だけを盛り込んだ「国家公務員の職階制に関する法律」が一九五〇年五月に制定されるには至ったが、その実施の目途は立たなかった。

国公法第二九条は、「職階制は、法律でこれを定める」とし、その第二項で「人事院は、職階制を立案し、官職を職務の種類及び複雑と責任の度に応じて分類整理しなければならない」と決められ、第三項で「職階制においては、同一の内容の雇用条件を有する同一の職級に属する官職については、同一の資格要件を必要とするとともに、且つ、当該官職に就いている者に対しては、同一の幅の俸給が支給されるように、官職の分類整理がなされなければならない」とし、第四項において「前三項に関する計画は、国会に提出して、その承認を得なければならない」とされていた。

この国公法を受けて職階法案が審議されることとなった。この制定時における論議の中に職階制の導入・実施をめぐる争点は集約的に出ていたと思われる。内閣送付の職階法が審議されていた当時、どのような問題点が指摘されていたのか。それを、一九四九年一一月二二日に開催された参議院人事委員会での様子で検証してみよう。

人事院（給与局職階課）は職階法案を一一月一四日に衆議院に上程し、これが人事委員会に付託された。参議院でも、この法案は「公務員制度を確立する画期的な法案であり、一般的な関心も非常に強くある」という理由で国会法第五一条による公聴会を開いている。公述人として、一一名が出席して意見を陳述しているが、その中に二人の行政学者がいた。関西学院大学助教授の足立忠夫と東京大学助教授の辻清明である。公述人のほとんどはいわば利害関係者であり、それぞれの立場から意見を述べたのは当然であった。二人の行政学者がどういう意見を開陳したかは、それが重要な制度改革に関する状況認識であっただけに注目される。二人の公述内容の中に変革に直面した官のシステムの本質を探すことができるからである。(2)

足立忠夫の公述

足立は主として次の点から法案に「反対」を表明した。足立によれば、国公法第二九条第一項は国公法の原案には見られなかった箇条であり、「公務員の人事行政に国会が更に深く干与すべきである。人事院への委任は制限すべきである」とする東京大学の公法研究会の意見を入れて挿入されたものであり、職階制は従来の特権的な官僚制度を打破する有力な武器となるが、その職階制の制定権を形式的のみならず実質的にも国会が持つべきであり、官職を分類整理する計画は法律でこれを定めなければならないにもかかわらず、「今後人事院が制定する人事院規則及び人事院指令並びに職種職級一覧表及び職級明細書にゆだねよ」と要求しているのは明らかに第一項に違反している、と。足立の所見は国会統制を重視する意見であった。

また、足立は次のように述べた。元来、国公法第二九条第一項は、アメリカの一九二三年の分類法、クラシフィケーション・アクトの故智に倣ったのであるが、アメリカでの事情（デモクラシーを維持するという輝かしい役割を果すものとして正当化されていた猟官制という政党の情実任免に伴う弊害を克服するため能率的にして公正な職業的官吏制度を選ぼうとしたこと）とは異なって、「我が国の一切の政治の病弊を集約的に表現した特権的官僚制度を打破することができるか」どうかが重要だ、と。

それゆえにまた、足立は、当時の一五級の分類が職階制の一種であり、しかもそれが給与という人事行政の機能にのみ役立つように作成されたものであるが、「一五級の分類は、奇妙なことに、わが国の官吏の階級である一つの親任官と、九つに分れる勅任官、奏任官、即ち高等官と、四つに分れる判任官及び一つの雇員の階級、合せて一五級の階級とぴったりと一致しているではないか、しかも、この一五級の分類は形を変えて国家公務員の採用試験にも適用されているではないか」と指摘した。

そして、当時、実施されていた六級職の採用試験に言及し、「この六級職の受験資格として大学卒業者であることを要求しているが、この資格はほぼかっての高文試験の要求する資格と一致している。六級職が下から六番目の階級であるのと同様に、高文試験に合格したものがなる高等官九等もやはり下から六番目に当る。勅任、奏任等の官吏の分類は一級官、二級官と名前を代えただけで存在している」と指摘したのである。

足立によれば、「これらはその名の示すごとく、天皇の官吏に対する恩恵の濃淡、或いは天皇からの距離の遠近に基づく分類であり、まさにかっての官吏の天皇制的性格を集約的に表現するものである」「従って給与のためであるにしろ職階制でこのような等級を認めるときには、我が国においてはそれが直ちにかっての身分的秩序を固定化するような方向に作用することになりがちになる」との懸念を表明した。足立の主張は官吏制度「民主化」への強い志向を表していた。[3]

辻清明の公述

辻は、職階制実施に賛成としつつ、「実施する場合には、多くの条件を加えなければ所期の効果を発揮しない」とした。辻によれば、アメリカでは公務員の自由任用制に弊害（政党運動の活動への褒美として官職を与えるとか、そうした活動ゆえに無能であるにもかかわらず人より早く昇進されるといったこと）が目立つようになり、職階制はそれに対する一つの矯正として導入されたものである。専門的な知識と同時に責任感を持った公務員を確保しようとしたことが職階制を採用した理由だとした。それも一挙になされたのではなく、早くは一九世紀の中頃から徐々に始まり、それが一九世紀末の公務員法で一つの形を整え、さらに一九二三年のクラシフィケーション・アクトによって整理されたと説明した。

その上で、辻は、職階制によっても完全な分類化がなされたわけでなく、「現在まだその全公吏の三分の一が自由任用の、いわゆるスポイルス・システムの支配下にある」ことに注意を促している。辻は、職階制を日本に適用することに伴う長所として、任用とか昇進が公平に行われること、待遇がこれによって公平になること、それぞれの各部課の責任とか事務内容が非常に明確になることを指摘した。

辻は、職階制が実際に適用される場合に果してそれだけの効果が発揮されるか、この点に疑問があるとし、次のように指摘した。日本とアメリカとでは政情なり社会、風土を異にしているから、そのまま適用するのは非常に危険である。アメリカでは職階制の施行が約一世紀近くの間に徐々になされたが、日本では一挙にしようとしている。第一に、アメリカで一九二三年に職階制法ができたときには「パーソネル・クラシフィケーション・ボード」(職階院)というようなものができたが、日本ではそうした仕組みがない。第二にアメリカと日本ではいわゆる一般職の範囲が非常に違っている。政策決定職(ポリシー・メーキング・ポジション)はアメリカでは大体スポイルス・システムの支配下にあって自由任用になっている。日本で言えば次官とか局長とか重要な課長クラス、現実に政策に参与する官職は一般職とはなっておらず、スポイルス・システム即ち自由任用になっている。

日本の場合は、次官、局長、いわゆる従来の高文出身の事務官吏が一般行政職に入っている。これを職階制の枠に入れようとすると、その専門がはっきりしないため非常に困難になる。そもそも職階制は、行政組織の中から不合理的な要素を排除して、できるだけ規格化された仕事の単位を作り、そういう単位を構成要素とする科学的な組織を作ろうという制度である。それぞれの部分に分かれている行政の仕事が相互に連絡して、事務上の円滑な運用を導くように配列されるためには、それぞれの官職が細かい、しかも合理的な単位に分解される、そういう単純な技術的な要素に分解される、そういうことが前提になっている。

したがって、専門的かつ技術的な行政の分解においてのみ職階制は可能になる。ところがこの一般行政職の定義を見ると、「この職種は一般的な行政事務即ち専門的、技術的な部面を除いた行政的な責任を有する業務の監督又は指導云々」となっていて、定義自身が職階制に矛盾している。専門的、技術的部面にこそ職階制が適用されるにもかかわらず、それを除いた部分にこの職階制を適用しようとしている。技工職というようなものはその職群が一〇〇以上に分かれているが、一般行政職群はわずかに五つしか分かれていない。極端に幅が広い。実際上分けようがない。事務官の職務は、日本の場合は、今まで国会の地位が非常に低かったために大体において行政官庁が実質上の日本の政治を行ってきた。そういう事務官系統のしかも特に高級になれば、それらの人の仕事は、純然たる技術的な職務というよりはむしろ政治に関係する政策決定の仕事である。そういう政策決定の仕事を専門の標準によって細かく分類するということ自身が矛盾である。

そこで、辻は、「日本の場合は、むしろポリシー・メーキング・ポジション、いわば行政職というものを職階制から外して、すべて自由任用にすべきである」と主張した。自由任用にすると安定している行政に混乱を起こすという、予想される反論に対して、「ポリシー・メーキング・ポジションを大体において自由任用にしておるアメリカにおいても、政治と行政が混乱しているというようなことはないし、下級から昇任してくる官吏の中からでも自由任用によって次官とか局長に採用するということも可能である」とし、日本の場合には、一般行政職は職階制から外して自由任用にすべきであると強調した。(4)

3 進みつつあった職階制実施の阻止

二人の少壮行政学者は、それぞれ、当時、巧妙に維持されようとしていた官のシステムの本質に迫る論陣を張っていたとみることができる。［表I-1］にあるような当時の実態にも照合させつつ、その意義を検証しておきたい。

足立の慧眼は、公述の中では詳述はしていないが、現に行われ始めていた国家公務員採用試験と給与制度の関係を見抜いていた点であった。それは当時行われていた国家公務員採用試験に関して「六級職の受験資格として大学卒業者であることを要求しているが、この資格はほぼかっての高文試験の要求する資格と一致している」という指摘であった。

足立は、一五級の分類が職階制の一種であり、しかもそれが給与という人事行政の機能にのみ役立つように作成されたものであると見ていたようである。一五級の分類は、奇妙なことに、わが国の官

表 I-1　参議院人事委員会公聴会までの歴史的状況

西暦	昭和	月・日	事　　　　項
1943	18		高等試験停止（勅令 825 号）
1945	20	8・15	終戦の詔勅
		11・13	「官吏制度改正ニ関スル件」（閣議決定）
		12	労働組合法公布 21・3 施行
1946	21	2	公職追放令
		4	官吏俸給令（勅令 192 号）
			官吏任用叙級令（勅令 190 号）
		6	大蔵省に給与局設置
		9	官吏俸給令（勅令 435 号），新給与制度
		10	行政調査部の設置
		11・3	日本国憲法公布（昭和 47 年 5 月 3 日施行）
1947	22	4	文官高等試験（行政科）実施，12 月実施，23 年 6 月実施
		7・31	官公労組の争議行為の禁止
		10・21	国家公務員法の成立
1948	23	4	内閣直属の新給与実施本部設置
		5	「中央官庁における局長，課長，課長補佐の級別について」
		7・1	国家公務員法施行（高等試験令廃止）
		12・3	改正国家公務員法施行．人事院始動
		12・31	「初任給・昇任・昇給等の基準に関する政令」（政令 401 号）
1949	24	1・16	戦後第 1 回国家公務員採用試験実施
		11・5	第 2 回国家公務員採用試験実施（5 級職・6 級職採用試験）
		11・22	参議院人事委員会公聴会
		12・24	新給与実施法改正法
1950	25	5・15	職階法施行
1951	26	1・6	人事院規則 9―8

注）日本公務員制度史研究会編著『官吏・公務員制度の変遷』（第一法規出版，1989 年）の巻末年表を参照しつつ著者が作成．

吏の一五級の階級数とぴったりと一致しているではないか、この一五級の分類が形を変えて国家公務員の採用試験にも適用されているのではないかと疑っている。

　まず、「一五級の分類が職階制の一種」であるという点はどうか。この点の検証で新たな貢献をしたのが川手摂の『戦後日本の公務委員制度――「キャリア」システムの成立と展開』である。[5] 川手は、

「キャリア」システム形成の土壌を作り上げたものとして、「職階給制、給与法体制、給与等級型試験」を取り上げ、その経緯を詳細かつ説得的に描いている。この新しい研究成果も参考にしながら、足立が言及した一五級の分類が「職階制の一種」のように見えながら、実は川手がいう「職階制まがい」のものであったことを確認しておこう。

職階制のイメージ

職階制は、アメリカ合衆国において、一八九二年にシカゴ市で初めて採用され、連邦政府では「一九二三年分類法」の成立によって実施されるようになった。当初の目的は給与面における同一労働同一賃金の原則の確立にあったが、その後、任用面においても行政の専門化に対応する成績主義実現の基礎として広く利用されるに至っている。成績主義に徹し、能力の実証に基づいて職員を特定の職に任用し、責任の度合に応ずる適正な給与の支給を行うためには、まずその前提条件として、政府における あらゆる仕事が組織体として有効に機能するよう必要な最小限の単位としての職に整理系統づけられ、しかも、その職の有する困難性と責任の軽重の度合いに分類されなければならない。このような観点から職を設け分類することを「職階制」という。

国公法は、職階制について第二九条から第三二条までの規定を設け、同法に基づき国会に上程された職階法案は、次のように規定していた。

職階制の意義は、「官職を、職務の種類及び複雑と責任の度に応じ、この法律に定める原則及び方法に従って分類整理する計画である」こと、また「国家公務員法第六三条に規定する給与準則の統一的且つ公正な基礎を定め、且つ、同法第三章第三節に定める試験及び任免、同法第七三条に定める研修並びにこれらに関連する各部門における人事行政の運営に資することを主要な目的とする」ことにあるとしている。職階制は人事・給与制度の基盤であるとされた。その上で、職階制の構成要素というべきものとして七つの「用語」が定義されている。

官職＝一人の職員に割り当てられる職務と責任。職務＝職員に遂行すべきものとして割り当てられる仕事。責任＝職員が職務を遂行し、又は職務の遂行を監督する義務。職級＝人事院によって職務と責任が十分類似しているものとして決定された官職の群であって、同一の職級に属する官職については、その資格要件に適合する職員の選択に当たり同一の試験を行い、同一の内容の雇用条件においては同一の俸給表をひとしく適用し、及びその他人事行政において同様に取り扱うことを適当とするもの。職級明細書＝職級の特質を表す職務と責任を記述した文書。職種＝職務の種類が類似していて、その複雑と責任の度が異なる職級の群。格付＝官職を職級にあてはめること。

職階制では官職を分類整理しなければならないが、その基礎は、「官職の職務と責任であって、職員の有する資格、成績又は能力であってはならない」とされている。これは、官職が、ある「資格、成績又は能力」をもつ「人」ではなく、一人ひとりの職員に割り当てられる職務・責任、つまり仕事を基準にすることを表している。これは、国公法創設当時の改革課題であった「官吏・雇員・傭人」という「人」を基準とした身分制度を否定する主旨であった。

これを出発点とすれば、職級は、「職務の種類及び複雑と責任の度についての官職の類似性と相異性に基いて決定される」ことになり、職務の種類及び複雑と責任の度が類似する官職は、「国のいずれの機関に属するかを問わず、一の職級を形成する」ことになる。省庁の区別はもとより本省庁、出先機関の区別なく、官職を分類する最小の単位である一の職級に分類される官職は等しい扱いとなるし、各省庁が随意に職級の数を決めるなどということはありえない。

官職を職級にあてはめることを格付というが、当然、「官職は、職務の種類及び複雑と責任の度を表わす要素を基準として職級に格付されなければならない」ことになるし、「格付に当っては、官職の職務と責任の性質並びにその職務に対してなされる監督の性質及び程度を前項の要素としなければならない」ことが強調されることになる。それゆえ、わざわざ「格付に当っては、官職の職務と責任に関係のない要素を考慮してはならない。又、いかなる場合においても、格付の際にその職員の受ける給与を考慮してはならない」と規定したのである。

しかも、「官職は、局、課、その他の組織の規模又はその監督を受ける職員の数にのみ基いて格付してはならない。これらの要素は、監督を受ける職務の種類若しくは複雑、監督的な責任の度又は監督の種類、度若しくは性質その他これらに類する要素と関連させてのみ考慮することができる」ことになる。

そこで、職級ごとに職級明細書が作成され、職級明細書には、「職級の名称及びその職級に共通する職務と責任の特質を記述しなければならない」ことになる。そして、職務の種類及び複雑と責任の度に応じて職種及び職級を決定すること、官職を格付する基準となる職種の定義及び職級明細書を作成し、及び公表することなどが人事院の権限及び責務となることとなっていた。

このような構成をとる職階法が実施されれば、国家公務員の官職は、○級統計職とか、○級建築職、○級法律職というように、省庁の別なく、職種と職級で分類され、それに応じた給与が与えられ、ある官職への採用、昇任のためには、その試験に合格して、その官職を担う適格性を実証しなくてはならない。試験に合格することもなく職種と職級を横断上昇していくなどという人事が行われるということはない。

各省庁人事担当者の反対

戦前期の職員編成は、高等官・判任官・雇員（傭人）といった「人」の格付による「三層構成」を成していた。それは、もともと旧軍隊における武官システムにおける士官・下士官・兵という階統的な身分秩序に照応していた。文官（事務官）の場合、「士官」に当たるのは、かつては文官高等試験合格後、本省庁の局長、事務次官に至るエリート層、「下士官」層に当たるのは、普通試験合格後、各省庁の課長ないし出先機関の局長程度のレベルに至る職員層、「兵」に当たるのは非専門職（技能・労務職）の仕事をしている職員であるといえよう。

文官高等試験（以下、高文）の合格者に高等官の身分を与え、優遇する仕組みこそが戦前期官吏制度の中核となっていた。高等官（勅任官・奏任官）は、事務官・書記官・秘書官などといった官名を与えられ、課長以上の幹部職へ高スピードで登用されていった。同じ官吏であっても、文官普通試験を通過した者は判任官とされ「属」とも呼ばれ、高文組とは明確に区別されていた。さらにこれより下に雇用契約による使用人とされた雇員・傭人と呼ばれる職員が多数存在し、官吏とは身分上隔絶されていた。

こうした戦前の差別的身分制度がそのまま、戦後日本国憲法の下で存続されることは許されなかった。勅任官・奏任官・判任官という官吏身分は、敗戦後半年にして「官吏任用叙級令」（昭和二一年勅九〇）により一級官・二級官・三級官へ再編された（これも昭和二六年四月廃止）。「三層構成」も、戦後しばらくは給与制度上に残されていたが、一九四八年五月の新給与実施法によって廃止された。「天皇大権」に裏付けられた官吏制度は崩れ去った。「高文」自体も一九四七年一二月を最後に閉幕し、四八年末には、その根拠法規であった高等試験令も改正国公法附則第一二条によって廃止された。官吏制度としての官のシステムは崩壊の危機に瀕した。

しかし、危機に瀕した官のシステムは生き残ろうとする。ＧＨＱによる日本の占領統治は間接統治の形をとった。ＧＨＱにより公職追放にあった内務官僚などごく一部を除き、ほとんどの官僚は温存され、敗戦後の各省庁の行政実務を担っていた。改革が予定されているとしても、現に省庁に配置されている職員は日々の仕事をしなければならないし、職員の補充・配置・昇任の人事を行い、給与等の処遇の必要もあった。この現実の必要性と新たな制度へ向かおうとする改革の動きとが軋む中で、旧システムの温存が図られることになる。

戦前期の官吏制度は、敗戦とＧＨＱによる一連の改革が進む中で、アメリカ生まれの職階制なる官職分類制度によって再編されようとしていた。しかし、食うや食わずの敗戦後の混乱期であったからこそ、職員に給与を支払い、新たな人員補充もしなければならない。各省の人事担当者（＝高文官僚）たちは、この現実への対応の中で、職階制導入への抵抗を執拗に続けるのである。

抵抗の中核となったのは当時の大蔵省給与局であり、この給与局に参集していた高文官僚たちは「職階給制」を立案する。彼らにしても、ＧＨＱが強要する職階制を正面から否定できない。しかし、なんとしても戦前の人事システムを追認させる方式を考案しなければならない。守るべきは明治二〇年代以来の、学卒一斉採用と内部昇進を大原則とする幹部候補生の人事慣行であった。もし職階制が確立され、実施に移されていたならば、ある官職に任用されるための資格要件は、その官職が属する職級の職級明細書につまびらかに記載され、その要件を満たしているかどうかが試験されるという昇任形態となるはずであった。このような仕組みの下では、入口時点の試験だけで選別された職員のグループを自動的に横並びで昇進させるような人事管理を行うことができなくなることは明白であった。

一九四五年一一月、「官吏制度改正ニ関スル件」の閣議決定がなされ、高等官と判任官の区別が廃止された。一九四六年四月、官吏俸給令によって俸給一本化が図られたが、給与水準の上昇もなし、俸給が天皇陛下からの恩恵であるという考え方も変わりがなかった。各省庁の臨時措置もばらばらであった。一九四六年六月に大蔵省に給与局が設置され、統一的な給与制度の設計が検討された。諸手当や賞与を本俸に吸収し、給与水準を改定する、ばらばらの雇員・傭人給与を「雇傭人等給与支給準則」へ統合し、新旧令に基づく三〇号制の給与体系を学歴資格で初任給に差が出るものの年功的なものにする、という内容であった。給与比較は、学歴資格、勤続年数、現在の号俸の三つで行うというものであった。当時、これは、勤続年数で昇給する「メチャクチャ」なものだという批判が出たほどのものであった。しかし、これに基づき、一九四六年九月の官吏俸給令により新給与制度が定まる。

この新給与制度では、学歴を基礎として国民学校初等科卒程度Aから官公立大学卒・高等試験合格者Mまで、一三段階に区分していた。その実体は、戦前の身分差別を正式の給与制度に接木するものであった。給与局は、職務や職責を、職務実態の詳細な分析に基づかず、戦前の人事運用を前提にした学歴資格と勤続年数によって推定しようというものにしていた。これが「職階制まがい」のものであった理由である。完全な職務分析を行わなくとも、学歴、資格、勤続年数による推定によって、それぞれ給与等級に格付することで職務給原則を導入できるという言い訳になっていた。この「職階給制」は、「当面の職階制」という「仮面」をかぶせられ、一九四八年五月に、一五級制として世に送り出されていく。川手は、「これこそが『給与法体制』が生を受けた瞬間だった」と見抜いている。「給与制度による人事制度乗っ取りの突破口が開かれた(6)」のである。

一九四八年四月、新給与実施法に基づき、内閣直属の新給与実施本部（内閣官房長官、次長は給与局長、給与局職員全員、各省庁人事担当の課長・補佐・係長級一〜二名）が設置され、実施案が策定される。同年五月、「中央官庁における局長、課長、課長補佐の級別について」が定められ、局長一三〜一五級、課長一一〜一二級、補佐九〜一〇級、係長六〜九級となり、職名を持たない職員は勤続年数で各級に格付されるとされた。

「一五級制」は、職務による級別区分の基準と級別推定表からなっているが、戦前から続く人事制度の延長上に職務内容を推定し、これに基づき官職を分類し給与に高低差をつけるものであった。一五級の級割を「等級」とみなせば、職階制と給与・任用を切り離すことができる。これにより、新たな給与法体制の下で、ある官職に任用されるための資格要件は、学歴・試験区分と在職年数に還元することになってしまうからである。赤木須留喜は『〈官制〉の形成』の中で「大蔵主導の給与体系が科学的人事行政の申し子とさえいうべきアメリカ型職階制を六法全書上の画餅たらしめ、職階制に関する規定を死文としてねむりこませてきたのであった[7]」と結論付けている。

足立は、さきの公聴会で、「職種職級一覧表及び職級明細書」の策定を人事院にゆだねることに反対していた。しかし、「一五級制」の実施によって、職階法はすでに骨抜きになっていたのである。一九四八年一二月三日、改正国公法の施行により人事院による職階制実現への取り組みが本格化するが、その努力はすでに敗れていたともいえる。

それでは足立が、「この六級職の受験資格として大学卒業者であることを要求しているが、この資格はほぼかつての高文試験の要求する資格と一致している」「給与のためであるにしろ職階制でこのような等級を認めるときには、我が国においてはそれが直ちにかつての身分的秩序を固定化するような方向に作用することになりがちになる」と懸念した国家公務員採用試験はどうであったか。

開始された「キャリア採用」試験

足立が指摘しているように、当時、各地で五級職、六級職の採用試験が行われている。一九四九年一一月五日に、第一回国家公務員五級職・六級職採用試験が実施された。今日の国家公務員採用Ⅰ種試験は、一般職給与法の定める行政職俸給表（一）の三級一号俸の欠員を補充するための試験である。その根拠になっているのは人事院規則八―一八の規定のみである。それが、実は、この第一回国家公務員五級職・六級職採用試験から始まっていたのである。

戦前の高等官は身分付与型試験によって与えられた身分であるが、その試験は「俸給表の六級の欠員を補充するための試験」であった。この定義には、それが幹部候補生を採用するための試験であるということは一切出てはこないのである。敗戦後から一九四八年七月まで高文が存続し、一九四九年一月に国家公務員試験が始まり、一九五七年に給与法が改正され八級制に移行するまで「一五級制」時代が続いている。

一九四五年一一月一三日に「官吏制度改正ニ関スル件」が発せられ、高文制度の継続・改善が行われている。一九四七年四月には高文（行政科）試験が実施され、同年一二月に最後の高文試験が行われた。高文廃止後の最初の試験は、臨時人事委員会事務局（後の人事院）職員採用試験として、一九四八年の一月と八月に、また一九四九年一月と行われ、それぞれ一〇〇人、五八人、一七八人というように大量の職員が採用されている。全省庁にわたる官職を対象にした国家公務員採用試験は、一九四九年一月一六日に実施され、合格者は三六八四人、採用人数は一〇三二人であった。第二回が一九四九年一一月五日に実施されたが、それが「五級職・六級職採用試験」であり、足立の言及した試験である。

実は、この試験では、受験生に対し採用後の処遇の目安を示す必要があるという理由で、採用後の格付が試験名に明示されていたのである。肝心の官職分類と資格要件の設定を行う仕組みである職階制は、いわば開店の目途が立たない「準備中」の状態であった。第三回以降は採用級別に別の試験が行われて、六級試験は、まったく法律上の根拠もなく高文試験に代わる幹部候補生の採用試験になっていくのである。そこに官のシステムの強い意志と粘性を見ることができる。

職階制の実施を待たずに、人事院によって始められた国家公務員採用試験は、川手によれば、採用にあたって給与制度上の級に格付けられると銘打ち、それを名称にまで掲げる「給与等級型試験」となっていた。この制度設計により、官職の分類方法が、事実として給与制度によるものしか存在せず、しかも、そこでの分類が「当面の職階制」として正当化されることとなる。

表向きは、国家公務員試験は合格者に高等官という「特権的身分」を与えるための試験ではなくなっただけではなく「幹部候補生」を選別するための試験ですらなくなったのである。しかし、各省の人事担当者たちは、制度上は職務の級六級に採用するための試験にすぎない六級職試験を、幹部候補を選抜する、いわば高文の事実上の後継試験とみなすようになっていく。これは一種の密行である。そして六級職試験の合格者は、役所に入ってからの能力の如何にかかわらず幹部へのキャリアパスを確実に歩み、戦前と同じようにほぼ本省の課長レベルまでのポストを約束されていくのである。

川手が「発掘」したように、一九四八年一二月三一日制定の「初任給・昇任・昇給等の基準に関する政令」の第四条第一項によれば、欠員を補充するための一級上位への昇格は、その者が現に属する職務の級において左に掲げる経験年数を有する者のうちから行わなければならないとされていた。一級〜五級半年以上、六級〜九級一年以上、一〇級〜一二級二年以上、一三級以上三年以上というように。その細則は一九四九年七月七日の新給与実施本部通牒「初任給・昇任・昇給等の基準に関する政令実施細目」で規定されるが、そこに「八割規定」が登場する。それは、必要経験年数のほかに、九級以下の職員について「勤務成績が特に優秀な者であって級別推定表による所定の経験年数の八割を経過した者」は資格を持つとした。これこそ戦後キャリア官僚への優遇措置である。

4 潰えた自由任用制

今日に通じる「先見の明」として注目されるのは、辻が、さきの公聴会で、一般行政職の存在と自由任用制に言及したことである。それまでの官吏制度の改革のために職階制を実施するにしても、「政策に参与する官職」は職階制から外し、これを自由任用にすべきであるとした。それは、アメリカの「故智」に倣うことになるだけでなく、行政（一般行政職）を政治に従わせるゆえんとなることの主張であった。辻の見解が注目されるのは、職階制の制度設計に当たって、事務官系統のしかも特に高級官吏は、技術的な職務というよりはむしろ政治に関係する政策決定の仕事をしてきており、そういう政策決定の仕事を専門の標準によって細かく分類するということ自身が矛盾であることを見抜いていたことである。

戦前期の自由任用

わが国では、一八九八年（明治三一）、大隈重信内閣のときに政党員が勅任官に任用されたのが自由任用の最初であるといわれる。しかし、翌年には、文官任用令が改正され、政党による猟官運動を防止するため、内務省警保局長や警視総監などを自由任用ではなくしている。

自由任用により在職者が政変ごとに内閣と進退を共にすることになる。その後、官吏の自由任用の範囲は、一九一三年（大正二）の拡大、一九一四年の縮小、一九二〇年（大正九）の拡大と一進一退の伸縮を繰り返している。「その経過はいわば勃興しつつあった政党と官僚の妥協の諸形態の反映ともいうべき[8]」ものであった。そして、一九三四年（昭和九）四月、齋藤実内閣のときに文官任用令・関係勅令の改正により内務省警保局長、警視総監、貴族院書記官長、衆議院書記官長が自由任用の範囲から削除され、それ以後、自由任用を許される官として残ったのは内閣書記官長、法制局長官、各省政務次官、各省参与官及び各省大臣秘書官のみとなり、これが終戦時まで変更されることなく続いた。自由任用の官の範囲は縮小され、官の大部分が政治統制の外に置かれていた。

こうして見ると、旧官吏制度の下においては、自由任用の対象を拡大する政治圧力が間欠的にあったものの、猟官制の弊害を排除するために官吏の任用を成績主義に基づくものにしようとする傾向が強かったといえよう。

自由任用は、一定職位以上の高級官僚の進退を閣僚と共にさせる人事制度であるが、高級官僚の職位に行政機関の内外から適宜人材を登用できる仕組みである。自由任用には各省庁の生涯職官僚の一定職位を閣僚と進退を共にさせる「政治任用」も含まれる。辻が「下級から昇任してくる官吏の中からでも自由任用によって次官とか局長に採用するということも可能である」と指摘していたのは、この点である。一九三四年以降の自由任用とは、今日、各府省の副大臣や大臣政務官、大臣秘書官の任用に近いものといってよい。つまり、自由任用は極めて限られた範囲のものになっていた。

「一般行政」の編入

こうした状況への辻の提案であった。当時、辻が主張したような「現実に政策に参与する官職」は職階制から外し、これを自由任用にするかどうかは、局部長以上をすべて「一般行政」という職種に編入するかどうかをめぐる争点と関係していた。職階法が成立し、人事院が、これに基づき、職級明細書（職種・職級の決定）の作成に乗り出すが、各省庁の非協力もあって、その作業は困難を極めていた。特に「〇〇行政」と称する「行政関係職種」の取り扱いが最も紛糾していた。ＧＨＱは、当然、職種は明確な専門性によって決定されるべきだとした。一九五〇年（昭和二五）一一月、七省の次官たちは、連名で「各省庁共通職種についての要望」「職級区分の基準について」という意見書を人事院に突きつけている。それは、①局部長以上をすべて「一般行政」という職種に編入すること、②職階制の実施を焦らず、一時留保すべきであること、を主旨としていた。

この動きの中で明らかになったのは、各省庁の人事では「一般行政能力」ともいうべきもので緩やかにくくられた範囲を役職段階という基準で区別する「実情」が存在することであった。[9] 役職段階とは、次官、局長、部長、官房の課長、課長、係長、係員という組織上の地位と序列のことである。局部長以上を「一般行政」に編入すべきという主張は、辻がいう「現実に政策に参与する官職」を「一般行政」という職に留めおき、かつ一般職として扱えということにほかならなかった。

この役職段階を基準にした給与・任用制度を存置するには「一般行政職」というカテゴリーは欠かせないと見られていたことになる。浅井清は、こうして、「法科系統の幹部職員が『一般行政』という広い職種の中で、自由自在に泳げるようにしてしまった」ため、「職階制は、立身出世主義に敗れたと見るべきか」と述懐している。[10]

辻の問題提起を今にして考えれば、職階制の導入とその実施をめぐる当時の状況の中では、その「猟官制的意図」は容易には受け容れられなかったといえようか。西尾勝は『行政学〔新版〕』の中で、「職階制の導入計画と挫折」に触れ、戦前期に政党内閣による政治任用を過剰なまでに排斥してきた日本の戦後においては、「当面の論議の主題は、むしろ、アメリカの公務員制度改革の状況とは全く逆に、資格任用制の適用範囲をどこまで縮小し、政治任用の余地をどこまで広げるべきかであった。ところが、国家公務員法が要請していたのは、実は単なる資格任用制の確立ではなかった。アメリカ型の『職階制』(position classification system) を基礎とした資格任用制を導入することであり、これにより従来の官吏制を抜本的に改革することであった。このことからさまざまな混乱が生じたのである。そして、結局のところ、この改革は挫折した」とした上で、自由任用の拡大自体が当時改革課題の中心にはならなかったことを示唆している。「職階制は定型化された業務には適合するが、非定型的な業務には適用しにくいものである。したがって、これを旧来の官吏制における高等官の職務・職責まで含めて、すべての官職に性急に適用することは決して賢明な方策ではなかったように思われる。しかし、当時は、かつての高等官・判任官・雇・傭人の身分制を廃止し、すべての職員を公務員というひとつの概念の下に平準化して捉え直したばかりのときであったから、職階制の適用範囲を限定することは、公務員のなかに改めて身分制を再生させる意味をもつものとして、構想することすらむずかしかったのであろう(11)」と。

しかし、あまり注目されてこなかったが、一九四七年一一月の片山哲内閣時に国公法が制定されたとき、特別職の範囲の中に各省次官と各省参与官が入れられ、これらを政治任用することとなっていたのである。ところが、マッカーサー元帥の公務員の争議行為及び団体交渉を禁止する「政令二〇一号」を受け、一九四八年一一月には国公法改正が行われ、「人事院」の設置は決まったが、事務次官の職が特別職から一般職へ移行され、参与官は廃止されてしまった。際どい、しかし重要な変更であった。辻は、この改正に言及して、「わが国で従来政策決定上重要な地位を占めている各省次官さえも逆に一般職としてその地位を往年のごとく堅く保障されることになったのである。特別職にある者が、時の政権担当者の異動によって自由にその地位を更迭されることを想えば、この制度を官職の中に広汎に設けることによって官僚制の民主化を実現しようとした当初の猟官制的意図が、『改正』により、その効果も現れないうちに早くも全面的後退を余儀なくされたのである」と指摘している。[12] こうして、官のシステムの頂点に安坐する各省事務次官以下のキャリアが依然として政策の立案と実施について事実上の主導権を握る体制は維持されたのである。

いわゆる第二次臨時行政改革調査会（いわゆる土光臨調）は、一九八二年七月の「行政改革に関する第三次答申――基本答申」の「第三章　公務員に関する改革方策」の中で次のように「職階制廃止の方向」を打ち出していた。「職階制については、制度制定後三〇年余になるが、いまだ実施されていない。これは、現行職階法に基づく職階制が精緻に過ぎるとともに、我が国の実情にそぐわない面があるためと考える。この際、公務員人事管理の基礎となる職務分類制度の在り方について、現行職階法を廃止する方向で、現実的立場から検討を行うべきである」と。一九八三年三月の「最終答申」でも「職務分類制度について、現行職階法を廃止する方向での見直しを求めた」と改めて指摘している。

5　立ち枯れた職階法

自治官僚を務め公務員制度の研究者としても知られた鹿児島重治は、一九八七年の日本行政学会誌の中で職階制未実施の「直接の理由」は「その制度当初から人事当局と職員の労働団体が強く反対したため」だったとしている。当局の側は「職階制による職務の分類が複雑で、それによって任命権が拘束されることを危惧し」、労働団体側は「職階制の階層的な格付けのために身分制が復活することを懸念した」のである。しかし、鹿児島は、これには「根本的な理由」が別にあるとして、「詳細な職務記述書（Job description）に基づく職務分類（Position classification）によって仕事をすることがわが国の職場の実態には一般的には妥当しなかった」と指摘し、職階制は「わが国の職場の風土に適合しない制度」であるとしている。「妥当しない」理由として、集団主義的職務執行体制、各職員の職務の弾力性、労使の一体制の三点を挙げている。この事情は「今日でも変わっていないと考える」と述べている。[13]

もし鹿児島の「職場風土への不適合」という認識が正しいとすれば、職階制という種は蒔かれたが、しょせん成長する土壌がなかったことになる。[14]半世紀以上の間、この認識がなぜもっとはやく一般化し、この「無駄な法律」が廃棄されなかったのであろうか。すでにこの法律は「覚醒」の見込みはないだろう。逆に、戦後改革を巧妙にくぐりぬけた官のシステムが生き続けている。

人事院の努力にもかかわらず、結果として職階制の実施は拒絶された。これは、免疫学でいう「異物排除」に近かったかもしれない。免疫学者・多田富雄によれば、生命という超システムにおける自己維持の機能を中心的につかさどっているのが免疫系であり、伝染病から体を守り、「非自己」の侵入を排除して「自己」の全体性を決定しているという。[15]

スーパー・パワーとしてのGHQは、良かれと考え、アメリカ型の職階制を、改革（治療）方策として、それまでの日本の人事管理システムに「移植」した。しかし、日本の官システムは、これを異物＝非自己の侵入として認知し、自己の全体性を守るために、移植された制度（臓器）を機能不全に追い込み、いつでも排除できる状態にしてしまったといえよう。日本のシステム自体は、異物を実質的には無視することにより、移植に伴う大きなダメージを受けることなく、基本的な自己を維持した。そこに戦前から戦後へのシステムの断絶ではなくその連続こそが際立った特徴として浮かび上がってくる。その自己とは何か。それは、外圧を巧妙にやり過ごし存続した官のシステム、すなわち独特の組織と人事の制度とその運用実態である。

Ⅱ章 変わらぬ大部屋主義の職場組織

国公法のうち職階制に基づく分類官職ないし給与準則を前提にしている多くの規定は、そのまま休眠状態に置かれ、放置されることになった。職階制は、法律が施行されても実際には実施できなかったが、職員がいる限り、仕事をさせ給与を払わなければならない。職階制に基づく「給与準則」が未制定であるため、給与については「一般職の職員の給与に関する法律」で定める職種、級等の分類により、また、採用・昇任等については職階制実施までは、人事院規則を「暫定的な」公務員制度に合うように読み替えるという運用を行うこととなった。官職の名称は、職階制による名称が決まるまでは、「国家行政組織法」の改正法附則で従来の例によることとなった。したがって今日に至るまで「事務官」「技官」という呼称が用いられている。その官たちはどういう職場で仕事をしているのか。

「外圧」に抗して職階制導入という変革をやり過ごした官のシステムは、それによって、同時に職場組織の改変も免れた。敗戦後、従来のまま実務を担い続けた職員にとっても、戦地から帰還して職場復帰した職員にとっても、戦後採用された職員にとっても、仕事場は何ら変わることはなかった。それは、原則、一課一部屋で複数職員が席を並べて仕事をする大部屋の職場である。何の変哲もないこの職場風景にこそ、わが国の行政組織の特色が映し出されている。それは明らかに職階制の「初めに職務ありき」とは異質の「初めに職員ありき」の組織の作り方と結びついている。

1　職場組織の風景

仕事の内容が書かれていない辞令

職員は、辞令をもらって職場に赴く。現在の辞令とは人事院規則で定める様式の「人事異動通知書」のことである。この通知書には職員の氏名、異動の内容その他人事院が定める事項を記載しなければならないことになっている。その写しは人事上の記録として保管される。現行の人事異動通知書の書式から見ると、人事異動内容は大別すると三通りである。例えば、

①　採用の場合：○○事務官行政職（一）二級（○○局○○課）に採用する　二号俸を給する

②　配転の場合：○○局○○課に配置換する

③　昇任の場合：行政職（一）四級（○○局○○課主査）に昇任させる　二号俸を給する

となる。異動内容には、職位と所属場所と給与表上の位置づけが記載されている。ここには職務（仕事）は書かれていない。この辞令からも官のシステムが「初めに職員（人）ありき」の組織形成を基礎としていることが判る。

このように、どの省庁でも、採用・配置換・昇任に際し、辞令によって特定の職員の所属場所を指定する。辞令からは、何ができる職員かは分からない。どこに所属し、どういう職位の職員かが重視されている。職場は基本的には課（室）に別れ、その課という一所に幾人もの同僚がいて、その一員になる。職場は個室ではなく大部屋の風景となっている。

官民共通の大部屋

二〇〇一年一月に総務省として統合される前、総理府の外局であった頃の総務庁は広報誌『M&C』を発行していた。その一九九二年八月号には人事局企画調整課について「陣中だより」という紹介記事が掲載されていた。そこには課員の顔写真とともに次のように書かれている。

人事局企画調整課へ行くなら、第四号館の一〇階へ行き、「人事局長」「人事局次長」のプレートのある入口から入って下さい。左に曲がると、そこが企画調整課です。一つフロアを降りて、その真下当たりには、企画調整課の分室があります。

眼を一〇階の大部屋に戻してみると、企画調整課の向こうに各参事官の執務室が続いていて、壁などの仕切りがありません。大部屋の中を区別なく職員が往き来し、働いています。部屋の中の境を強いて探すなら、企画調整課の電話はN社で参事官の電話はF社であるということでしょうか。

同じ号に記載されている長官官房秘書課については次のように描かれている。

秘書課は、大臣秘書官室・次官室を含め三七名で業務を行っていますが、この一大部屋は課長以下二八名、(二専門官、八係)です。大部屋は課員数に比して部屋のスペースが狭く、永久保存文書等の文書も多く保管していることもあり、相談ごとがあっても余裕をもって相談できない様な状況がそうさせている(敷居が高いと思われていること)ようです。また、夏期(特に西日の射し込む夕方)は暑いために特に入室しづらいかも知れません。

ここで描かれている課の光景は、どこの省庁の職場組織にも見られるものである。職員は自分たちが「大部屋」で仕事をしていることを不思議には思っていない。著者は、これを、欧米で見られるような個室主義の職場組織に対して大部屋主義の職場組織と呼んできた。

大部屋主義という点では役所に限らず民間企業の組織も基本的には同じなのである。「日本の会社のオフィスは、アメリカ式の個室システムではなく、大部屋システムなので社内に入るとずらりと各課が見渡せるところが多い(1)」のである。どうやら、大部屋主義は官の世界と民間の会社を通じる職場組織の風景といってよさそうである。

職員配置の例

現在の霞が関の職場組織の例を紹介しておこう。[図Ⅱ-1]（職員配置の例）は、霞が関の中央合同庁舎にあるK省のR局の職員配置図である。R局の隣が大臣官房である。一〇階の九部屋と五階の一部屋、これがR局のテリトリーである。

[図Ⅱ-1]にある記号は、◎はキャリア、○はノンキャリア、▲はノンキャリアの上位ポスト、省は省内他局の定員、併は局内併任、＊は主として本務部局にて勤務の職員、●は自治体から出向している（給与は自治体持ち）研修員、アはアルバイト（補助員）、TELは電話機をそれぞれ表している。R局の定員は八七人だが、局内、省内で人事のやりくりをつけながら、研修員（自治体職員）やアルバイトを使い、職員配置を組み立てている様子がうかがえる。

R局は、局長、審議官の下、五課・二室・一本部事務局で構成されている。ここでの室は課に準ずる組織である。空間配置では課・室が基本単位であることが一目瞭然である。しかも、係が課業務を整然と分担している様子がうかがえる。

R局の局長とR局にいる審議官には個室が与えられている。この審議官は中二階総括整理職（後述）と呼ばれる大臣官房審議官であるが、R局内に席がある。ちなみに、K省には、中二階総括整理職としては、総括審議官、総括審議官（国際担当）、技術総括審議官と九人の審議官（〇〇担当）が配置されている。

R局は、所管法律の改正を目指して局をあげて取り組んでいる。五階の制度改革本部事務局はその

図II-1　職員配置の例

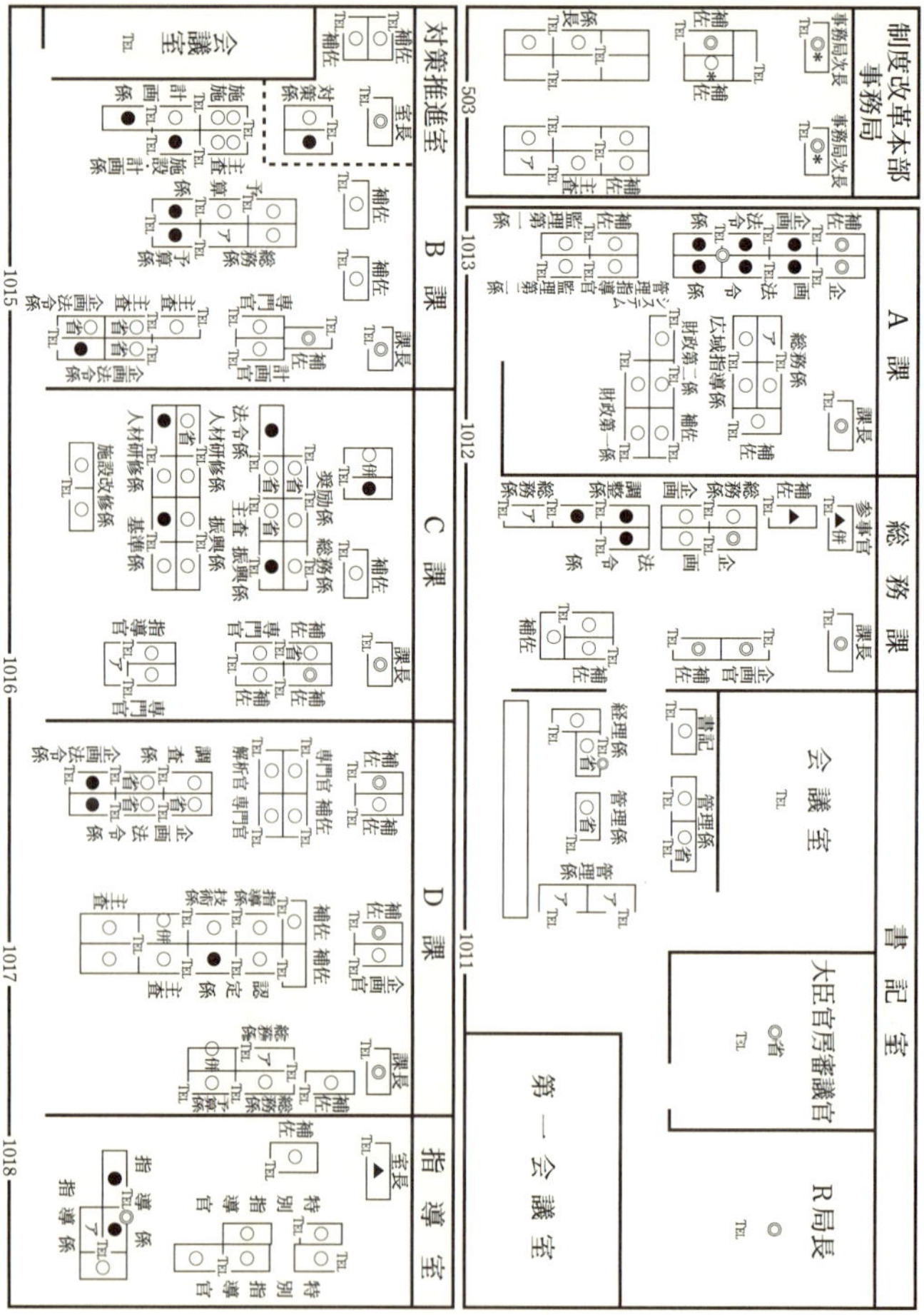
制度改革本部事務局
事務局次長
A　課
課長
総　務　課
書　記　室
会　議　室
大臣官房審議官
R局長
第　一　会　議　室
対策推進室
B　課
C　課
D　課
指　導　室
503
1013
1012
1011
1015
1016
1017
1018

作業本部（通称「タコ部屋」）である。ただし、本部には専任職員は配置せず、事務局長を総務課長が、事務局次長の一人を対策室長が、補佐の一人を総務課の補佐が併任している。

大臣訓令で定められているR局の定員は八七人であるが、実際にはそれよりずっと多くの職員が働いている。定員ではとても局全体の所掌事務をこなせないという。このうち、いわゆるキャリアは一八人、五課の課長はすべてキャリアが占めている。自治体からの研修員が二四人であり、他はいわゆるノンキャリアである。R局ではノンキャリアのトップは指導室の室長、ナンバーツーが総務課の補佐である。課長に準ずるポストである室長の一つと総務課補佐の一つがノンキャリアの指定席となっている。

R局には書記（室）があるが、この古風な名称の室は戦前の内務省期からの名残である。書記室職員は、公式には総務課長の指揮・監督の下にある（部屋は通じている）が、実際は、局長及び審議官の日程調整、国会対応の旗振り、ノンキャリア人事などを担当している。必要に応じて、第一会議室で各課の筆頭補佐以上の職員が集まり打ち合わせや局議を行っている。

2　「大部屋制」の発見

海外勤務の役人による発見

わが国の職場組織が欧米のそれと基本的に異なることを発見したのは、海外勤務に出た国の役人であった。人事院に入り人事院公務員研修所長を歴任した田代空は、一九七四年から五年間、在ローマの国連食糧農業機関（ＦＡＯ）に勤務し、「騒々しき西洋事務所の事情」を体験するが、個室で仕事をしている様子を次のように描いている。

ＦＡＯへの着任第一日に、いささかとまどった。「いったい、どこに部下がいるのやら」（略）五〇数名の部下がビルの上下五階にわたる大小二五室に分散していたからだ。（略）調べてみてから、「ハハーン、なるほど」と、その理由がわかった。「オフィサーは個室にかぎる」これが原因だったのだ。

なぜ、こんなにも小部屋分散が起こるのか、その理由は、「同室者がいると仕事に集中できない」「オフィサーは事務職員と同居はムリだ」「喫煙者との同室はご免だ」と考えているからだ。個室執務であるため、このＦＡＯ本部には約三六〇〇名の職員に対して秘書を含むタイプ要員がなんと約一五〇〇人も必要になっている。田代は、「日本の大部屋がなつかしい」と、大部屋の七つの利点をあげる。第一に、秘書という名の玄関番がいらない。第二には、各部屋に電話がいらぬから電話の数が少なくてすむ。第三には、つまらぬメモやメッセージの必要がなくなる。「オーイ」と声をかければ万事了解なのだから。第四には、書類を配達するメッセンジャーがいらなくなる。第五には、全員の気持ちがまとまりやすい。第六は、部下の監督や指導がしやすい。そして最後には、上役自身が自戒して奮起する。「メデタシ、メデタシの大部屋主義ではないか」。そして、「オフィサーが全員個室に監禁される西欧組織では見習いたくても隣に手本が見当たらない。(略)それでも同僚は、緊迫した事態になっても『あれはヤツの仕事、オレの縄張りではない』と手を貸そうとしない」と、非能率で部下も育たない個室主義に驚いている[(2)]。

ここで描写されている個室の執務風景が、実は職場組織の形成の仕方に関係していることは明示的には書かれていないが、個室と大部屋の対比は明らかに比較組織論への視点を提供している。田代は、どちらかといえば大部屋制の利点と個室制の欠点を描いているといえる。

これに対し、同じ国の役人でも、旧自治省に入り自治大学校長を歴任した久世公堯は、一九六八年(昭和四三)に初めて設けられた「地方行財政調査」で二ヶ月間の海外出張に出かけたときの見聞録の中で、米国ロサンゼルス・カウンティの「オフィスからの教訓」の一つとして個室制を取り上げ、次のように肯定的に述べている。「各部局の部屋が比較的小室であり、ある程度の職責・地位をもつ者は、原則として個室をもっているということです。これはなにもアメリカ合衆国にかぎらず、ヨーロッパ諸国においても同様でした。私の訪れた相手方は部局長であれ、課長、課長補佐であれ、すべて個室におりました。わが国の行政庁では、中央官庁でも地方庁でも、だいたい部局長以上が個室で、あとは大部屋制となっているのが一般ですが、ラインの仕事ならともかく、スタッフ的な仕事は、個室ないし少人数の部屋のほうが、かえって能率があがるのではないかと思われます。……わが国の行政庁のように、会議室もろくろくないところを比較することも問題ですが、職員数の問題や人事管理上の問題をも含めて、わが国の行政のあり方には反省すべき点が多いことを痛感させられました[(3)]」。

田代も久世も国の役人として実務体験をもっていたから、日本の職場との対比で欧米の職場の特色を捉えることができたといえよう。両者に共通しているのは、欧米が個室制であり日本が大部屋制であることの「発見」である。

外国人研修生の驚き

日本人にとって当たり前の大部屋執務は外国人公務員が見ると驚きになる。フランスも官僚制の国として知られているが、そのフランスの国立行政学院（エナ）から研修で来日した研修生は、「まるでモンテスキューの『ペルシャ人の手紙』の中に出てくるウズベキスタン人の目で日本の公務員を見るという『「チャンス」を得た』」とし、それを次のように書いている。「驚いたことはいくつもありますが、先ず直接目にした驚き、それは役所の執務室の配置でした。フランスではほとんどの公務員は自分たちの個室を持っていますが、日本の公務員は皆同じ部屋で働いています。このような状況で集中して仕事ができるのは日本人ぐらいでしょう。でも、逆に、情報がすぐに伝わり、チームで仕事をするのには便利とも言えます。それに、同じ部屋にいれば隣の人がどのような案件を抱えているか分かりますから、フランスの公務員が頻繁に出席を求められる業務報告のための長い会議も必要ないかもしれません[4]」と。

著者自身は、職場組織の形成原理として欧米型を「個室主義」、日本型を「大部屋主義」と呼んできたが[5]、以下、大部屋主義の特色を改めて概観しておきたい。

3 組織形成――二つのタイプ

国の省庁の場合は一つの部屋に一つの課が入るのを原則としているが（一課一部屋）、行政組織の型としては大部屋主義と呼ぶのにふさわしい執務風景となっている。ちなみに、霞が関のどの省庁でも庁舎に入り各課の部屋の入り口に立ってみれば、配置（座席）表がかかっていて、一つの部屋に課の全員がいて仕事をしていることが分かる。職員は、大部屋といっても、狭苦しい雑然とした部屋の中で、それこそ「机を突き合わせて」働いている。「一所懸命」とは、この大部屋執務のエトスを表す言葉ともいえる。

行政組織は組織の一種である。組織は、仕事と人をどのように結びつけるか、その原理と様式によって理解することができる。組織を仕事と人の結合様式だと考えると、組織の作り方は二通りになる。

「初めに職務ありき」

一つは、できるだけ仕事（職務）の内容を明細に定め、その仕事にふさわしい人を採用し、一定の権限と給与をセットにして、その仕事を遂行させて責任をとらせ、その仕事振りで人事評価を行う方式である。仕事場は、必要に応じて秘書が配置されるが、原則として個室となり、部屋の入り口にはネームプレートが表示される。この場合は仕事と権限・責任と給与が三点で明細に定まっており、その仕事の職に欠員が生じれば、その都度、公募し、採用にあたっては、人事担当の専門職員が、応募者の申請書類を審査し、候補者に関し経歴と適性・能力などに関する面接（インタヴュ）試験を行い、採否を判定することになる。採用となれば、明細に定められている仕事を直ちにしてもらい、その仕事ぶりについて当該職員に即して評価する。これは「初めに職務ありき[6]」の組織形成である。

「初めに職員ありき」

もう一つは、仕事（職務）は大まかに、局とか課といった単位組織に与え、その組織に複数の人員を配置した上で単位組織の職務をその全員に分担させる方式である。この場合は、職場組織に配属されて初めて個々の職員が分けもつ具体的な仕事の内容が決まってくる。これは、一般的な基準（例えば「公務遂行能力」）で人を採用した後で、職場に人を配置して仕事をさせるやり方である。採用された職員は、どこかの単位組織に所属するが、一所にとどまらず別の単位組織に移動することもある。要員の需給調整は年度ごとに退職職員数の補充・不補充によって行われる。この点で閉鎖系となっている。そこで、職員の一斉退職と一斉採用のみならず、人事異動と呼ばれる芋づる式の配置転換と昇任が定期的に行われる。そのために、この人事管理業務を行う専担組織（秘書課・人事課）が必要になる。これは「初めに職員ありき」の組織形成である。

わが国の公務の職場は、国も自治体も、風景としては「個室執務」ではなく、一所（ひとつところ）に複数の職員が机を並べて勤務する「大部屋執務」となっている。だから、部屋の入り口にはネームプレートではなく配置表がかけられることになる。しかも、単位組織（局・部・課・係）に与えられている仕事の内容は、事務分掌規程上は、「○○に関すること」という概括的規定が列挙されている。この概括列挙主義で定められている所掌事務を単位組織の所属職員が協力して行うことになる。

4 大部屋執務の行動と心理

大部屋主義の定義

一般的にいえば、組織は、ある任務を遂行するための「協働の体系」（C・バーナード）である。したがって組織を特色づける要因は、第一に任務の規定のし方であり、第二に構成員へのその任務の割り当てのし方であり、第三に割り当てられた任務の遂行のし方である。

これらの点を念頭において行政組織の日本型ともいうべき「大部屋主義」を定義すれば、ひとまず次のようになるだろう（なお、日本型というのは、日本にしかみられないとか日本の職場がすべてその型にあてはまるという意味ではない。事実、大学教師の仕事場である研究室は秘書もいない個室となっている）。

大部屋主義とは、①公式の（事務分掌規程上の）所掌事務は、局、課、係という単位組織に与え、②しかもその規定は概括列挙的であり、③職員は、そのような局、課、係に所属し、④しかも物理空間的には一所（ひとつところ、同じ部屋）で執務するような組織形態をいう。

この定義について若干、敷衍する必要がある。

第一に、大部屋主義の由来・発端はまだ分かっていない。例えば江戸時代の奉行所で役人化した下級武士たちが同室で文机（ふづくえ）をならべ仕事をしていたと想像できるが[7]、当時の事務分掌規程と執務室の間取りを調べてみないと正確には大部屋主義をとっていたとはいえない。また、一所で仕事をするようになったのは職務自体が詳細に定められていないからなのか、一所で仕事をしているから職務を詳細に規定する必要がないといえるのか判然としない。大部屋主義の歴史研究が必要である。

第二に、大部屋というのは、当然、物理的な執務空間としての個室と対比されているが、それはスペースの広さに直接関係はなく、課なり係という単位組織の成員が一所で仕事をすることが可能な空間というほどの意味である。したがって、三人だけしか課員がいないような小規模組織であれば執務空間としてはごく小さなスペースで足りるが、これも大部屋主義といえるのである。なお、都道府県や政令指定都市のように一課一部屋の場合も小さな町村役場のようにすべての課がワンフロアに集まっている場合も大部屋主義といってよいであろう。なお、国の場合は係制がしっかりしているが、自治体では定員削減に伴い係といっても職員が一人とか二人しかいないところが出てきている。そのことによって組織形成のし方が変化してきているかどうかは別途検討する必要があろう[8]。

個室ではなく、複数の職員が一室ないし一画に机を同居して仕事をしているのであるから、「大部屋」勤務と呼びうるが、大部屋というと小部屋、大部屋というように部屋の大小と勘違いされやすい。そうではなく組織形成のあり方を言っている。今日の日本では家庭内でも個室化が当たり前になっている。大部屋（「多床室・雑居房」）が普通であった特別養護老人ホームでも個室・ニュットケアが図られようとしているのに、職場は相変わらず大部屋である。勝手気ままに振舞える私生活の空間と違って仕事場は上司や同僚の眼がある。

第三に、一所に何人も居るから、誰がどこに座るのかの席の配置がその一所の風景となる。例えば典型的には、窓あるいは壁を背にして一番奥まった場所に課長席、その前に課長補佐席、その前に係長席、そして各係長の前に縦に相対しての係員席が配置されている。所属長の課長は補佐と係長を後ろから見る位置、補佐は課長を、係長は補佐と課長を振り向いて課長を見る位置、係員は横向きに役職者を見、同僚を正面・斜めに見る位置に座っている。この間取りは職制上の上下関係を映していると言えそうである。後ろから誰からも見られない窓際、壁際に座っている課長がやはり一番偉いのである。人は後ろから他人に見られていると落ち着かないものである。

こうした座席の配置でも、自治体のように住民と直接接する窓口のある職場のように係員が最前列で何人か横に並んで住民に応答している部屋は外部の人の目にさらされているから、執務態度に気をつけなければならない。暇な様子、怠けている様子、だらだらしている様子はすぐ分かってしまう。自治体と違って窓口事務がなく直接住民の眼にはさらされない国の府省の大部屋では、同じ座席配置でも雰囲気は異なっている。職員だけが居る密室になると内輪の気安さも出てくるが、その分、発想も内向きになりやすくなるともいえる。そうした職場に長く居ると、つい外の様子に疎くなる。自分たちの都合で物を考えやすくなるともいえる。「居は気を移す」のである。

第四に、少なくとも大部屋主義は職階制が法定されながら実施されていないことと関係していると考えられる。職階制とは個々の職員に割り当てられる職務の内容と責任を明細に規定する制度である。

この制度が有効に作動するためには詳細な職務分析に基づく職務記述書が必要である。職務内容と権限内容を明確に規定している職務記述書は職階制に不可欠である。その職階制が実施されていないということは日本には職務記述書がないということである。自治体では各職員の職務分担を記載した表が存在する場合があるが、これも概括的な規定にとどまっており、個別職務の明細を記した職務記述書といったものではない。

それでは職員はどのように仕事を分担するのか。局、課、係の所掌事務は概括列挙的に定まっているが、個々の職員がどのような仕事を分け持つかは、大きくは、年度の切り替わりの時期に、前任者から後任者への事務引継ぎで伝えられる。また、年度途中の異動人事でも同様であるが、事務分担にかかわる必要な調整は、課単位では総務係長及び総括課長補佐が行い、課間に係る調整は局総務課の補佐及び課長が行う。辞令によりまず所属組織が指定され、その後に具体的な職務を与えられるが、職務記述書を示されるわけでなく通常、何をどのように行うのかについては職場の先輩から伝達・指導される。

第五に、わが国には定期的な人事異動がある。新規採用された職員は、それぞれ特定の職場に配属され、その後、順次配属先が変わり、少しずつ昇進していく。生涯職である日本の職員は、定年まで、いくつかの職場を、いわば引越しながら歩く。国の職員の場合は転居を伴う配置転換である「転勤」もある。その間、多くの職場同僚と知り合い、「官の仲間」が増える。欧米では、まず職務を明細に定め、その職務に適した資格を有する人物をはめこんでいく。その仕事を適切に遂行し、そして本人が希望するかぎり同じ職務を長期間続けることもあり、定期異動の必要はない。

大部屋執務の心理学

国家公務員は、通常は、本省庁や出先機関の庁舎へ通う通勤者である。そこで仕事を行い、その対価として給与をもらっている。公式には出勤簿で通勤が管理されている。課という自分が所属する部屋に行くと自席があり、そこで仕事をする。部屋には、複数の上司・同僚・部下がそれぞれの場所の自席で勤務についている。もちろん、会議や出張等で席にいないことはあるし、地域の現場で仕事をする場合もあるが、基本は自席での勤務である。だから、部屋のどこに誰が座っているのか、その人が何番の電話番号を使っているかは「座席表」ないし「配置表」に記載されている。一所に所属職員がいて仕事をする、これが、当たり前とされている職員の日常勤務の風景である。

(1) 眼差と配慮

課や係に所属している職員は、出勤してくると、毎日、同じ職場で顔を合わせる。欠勤するとすぐ分かる。無断欠勤となれば、「○○さんはどうしたのだろう」という気遣いが出てくる。また、それぞれに課や係の仕事を分担し、一応の守備範囲が決まっているから、その仕事が一人前にできるかどうかが大切になる。一人前に仕事をこなせず、間違いが起こり、事務処理の流れが滞ったりすると、他の職員に影響が出てくる。そうなって上司から注意を受けると、それはすぐ全員に知れ渡る。

このように毎日顔を突き合わせ、お互いの仕事振りを見聞きできるような職場では、一面ではお互いに迷惑をかけてはいけないという「気兼ね」の気持ちが育まれ、他面ではいわゆる「お荷物」職員への冷たい視線も出てくる。時に「眼差の地獄」にもなる。局内・課内「常識」があるから、あまり外れた言動をとる職員は「変人」(不適応者)とみなされる。(9) この職場は、配慮と注視という心理的圧力の中にあるといえる。その圧力の大きさと密度は、仕事の内容とその環境が変わらなければ、どのような感性と知力をもつ職員が集まるかによって決まってくるといえよう。

(2) 人柄の重視

特定の課・係に所属し、分担する仕事を一人前にできることは職業人としては当然であるが、毎日、一所で複数の人が仕事をしているから、どうしても、それぞれの職員の性格・人柄が仕事全体の遂行や職場の雰囲気に影響を及ぼすことになる。新規職員の採用時にも、職員配置や昇任の決定時にも、概して、例えば誠実さ・明朗さ・協調性といった性格・人柄要素を評価基準として重視しているのは、この職場が人間関係の場にもなっているからである。与えられた仕事を適切に効率よく行うという意味での「有能さ」のみで、職員はお互いを評価しているわけではない。

性格・人柄があまり良くないと見られている職員は、この職場では敬遠されやすく、そのことに気づけば本人も居づらくなる。性格・人柄の不適合によって職場の人間関係が、暗くなり、よそよそしく、ギシギシし始めると、仕事自体の遂行にも芳しくない影響が出てくる。この職場は典型的な人間関係の場であるということができる。

（3） ウチ意識と内部告発

このように一所で勤務をするため、仕事の分担でも人間関係の形成でも職員間に相互依存が形成されざるをえないことから、職員の意識と行動にある種の傾向がうまれやすい。元来、生まれも育ちも違う人間が公務員になって職場を共有するのであるから、仕事全体の遂行に向かって協力できなければ困る。それが、組織人としての、あるいはチームの一員としての自覚となる。協力は、ある意味で分業であるから、自分の位置と役割をわきまえ他の職員の「足を引っ張らない」ようにしなければならない。あるいは、職場にいがみ合いや対立抗争を生み出さないようにしなければならない。これは、よそに対するウチ（課内、係内）意識を育む。だから、職場としてはウチの融和が大切になる。問題は「城内融和」のあり方である。

「城内融和」の重視は職員間の心持ではウチに向かう求心作用が働いていることになるから、その方向は正負二つとなりうる。正の方向とは、課や係の仕事を職員同士が理解と励ましと支援・補完によって成し遂げようと一所懸命に努力するという意味での一致団結である。単位組織の目標達成は、この一致団結なしには成果をあげることは難しい。一方、負の方向とは、お互いに問題（不適切の事務処理や不祥事、人間関係のこじれなど）を見て見ぬ振りをして問題が外部に漏れないように口をつぐんでいる状態である。これはウチと呼ばれる「職場共同体」の劣化である。劣化した職場共同体に我慢ができずに、「問題の事実」を外部にもらすことを英語では「警笛を吹く」というが、わが国では「内部告発」と呼んでいる。

職場における「問題の事実」が外部に出てくるきっかけが、ほとんど「内部告発」であるということは「城内融和」が「臭い物には蓋」という負の方向性をもちうることを意味している。課や係の所属職員全員が「悪事」を隠そうとし、あるいは見て見ぬ振りをすれば、「眼差と配慮」の職場は醜聞秘匿の劣化システムに転落する。これをいかに避けるかが管理職本来の基本任務であるが、その管理職が醜聞の主役になるようではどうしようもなくなる。これが「内部告発」の制度化問題である[10]。

（4） 人事異動と再適応

人事異動という定期、不定期の職員の配置換と昇進の人事が行われるため、一定期間で単位組織の構成員が変わる。そのたびに仕事の分担を行い、共同作業を確認しなければならない。つまり、役所の機構図（組織編制）や事務分掌規程が変わらなくとも、実際の職場組織は、職員の入れ替えによって内実が変化する。職場組織とは仕事と人の結合であり、概括列挙的に任務を与えられ単位組織に一般的基準で採用されて人を当てはめるという方式で職場組織が形成されているから、人が変われば組織の実体は変化しうるのである。この点で、仕事場は相当に属人主義化されているともいえる。異動した職員は新たな職場と仕事に適応しなければならない。これが人事配置における「適材適所」の成否や的確な事務引継ぎの有無の問題になるが、ともかく配属された一定数の職員で協力して仕事を行っていかざるをえないのである。

人事異動を職場見直しの好機と捉え、それ以前の職場では取り組まなかった、あるいは取り組みが不十分であった政策課題ないし事務事業に乗り出すことができるし、同時に、それまでの事務事業や執行方法を改変することもできる。単位組織の所属職員がそうした内発的な改善・改革に乗り出すとき職場は活性化する。その気がなければ従前・先例の踏襲となりやすい。

（5） 上司の「権威」

空間的には一所で複数の職員が勤務しているが、この職場組織も、職制上は上司と部下の関係、すなわちヒエラルキー型（階統制）の構造をもっている。公式的には上命下服の関係がある。仕事上、上司の命であれば部下はそれに従うことになっており、それが職場組織に内包されている秩序維持の原理である。そこで、この職制上の上下関係を否定することなく、いかに個々の職員のやる気と職員間の協力を生み出すかが職場管理の基本課題の一つになり、上司に求められる資質や見識とは何かが問題となる。

その際、権威と権威主義の区別が重要になるはずである。仕事上の権威というのは、ある上司の物言い・指示・命令がそれを受ける部下に受容されたときに、その上司は部下に対して権威をもつ。上司の権威は上役という権限の地位から流出してくるのではない。ある上司が部下に対して権威をもちうるのは、上司がしかるべき言動を行っていると部下が認める場合に生まれると考えるのである。これは上司に対する部下の期待イメージが実際の言動によって充足されたときであることを意味している。

これに対して、権威主義とは、上司が職制上の上司であるがゆえに自分の指示・命令に部下たるものは必ず従うもの、従わないのは服務紀律違反であると思い込んで、居丈高に振舞うことをいう。そこで、権威主義者である上司の下では部下は「面従腹背」という態度に出やすい。信頼も期待もできない上司の下で仕事をこなさざるをえない職員と職場は憂鬱な気分に包まれ、やる気をそがれてしまう。部下が上司に従っているという意味では職場秩序は維持されているように見えるが、その秩序は形骸化しているといってよい。

もっとも現実の職場では、出張命令のように誰でも疑わない手続き以外に、あからさまに職務命令を出すことはまれであり、むしろもっと指導力を発揮してもらいたいと期待されることもある。だから、上司は部下の応答・反応を気にしている。気疲れするのは上司とて同じである。相互の理解と納得が欠かせない職場となっている。

5 大部屋主義の組織形成

さて、以上の諸点を考慮に入れて、大部屋主義の組織形成を特色づけるとすれば、次の六点に要約できよう。

一所の執務空間

職員は課や係に所属し、一所で仕事をするが、課や係の任務を適宜分担しつつ互いに協力しカバーし合うことが可能になっている。個室主義の場合は、仕事は個人が進め処理する。隣の個室の職員が何をしているか分からないし、また分からなくても自分の仕事には支障はない。つまり、自分の職務として明定された仕事以外の仕事には口や手を出さないし、出せないのである。大部屋主義の場合は、職務が職員個人に直接配分されるのでなく、課や係に割り当てられているため、課や係全体で所定の期限までに仕事を間に合わせなければならないこともあり、課員の一人の仕事が間に合わなければ他の職員が手伝わなければならないし、一所で毎日顔を合わせて仕事をしているため知らん振りはできないのである。組織は「協働の体系」というが、大部屋主義と個室主義ではかなり様子が異なるといわなければならない。

一所に所属職員が居ることのメリットとしては、職場の様子（仕事の進捗・職員の言動など）を全員が知りうること、何か相談事が起これば直ちに協議できること、必要に応じて相互にある程度まで支援し合えることがあげられる。日本の社会ではすでに失われ始めた一家団欒のよさが、この仕事場である大部屋では実現し続けられるかもしれない。一家団欒のよさは、全員がその心の鍵をはずして、打ち解けて、なごやかに対話ができることである。後に検討するように、このような一家団欒なしに、ただ個々の職員の能力・実績を重視する人事評価システムを実現しようとしても、おそらく「大部屋」の職場は、とげとげしく、活気の出にくいものとなろう。

仕事振りの相互評価

課員・係員は仕事振りを縦横に評価し合う一方で、個々の職員の仕事実績（課の任務遂行への貢献度）を個別に評定しにくい。大部屋主義の職場では、常に他の職員を意識しながら仕事を進めている。例えば、係長は職員を観察していると同時に、職員からも観察されている。また隣の係長との関係も同じである。上下だけでなく、同一レベルでも評価し合っていることになる。もちろん、係長だけでなく係員も課長も同様である。官房の三課長、審議官や局長になり個室をあてがわれるまで、この状態は続く。この相互評価性は業務遂行の実績のみを昇進や昇給の判断材料とする欧米とは大きく異なっている。組織構成員が互いに評価し合っているのだから、その評価と大きくくい違う昇任人事や異動を行うと組織内では不満が充満することになりかねない。人事だけでなく、職務の分担にもこの視点が重要である。管理職は自分の好みを優先するのではなく、課員の暗黙の評価を重視しなければならない。

このように上下、同一レベルで相互評価を行うことを人についての「相場が立つ」と考えることができる。「面白いことに、『あいつは仕事がよくできる』という評価は役人仲間では収束することが多い」。しかも「役人の評価は上司が部下に対して行うのみではない。部下も上司を実によくみている」のである。[(11)] なお、局長や審議官や官房の三課長には個室があてがわれているが、これは一種の「格付」であると同時に「秘密保持」の必要のためであると考えられる。局長や審議官や官房の三課長が組織形成の上で個室主義の編成に入るのではない。

人間関係の重視

単位組織に所属して仕事を行うため課や係の一員として他の職員と協調的な人間関係を形成・維持できるか否かが個々の職員にとっても管理職にとっても大切な配慮事項となっている。かりに広いスペースのところで仕事をさせるにしても部屋の配置をパーティションで一人一人仕切り、隣が見えないように個室化するような欧米の職場でも人間関係は形成されるが、採用・配置換・昇任に当たって人物評価を重視し、「人柄のよい人物」を選ぶ傾向が強いのは、一所で所掌事務を分担・協力して遂行していることに、より一層結びついているといえる。職場で形成されている人間関係は公務外の冠婚葬祭や課内懇親・旅行などの「付き合い」にも及んでいる。生涯職とは役人人生を通じた人間関係の切り結びでもある。

概括列挙の所掌事務規定

人事異動とは「大部屋」から「大部屋」へ転居するという意味をもち、そこでは良好な人間関係を維持しつつ、人が代わることで政策発案や組織運営に新味を出すことが可能となる。個室主義の場合は職場の守備範囲がキッチリと定められているため、人が代わっても、そう仕事振りが違ってくることはないといえる。これに対して概括的、列挙的にしか定められていない所掌事務を、課員が場合によっては柔軟に臨機応変に分担しつつ仕事をする大部屋主義では、所掌事務規定の解釈に幅が出てくるし、仕事の分担の適否と職場の雰囲気が課全体の活動総量（パフォーマンス）に大きく影響を及ぼしうる。所掌事務規定や課の人数が同じでも、人事異動で課員構成が変わると、しばしば活気と沈滞の明暗が入れ替わったりするのも大部屋主義と結びついているといえる。ここでは仕事の推進力は個人プレーにあるのではなく心を合わせたチームプレーにある。

曖昧な職員定数

大部屋主義では、課や係の仕事を何人の職員で行うのが最適であるのかという組織の適正規模が曖昧になりやすく、員数の点で一定の伸縮性（スラック）をもっていると考えられる。協力関係や人間関係でわずらわしい、うっとうしい面もあるが、大部屋主義には便利な一面もある。個室主義であると、担当者が長期休暇でもとろうものなら、外部の人間が役所へ出かけていっても全くらちがあかないことが多くなる。ところが、大部屋では、核心に触れる回答が得られるかどうかはともかく、概略の説明くらいは誰か代わりの者がやってくれるはずである。「担当者がいないので判りません」では通らない。

また、組織には、必ず「その他、他の係（課、部）に属しないこと」を所管する係（課、部）があり、あるいは総務係長とか総括課長補佐がいて職務全体の伸縮性を担保している。さらに、年次休暇のとり方や仕事の割り振りといったことにも一定の柔軟性がある。円滑に維持されている職場では、休暇が重ならないようにお互い配慮するし、ある職員にとって仕事が過重な場合には仕事の振り分け直しも可能である。

実務経験的にはいなくても困らない職員をなんらかの事情で単位組織が包摂することもできるし、逆に、行革がらみの一律定員削減を行わなければならない場合には若干の無理をしても少なくなった人員で仕事の再分担をして、あるいは他から人力補充をしてなんとか単位組織の活動を維持することもできるのである。したがって、所掌事務の遂行にとって現員規模が効率的であるかどうかは不明である。

よき人柄が望まれる所属長

役所は権限体系では上命下服を含む典型的な階統型の組織構造をとっているがゆえに、大部屋での協力と協調の関係を形成・維持する必要があるため、管理職には特によき人柄の持ち主であることが要請される。管理職は、一般に、職務権限の上では、それぞれ担当する部課の「事務をつかさどり、所属職員を監督する」ことになっている。一般職員からみれば、課長は自分が所属する組織の長、すなわち所属長ということになる。所属長という言い方は欧米には見当たらない。この呼称は大部屋主義を前提にした言い方である。

一般職員にとって課長は、所属組織の代表者であると同時に、人事考課を行い、意思決定者であり、場合によっては職務命令を下す管理監督者である。この所属長と所属職員との間において両者にとって切実な問題は、適切な仕事の割り振り、方針の共有、公正な人事配置、そして職場における良好な人間関係の維持である。一所に所属する職員が、責任をもってそれぞれの分担する仕事を遂行すると同時に、気持ちのよい職場の雰囲気が形成されていることが、課全体のパフォーマンスを高める上で必須の条件となる。

大部屋主義の職場の管理者には「自他に誠実で、明朗な性格をもち、度量が大きく、豊かな関心の持ち主」といった意味でよき人柄を備えていることが求められる。誠実とは、相手の立場や心情を慮るとともに自分の気持ちにも正直なことを、明朗とは、ものごとにウジウジしたこだわりがなく性質が明るくユーモア（ゆとり）の精神に富んでいることを、度量が大きいとは、他人の言動を一概に拒否することなく受容する心の広さ、おおらかさ、懐の深さを、豊かな関心とは、さまざまな事柄に豊かな関心をもち、問題を発見し、進取の気性を備えていることを、それぞれ意味しているといえる。

一所の課員が協力して仕事をする職場では、管理職自身の人柄が悪く、そのことが職場の人間関係を悪化させている主因というのでは、なんのために管理職をおいているのか疑問になる。前言を平気でひるがえし、いつも仏頂面で、横柄で、こまごまと小言をいい、感情を失禁し、御身大事の前例踏襲主義の管理職でも、かといって愛想はいいが部下の言に左右され、自信もなく、なにを考えているかはっきり示さず、しかも面倒なことが起こると他に責任を転嫁するような管理職でも困るのである。管理職任用における人柄評価と管理職自身の自己啓発が大切である理由がここにある。問題は、国の場合、これまで管理職の人事評価が、客観的で公平な評価手法というに値するやり方では行われてこなかったことである。

以上が、大部屋主義の組織形成の概観であるが、こうした職場組織のあり方は、制度上は、各省庁共通のより大きな組織管理制度に枠づけられている。次章ではそれを見ていく。

Ⅲ章 規格化された組織とその管理

1 行政組織の決定制度

行政活動の「鉄格子」

国家公務員は、さまざまな制約・拘束の中で仕事をしている。行政の世界は、実体としては、その担い手が現に行っている活動をおいて他にない。この活動は、広く国民の福祉や安全・安心にかかわる政策の運用を行っているため、その濫用が起きないように法制度という「鉄格子」がはめられていて自由度はかなり限定されている。「鉄格子」がはめられているといっても幽閉されているわけではないが、少し誇張して「鉄格子」といわれるのは、公務という活動の内容や方法の決定及び活動資源の調達における自律性に制約を加えられているからである。国の役人たちが勝手に振舞えるなどということはない。もしそういうことがあれば、それは逸脱行動となって社会的制裁の対象となり、違法ということになれば処罰の対象となる。もちろん、それは「劣化した組織共同体」の中で隠蔽されないということが前提になるが。

前章では、職員はどういう特色をもつ職場で働いているかを概観したが、職員が所属する組織は全府省にわたって整然と規格化されている。これは「鉄格子」[1]の一つである。これが府省組織の編成に対してどのようにはめられているのかを見るのが本章である。

この鉄格子は行政組織の決定制度に関係している。行政組織の構造を、誰が、どのような形式で、どの範囲までのことを決める権限をもっているか。これは、議院内閣制の下では、一方で、立法府（国会）がどこまで行政組織の構造決定に関与する法的権限をもっているかであり、他方では、内閣とその下の行政機関がどれほど組織構造決定の自律性をもつか、また内部組織管理がどのように行われているかということでもある。

国会と内部組織の決定権

省庁の編成と省庁の内部組織のどのレベルまでを法律事項にするかは、行政組織の決定に対する国会（政治）の関与の範囲を表している。実は、国の行政組織のどの段階までを法律事項とするか政令事項とするかは日本国憲法の草案審議以来の懸案事項であった。

一九四八年の国家行政組織法制定時に、大日本帝国憲法の官制大権（天皇が行政各部の官制を定める権限をもつこと）を廃止し、できるだけ細かく国会が定めることとした。それは戦後改革の一環でもあった。すなわち、官房、局及び部の設置・改廃とその所掌事務の範囲まで各省庁設置法という法律によって定めることにしたのである。そのため、ある省が、新たな政策の展開にあたって、それを担当する局部を新設し、あるいは統合したいと考えた場合には、その省の設置法改正案を、そのつど国会の審議に付さなければならなかったのである。

一九六四年の臨時行政改革調査会（第一次臨調）答申は、内閣自体に内部組織の自律的な編成権を認めるべきであるとする旨の提言を行った。行政組織規制の弾力化を求める改正案は、一九七一年、七二年、七三年と連続して国会に提出された。佐藤栄作内閣から田中角栄内閣にかけての頃である。しかし、三回とも実質審議にすら入れず廃案になった。当時の野党の反対理由を要約すれば、「立法権を侵害し、行政に対する民主的チェック機能を弱める」というものであった。

この規制弾力化が実現をみたのは一九八三年一一月の国家行政組織法の改正によってであった。その直接のきっかけは、一九八二年七月の第二次臨調第三次答申が「行政の改善努力は、恒常的に行われるべきものであり、高度成長の時代が去り、行政を巡る内外情勢が厳しく、また変化の激しい今日、行政機構の肥大化や行政運営の固定化を防止し、その簡素合理化を継続的に促進する必要がある。このためには、まず、行政府において恒常的に自己革新が推進されるような仕組みを設けることが効果的であり、また行政組織規制の弾力化等、これに必要な条件整備が図られなければならない」と提言したことであった。

この提言を受けて、それまで法律事項であった官房・局・部等の新設・改廃は政令事項になり、戦後の懸案であった争点に一応の終止符が打たれた。国会統制が緩和されたのである。[2] ただし、省庁そのものの権限および所掌事務はあくまでも法律事項であるし、税務署などのようにその名前で権限を行使するような組織は法律で定められることとなっていた。また、文民統制が必要な防衛庁については長官を補佐する内部組織とその所掌事務は法律事項とされた。さらに、府・省・大臣庁の官房と局の総数を最高限度一二八（これは法改正当時の数で現在は九六）に法定して機構膨張を抑えたこと、内部組織の改廃は国会に報告することなど、国会を尊重する条件が付された。

現行の国家行政組織法でも、「政府は、政令で設置される組織その他これらに準ずる主要な組織につき、その新設、改正及び廃止をしたときは、その状況を次の国会に報告しなければならない」とされ、また「政府は、少なくとも毎年一回国の行政機関の組織の一覧表を官報で公示するものとする」とされている。

議院内閣制との関係

わが国の法制度では、内閣法制が行政組織法制に優越している。内閣法によって国務大臣の人数に最高限度が設けられ、国務大臣が各省庁の長に任命されることを基本原則にしている。そこで、省庁の増減は内閣法の改正（国務大臣の数）と絡むだけに、省庁の統廃合は組織論上の整合性、すなわち合理的な分担管理からみた政策と組織の適合性だけではなく、その時の政権党の意思が強く影響する。議院内閣制をとるわが国では、各府省庁の長である国務大臣は閣議のメンバーであり、政治任用の特別職である。内閣は、内閣総理大臣と国務大臣から成るが、現行の内閣法では国務大臣の数は一四人以内とされている。ただし、特別に必要がある場合は、三人を限度にその数を増加し、一七人以内とすることができる。内閣府の長は内閣総理大臣で、各省の長は省名大臣で、これら国の行政事務を分担管理する各大臣のことを「主任の大臣」といっている。これにより内閣とその統括下にある行政機関とが結びつけられている。

国務大臣は、国会で内閣総理大臣の指名を獲得するだけの多数議席を擁する与党の都合と意向が強く反映する。内閣は国会に対して連帯責任を負ってるから、この大原則に反するような独立行政機関を設けにくいし、容易には独立した省を増やすことはできない。そこで、基幹的な府省の内部に外局を置くという工夫がなされている。かつての総理府の外局に設置されていた大臣庁や現行の府省の外局である庁や委員会の存在は、それを物語っている。

2 国の行政組織体制

長く続いた一府一二省体制

憲法第六五条によって「行政権は内閣に属する」ことになっているが、具体的な行政権の行使は、内閣の統括の下に府・省その他の行政機関が行っている。わが国の中央省庁の数は、一九四九年六月一日の国家行政組織法の施行時には二府一一省一府および三九庁・委員会であったが、一九五二年の機構改革で一府一一省および二九庁・委員会となり、その後、新たな行政需要の発生・増大に対し行政機関の再編が行われ（環境庁や国土庁の新設）、さらに一九八四年（昭和五九）の総務庁の設置（総理府内局と行政管理庁の統合再編）、一九八八年の中央労働委員会と国営企業労働委員会の統合が実施されたが、それ以降、一府一二省および三一庁・委員会（うち、国務大臣を長とする庁・大臣庁八、委員会一）が続いた。

すでに歴史となったが、大臣庁は総理府の外局に置かれ、その長に国務大臣が任命されていた行政機関である。一九九四年四月現在で、総務庁、防衛庁、経済企画庁、環境庁、沖縄開発庁、国土庁、科学技術庁、北海道開発庁の八つの庁があった。これらを「大臣庁」と呼んでいた。したがって、総理府では「主任の大臣」は内閣総理大臣であったが、各大臣庁の長官は国務大臣であるという異質な構成となっていた。組織面では、府・省と大臣庁との違いは、大臣庁には秘書官が置かれないぐらいで、大臣庁は自らその外局である庁をおくことができ（例えば防衛庁の防衛施設庁）、実質的には省と同じ地位が認められていた。その意味で、当時の中央行政組織は一府一二省八大臣庁体制であったといえる。

一府一二省八大臣庁の編成は、一九六〇年（昭和三五）以来変わらなかったものである。先の大戦の敗戦直後から一九五二年（昭和二七）ごろまでは省の新設や改廃が盛んに行われたが、その後は、各省の分担業務は、環境庁と国土庁以外は、ほとんど変わらず、一九六〇年に自治庁が自治省に昇格改組されて以降、省組織の新設改廃は姿を消している。省レベルの分担管理構造は安定的に推移していた。

土光臨調という異名で知られた第二次の臨時行政調査会（第二次臨調）は、一九八二年の答申で、「現在の一府一二省体制の改編等を要請する可能性をはらんだ行政課題も出現しつつある」という認識を示しながらも、現行体制の改編案の提示は「現段階では状況が熟しておらず」とし、見送ってしまっていた。省庁別任務分担システムにはなじまない重要な行政課題が生じているとしながら、行政組織全体の構造再編を企図せず、しかも政府全体としての総合調整機能を強化しようとするならば、とりあえず内閣の補佐機関を充実強化する以外にない。その一手段が、他の省庁間再編が見送られる中での総務庁の設置であった。それは、「行政の総合的かつ効率的な実施に寄与するため、総理府本府及び行政管理庁の組織及び機能を統合再編成して、総理府の外局として、総務庁を設置する必要がある」というものである。

「総務庁をつくるについては、もうできてしまって文章になってみると簡単なようにごらんになるかもしれませんが、二つの中央省庁というものを一つにするというのは、その役所で生涯をささげようとしてきた公務員の皆さん等から見れば、やはり大変なことなんです」。これは一九八三年（昭和五八）九月二六日に開かれた衆議院行政改革に関する特別委員会における中曽根総理大臣の答弁の一節である。文字通り「大変なこと」を押し切って総務庁が発足したのである。このときのことを想起すれば、省庁間の合併を含む組織再編がいかに「大ごと」であるかが判る。

表Ⅲ-1　中央省庁等改革のポイント

政治主導の確立 ○内閣機能の強化 ・内閣総理大臣の発議権の明確化 ・内閣官房の機能強化 ・内閣府の設置 ○副大臣・大臣政務官の導入	縦割り行政の弊害の排除 ○任務を基軸とした1府12省庁体制への大括り再編成 ○省庁間の政策調整 ○政策評価
行政の透明化・自己責任化 ○独立行政法人制度の創設による行政運営の透明化，自己責任化 ○政策評価の結果等の公表 ○意思提出手続（いわゆるパブリック・コメント手続）	行政のスリム化 ○廃止・民営化，民間委託 ○独立行政法人化（約90の事務・事業） ○組織整理（官房・局の総数128→96/課室の総数約1200→約1000） ○審議会等の整理合理化（211→91） ○公務員の定員削減（10年間で25%）

一府一〇省体制へ

その「大ごと」を成し遂げたのが、いわゆる「橋本行革」と呼ばれる中央省庁等改革であった[3]。二〇世紀最後の一〇年間に、わが国の行政の組織と運営には大きな変化が起こり、それが省庁の合併を含む中央省庁再編へと至った。この改革推進に新たな手法がとられた。再編には「抵抗できない、変わらざるをえない」と思わせることが重要であった。そのために工程表を組み込んだ「中央省庁等改革基本法」をまず定め、戻りができないようにしたのである。

その改革のポイントは［表Ⅲ-1］のとおりである。

二〇〇一（平成一三）年一月六日は、二一世紀の幕開けとなる中央省庁再編に伴う新府省発足の日であった。年度開始の四月一日ではなく一月六日の「大安吉日」にしたのは、いかにも日本的であった。この再編は、一九九八（平成一〇）年の六月に成立した中央省庁等改革基本法に沿い、それまでの「一府（総理府）一二省八大臣庁一委員会」を、「一府（内閣府）一〇省一庁一委員会」へ括り直すという一大改革

表Ⅲ-2　中央省庁の合併等

①	総理府の３庁（金融再生委員会，経済企画庁，沖縄開発庁）は「内閣府」に吸収．総理府の外局となっていた金融再生委員会を金融庁へ．
②	総務庁と自治省と郵政省は「総務省」に統合．その外局に郵政事業庁を設置．
③	文部省と科学技術庁は「文部科学省」に統合．
④	厚生省と労働省は「厚生労働省」に統合．
⑤	建設省・運輸省・北海道開発庁・国土庁は「国土交通省」に統合．北海道開発庁をその北海道開発局に統合．
⑥	環境庁と厚生省の一部を統合し「環境省」へ昇格．
⑦	大蔵省を財務省に改名．
⑧	通商産業省を経済産業省に改名．
⑨	６省に８実施庁（政策の実施機能を担う組織）を導入．

であった。

この再編の特色は、第一に内閣府を内閣府設置法で創設し、それを国家行政組織法の外に置いたこと、第二にそれまでとても実現は難しいと考えられていた省庁間の合併を断行したこと、第三に政策の企画・立案機能と実施機能を組織的に分離するという考え方から独立行政法人制を導入し国の行政機関の「切り落とし」を行ったことである。合併等の骨子は［表Ⅲ-2］の通りである。

こうして二〇〇一年一月から、国の行政機関は国家行政組織法の適用の外に出た内閣府（内閣府設置法適用）と国家行政組織法下にある一〇省とに再編されている。内閣府は、各省より一段と高い立場（内閣レベル）から総合調整等を行うものとされているが、その中に各省と同列に並ぶ内閣府本府があり、特定の事務事業を分担管理しているため、各省と同様の組織規律（後述の組織類型ごとの設置基準）の下に置かれている。

国の行政機構

国家行政組織法は、省とその外局である庁・委員会を「行政機関」とし、国の行政組織の基準的編成を定めている。これらと内閣府（内閣官房・内閣府本府）を総称して国の行政機構と呼ぶことができる［図Ⅲ-1］。

内閣府発足により、総理府の外局として置かれていた大臣庁は姿を消している。ただし主任の大臣による分担管理の原則により、内閣府の外局に置かれている防衛庁と国家公安委員会の長には国務大臣を充てることになっているから大臣庁は残った形となった。なお内閣府の外局には金融庁があり、金融担当の特命担当大臣が必置となっているが、金融庁には別途、長官、審判官（六人）が置かれており大臣庁ではない。なお、二〇〇七年一月九日、防衛庁が防衛省に昇格し、一一省体制となった。

実施庁とは、省の外局であり「政策の実施機能を担う組織」とされ、省庁再編時には七省庁に八つ設置された（その後、二〇〇三年（平成一五）四月の日本郵政公社の設立に伴い郵政事業庁が廃止されたため六省庁に七つ設置されている）。実施庁については、その業務の効率化を図るとともに自律性を高めるため、中央省庁等改革基本法において、府省の長は、実施庁の所掌する事務に係る権限を当該実施庁の長に委任し、当該権限委任事務の実施基準等を定め公表するとともに、実施庁が達成すべき目標を設定し、その目標に対する実績を評価して公表することとされている。

中央省庁等改革では、政策の企画・立案機能と実施機能を組織的に分離してそれぞれの機能の高度化を図るため、政策の企画・立案機能は主として本省に、実施機能については可能な限り外局、独立行政法人等の組織に分離するとの考え方がとられた。このような政策の企画と実施の区分は、独立行政法人の導入を根拠づけた考え方でもある。この区別は、行政学の古典的テーマである政治-行政二

図Ⅲ-1　国の行政機構

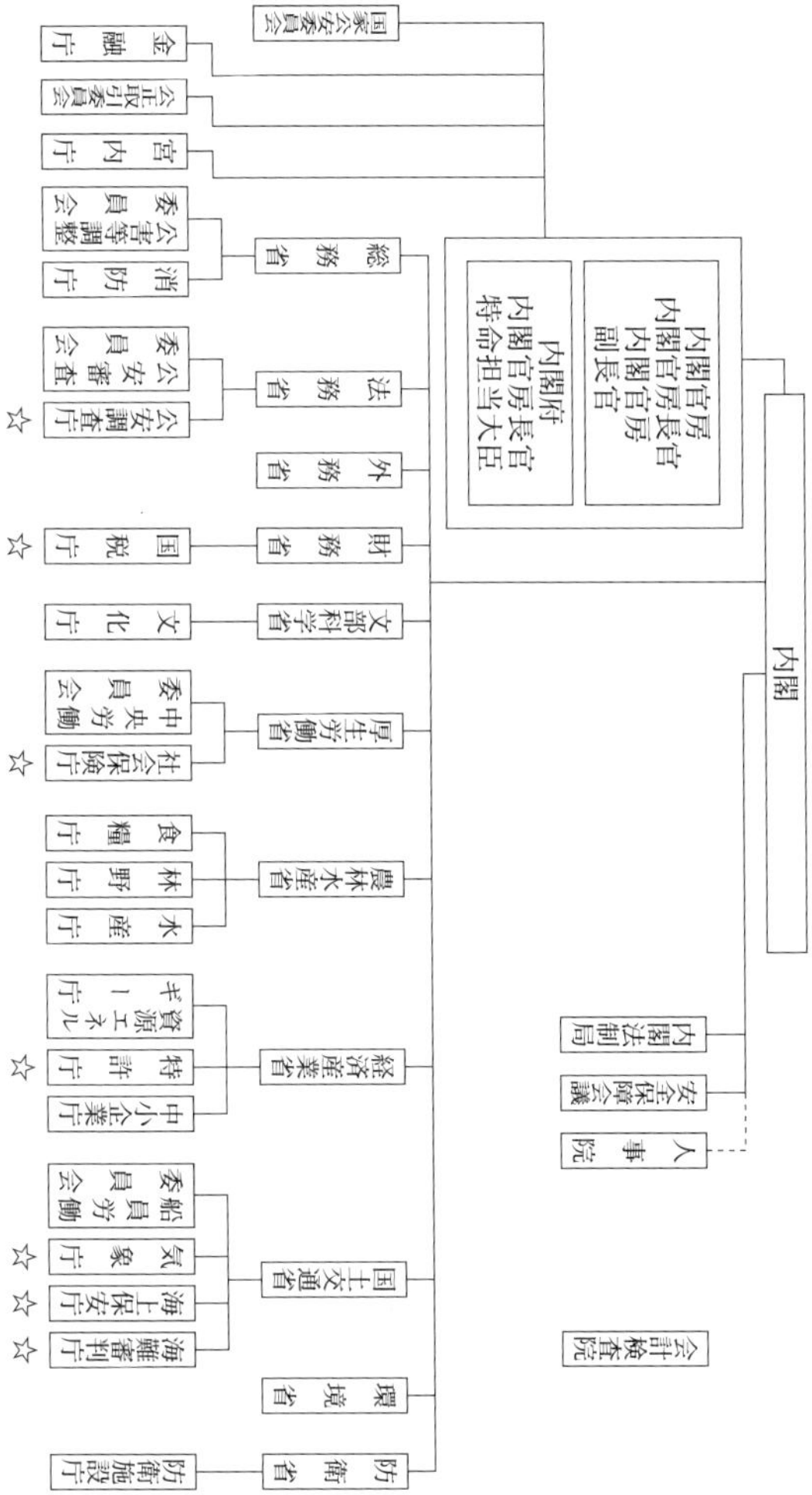

☆は国家行政組織法第7条にいう実施庁

分論を彷彿とさせるが、これは、本府省における政策の企画・立案機能の優位性を担保する意味合いを持っているといえよう。企画・立案機能が本府省中心主義の根拠となっている。

なお、政策の企画・立案機能から分離して実施機能を果たすものとして設立された独立行政法人については、独立行政法人通則法において、主務大臣は、独立行政法人が達成すべき中期目標を設定・公表すること、独立行政法人は、中期目標に基づき中期計画及び年度計画を作成・公表すること、また、業務の実績について独立行政法人評価委員会の評価を受けることになっている。

3 省組織の編成原理

現行の国家行政組織法は、「国家行政組織は、内閣の統轄の下に、内閣府の組織とともに、任務及びこれを達成するため必要となる明確な範囲の所掌事務を有する行政機関の全体によって、系統的に構成されなければならない」(第二条)とし、その「国の行政機関は、内閣の統轄の下に、その政策について、自ら評価し、企画及び立案を行い、並びに国の行政機関相互の調整を図るとともに、その相互の連絡を図り、すべて、一体として、行政機能を発揮するようにしなければならない。内閣府との政策についての調整及び連絡についても、同様とする」と定めている。国の行政機関は、行政という言い方から素直に想起されるような政策の実施・執行の機関であるという前に、なにより、それぞれの所掌事務にかかわる「その政策について、自ら評価し、企画及び立案を行う」機関なのである。

行政組織のために置かれる国の行政機関は、「省、委員会及び庁」とし、その設置及び廃止は、別に法律の定めるところにより、「省は、内閣の統轄の下に行政事務をつかさどる機関として置かれるものとし、委員会及び庁は、省に、その外局として置かれるもの」とされている。これらは法律による必置である。

府省の内部組織は次のとおりである。

① 府省には、その所掌任務を第一次的に分担する基幹的な組織として官房及び局を置く。
② 官房又は局には、特に必要がある場合においては、部を置くことができる。
③ 庁には、その所掌事務を遂行するため、官房及び部を置くことができる。
④ 官房、局及び部の設置及び所掌事務の範囲は、政令でこれを定める。
⑤ 庁、官房、局及び部には、課及びこれに準ずる室を置くことができるものとし、これらの設置及び所掌事務の範囲は、政令でこれを定める。
⑥ 実施庁並びにこれに置かれる官房及び部には、政令の定める数の範囲内において、課及びこれに準ずる室を置くことができるものとし、これらの設置及び所掌事務の範囲は、省令でこれを定める。
⑦ 委員会には、法律の定めるところにより、事務局を置くことができる。事務局の内部組織については③から⑤までの規定を準用する。
⑧ 審議会等は府省、委員会及び庁に設置することができるが、その設置及び所掌事務は法律又は政令で定めることになっている。特にその設置及び所掌事務が法律で定めることになっている

のは、自ら国民の権利義務を形成し又はその範囲を確定することが法律により定められているもの、国会議員を審議会等の構成員とするもの、委員の任免について国会の同意を必要とするもの、所管省以外の大臣が諮問を行うもの、外局に置かれる審議会等であって当該外局の所掌事務の範囲外の事項を審議事項とするもの、国と地方で対をなしている同名の審議会等が設置されており、同一の作用法等に設置規定、所掌事務規定が置かれている場合、その他特段の必要性が認められるものに該当する場合である。

審議会等は、各省庁の行政活動、特にその政策や制度の企画・立案に各方面の「民意」を反映させ、あるいは専門的な知識を導入する等の目的で設置されている合議制の機関である。各府省が重要な法律案を準備する前提としてこの審議会等を活用している。審議会等の設置数は一九六五年の二七七（最多設置数）から一九九一年末現在で二一二と大幅に減少した。

なお、研究会、懇談会、有識者会議といった私的諮問機関が置かれることがあるが、これらは正式には「懇談会等行政運営上の会合」といい、そのメンバーは「委員」ではなく「出席者」と呼ぶことになっている。

⑨ 施設等機関は、省、委員会及び庁に設置できるが、その設置は法律又は政令で定める。特に、その設置及び所掌事務を法律で定めることになっているのは、実体法上、自らの名において国家意志を決定表示する等公権力の行使に当たる権限が与えられている機関、国家権力により人を収容する施設で実体法上施設が定められているもの、事務事業の経理区分、職員の給与等に

つき、国会の審議を仰ぐものであって、その際当該組織の存在を前提とするものに該当する場合である。例としては試験研究機関、検査検定機関、文教研修機関、医療更生施設、矯正収容施設、作業施設などであるが、これらの独立行政法人化が進んでいる。

⑩ 特別の機関は府省、委員会及び庁に設置できるが、これは、内部部局、外局、審議会等、施設等機関として処理することが適当でない事務を遂行するために置くものとされる。その設置及び所掌事務の範囲は法律で定める。例としては警察庁、検察庁、在外公館などがある。

以上に見られる行政組織の編成原理は、行政の最高機関である内閣を頂点として、逐次、府省、官房・局、部、課（室）というように、国の行政事務を分担管理する組織単位を逐次設置していくという点で下降分割的に編成されている。組織単位の設置基準は全府省庁にわたってほぼ共通している。そのいくつかの説明をしておきたい（図Ⅲ-2を参照）。

4 省庁の特別職

大臣・委員長・長官

各省の長は、それぞれ各省大臣、内閣府の長は内閣総理大臣で「主任の大臣」という。それぞれ行政事務を分担管理している。委員会の長は委員長とし、庁の長は長官とする。これらの行政機関のトップは、「その機関の事務を統括し、職員の服務について、これを統督する」立場にある。したがって、各省大臣は、事務次官以下の職員に対し、人事を含め所管事項に関することならば何でも命じ、

図Ⅲ-2　省の組織構造

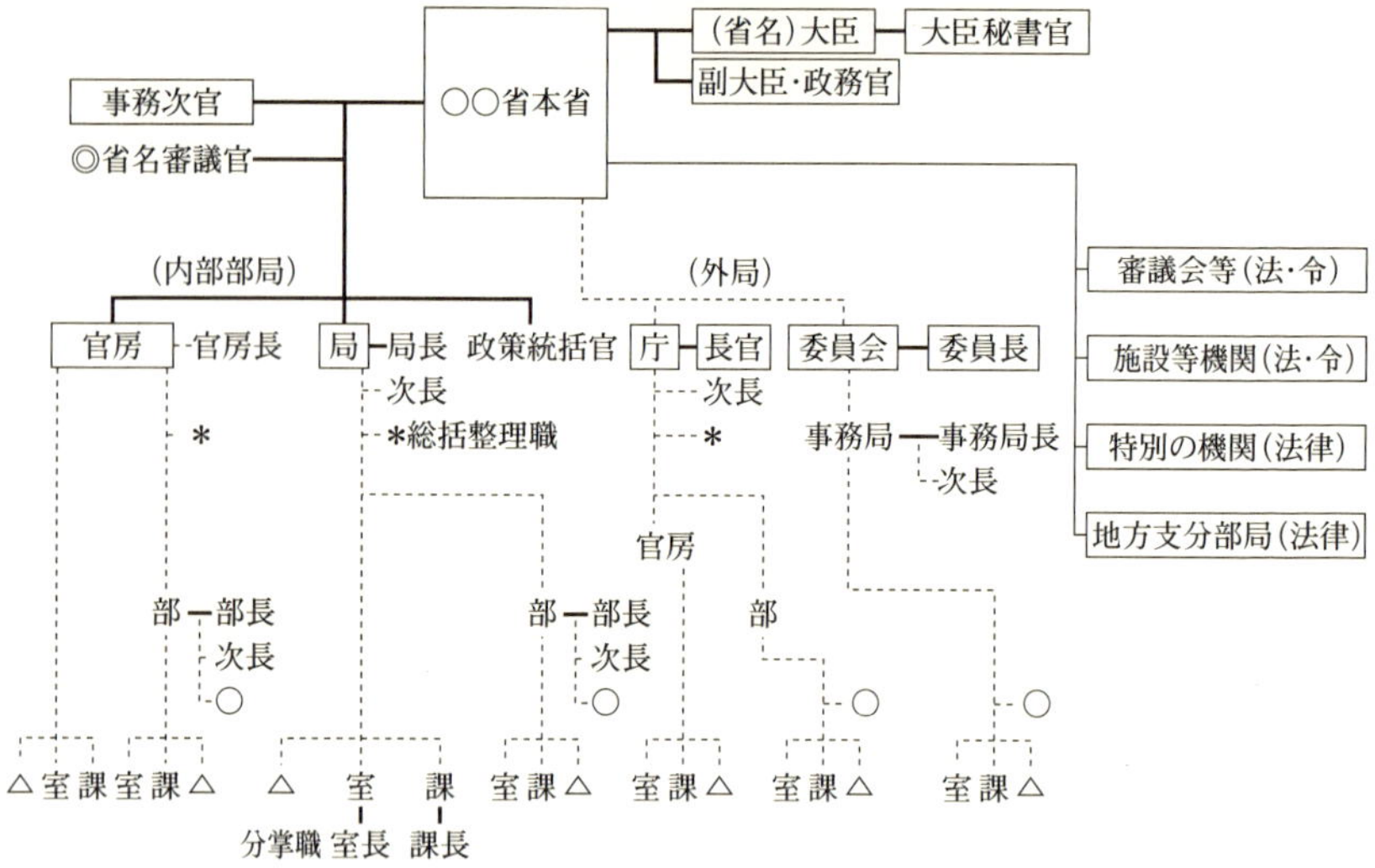

注）1.　四角のマスで囲まれた組織・職は法律事項（実線で表記）であることを示す．他は政令事項（点線で表記）．

2.　◎の省名審議官は法律設置の総括整理職．

3.　政策統括官は局長級分掌職．内閣府本府では必置．

4.　＊は部長・次長級の中二階総括整理職．

5.　○は課長級分掌職．

6.　△は課・室におかれる分掌職．

7.　法・令とあるのは法律又は政令で設置の意．

出典）内閣法．国家行政組織及び総務省行政管理局「組織・定員管理に係る基準」（平成13年11月22日）により著者が作成．

あるいは拒否できる。もちろん、そうするかどうかは別の話である。

国公法により、職員の任免権は大臣にあるが、大臣は「任免権を、その部内の上級の職員に限り委任することができる」。ただし、委任する場合は、委任する上級の職員と、任命する官職の範囲を人事院に書面で提示することとなっている。例えば、俸給表にある八級（課長補佐）以下の六つのポストについて事務次官に委任する、というように。

各省大臣は、「主任の行政事務について、法律若しくは政令の制定、改正又は廃止を必要と認めるときは、案をそなえて、内閣総理大臣に提出して、閣議を求めなければならない」し、各外局の長は、「その機関の所掌事務について、それぞれ主任の各省大臣に対し、案をそなえて、省令を発することを求めることができる」とされている。

行政機関の長たちは、「その機関の任務を遂行するため政策について行政機関相互の調整を図る必要があると認めるときは、その必要性を明らかにした上で、関係行政機関の長に対し、必要な資料の提出及び説明を求め、並びに当該関係行政機関の政策に関し意見を述べることができる」とされている。これは、府省分担管理に伴う縦割り行政の弊害を少しでも是正しようとする方策であるが、大くくりの省庁合併の後でも、行政機関相互の調整がいかに難しいかを逆証しているともいえる。「主任の大臣」の主たる仕事は閣議出席と国会答弁であるから、各府省庁職員は事務次官以下、「全力をあげて」これを補佐することになっている。

副大臣・大臣政務官

内閣府及び一〇の省は、「主任の大臣」を長とする独任制の組織となっているが、その府省大臣の下に、大臣の政務（政治的な政策判断）を補佐する政治任用の特別職である副大臣・大臣政務官が置かれている。大臣・副大臣・大臣政務官が各府省の「政治部門」を構成している。副大臣と大臣政務官の定数は、国家公務員法の別表第三で定められており、副大臣二人・政務官三人となっているのは、総務、外務、国土交通の三省、一人・一人となっているのは法務と環境の二省、一人・二人となっているのは防衛省、残りの五省は二人・二人となっている。

副大臣は、「その省の長である大臣の命を受け、政策及び企画をつかさどり、政務を処理し、並びにあらかじめその省の長である大臣の命を受けて大臣不在の場合その職務を代行する」とされ、任免は「その省の長である大臣の申出により内閣が行い、天皇がこれを認証する」とされているから認証官である。大臣政務官は、「その省の長である大臣を助け、特定の政策及び企画に参画し、政務を処理する」とされ、その任免は、「その省の長である大臣の申出により、内閣がこれを行う」こととなっている。両職には任免のし方に差がある。

副大臣も大臣政務官も、「内閣総辞職の場合においては、内閣総理大臣その他の国務大臣がすべてその地位を失つたときに、これと同時にその地位を失う」ものとされている。この点で両職は同じであり政治任用である。

府省に副大臣及び大臣政務官を置くことになったのには経緯がある。これは政務次官の廃止に伴う措置であった。政務次官の任免は、その機関の長たる大臣の申し出により内閣において行っていた。しかし、政務次官の人事は、実際には、大臣の意向とは関係なく与党内の相談だけで決められていた。「自民党政権が長く続く間に、衆議院で五回ないし六回当選すれば、誰もが大臣になれる習慣ができたが、同時に当選二回ないし三回で政務次官を経験することも、不文律のきまりとなった(4)」という。

政府委員は一八九〇年(明治二三)の第一回帝国議会に遡り、次官も政府委員を務めていたが、一九二四年(大正一三)に加藤高明内閣の下で政務次官制が導入され、政府委員は審議官・局長らが務めることとなった。従来、政務次官は言うに及ばず、国会で大臣に代わって国会で答弁していたのは政府委員としての審議官・局長らであり、「官高政低」を印象づけていた。「大きな問題だから局長に答弁させます」とか「私が間違えるといけませんから、政府委員から正確に説明させます」といって傍聴席だけでなく議員からも失笑を買った閣僚もいたほどである。

この官僚任せの国会審議を改めるため、一九九九年(平成一一)三月、当時の自民党と自由党の合意により、特に自由党党首の小沢一郎の強い主張もあって、二〇〇一年一月の省庁再編に先立って、議員立法の形で政務次官は廃止され、代わって副大臣及び大臣政務官の特別職制が導入された。政治任用のポストであることには変わりがないが、副大臣や政務官が主任の大臣に代わって国会で答弁にあたることができ、省庁官僚に対する政治家主導を企図するものであった。

もっとも、これに伴い「政府参考人」を置くことができるとされ、国会審議で役人答弁がなくなったわけではないし、当の小沢一郎が嘆いているように、これで「官高政低」が克服されたわけでもない。(5) 副大臣については大臣ポスト削減の補償であり、大臣政務官については従前の政務次官の役割以上のものではないともいわれる。法案の質疑にあたって法案作成を実質的に行っている省庁の政府委員が答弁に立たなくなっても、所管課が事前に国会答弁案を作成していることに変わりはない。

秘書官

秘書官は各府省に必置である。その定数は政令で定められ、「それぞれ各省大臣の命を受け、機密に関する事務を掌り、又は臨時命を受け各部局の事務を助ける」ことを任務としている。秘書官は府省に置かれ、庁と委員会には置かれない。秘書官は特別職の国家公務員である。

内閣官房には秘書官は一二人配置されているが、そのうち総理秘書官としては、政務担当の首席秘書官と事務担当の四人の秘書官によって構成されている。四人の秘書官には外務、財務、経済産業、警察の各省庁から課長級または局次長・審議官級のキャリアが就任する。それぞれが、一府一二省庁を分担して受け持ち、首相官邸との連絡役として調整を行う。

各省の大臣秘書官は、定例の人事異動の内示で決まるのではなく、官房長が熟慮した予定者を、内閣の発足の前日に新大臣に合わせ了解をとる形で決まるのが普通である。秘書官は大臣に誠心誠意尽くすことを本分とし事務方との間に立って黒子として働く。各省で将来を嘱望されるなど、普通は、しかるべき課長補佐級のキャリアが就任する。

5　府省の一般職

組織編成に関する方針

各府省の「人事管理権者」たる大臣は、自らの判断と責任において、所管行政組織を機動的・弾力的に組織・定員管理を行うことができることになっている。それゆえに、国（総務省行政管理局）は、府省共通の組織・定員管理に係る基準を設け、各府省は、組織の新設、改正及び廃止（以下「組織の新設改廃」という）を行おうとする場合には、その基準に沿うよう要請している。

中央省庁再編を機に、総務省行政管理局は、改めて、二〇〇一年（平成一三）一一月二二日、「組織・定員管理に係る基準」を定めている。この基準は、各府省が組織の新設改廃、定員の増減等の設計を行う際の方針や、これらを行う際の手続等をあらかじめ定めているものである。

この「組織編成に関する方針」は、①組織規律（国家行政組織法、内閣府設置法に基づく組織構造、組織類型等及び中央省庁等改革等既定方針への合致）、②国家行政組織構造の原則（国の行政事務の能率的な遂行のため、内閣の統轄の下に、明確な範囲の所掌事務を有する行政機関の全体によって、系統的に構成され、すべて、一体として、行政機能が発揮されること）、③組織類型ごとの設置基準から構成されている。これによって、わが国の府省組織は規格化されている。以下、内部部局とその職に関し若干の解説をしておこう。

事務次官

事務次官は府省の事務方の最高責任者であり、一人である。府省内には一般職が形成する常設官僚制があって、事務次官は一般行政職のキャリアが上り詰めるトップの座である。その省の長である大臣を助け、省務を整理し、各部局及び機関の事務を監督する。府省の人事権は府省大臣が有しているが、事務次官の「権力」は自分の後任者の指名に影響力をもつことだともいわれる。

任期は慣例的に一～二年である。一般に同期入省又は後年入省の事務次官が誕生すると同年次採用のキャリアは一斉に退官する慣わしとなっているから「偉い」のである。なお、法務省では検事総長が、外務省では駐米大使・駐英大使が、警察庁では長官がトップの座となっている。

事務次官という役職名になったのは一九四九年六月の国家行政組織法施行時である。それまでは「内務次官」というように単に「次官」といっていた。それが、「次官」を「事務次官」とし、政務次官の下に置く制度とした。

事務次官の役割の一つは事務次官等会議への出席である。国家行政組織法施行前に単に「次官」であったときの会議名は「次官会議」であった。これが、国家行政組織法により、「次官」が「事務次官」へ改められたため「事務次官会議」と改称された。さらに一九五七年（昭和三二）七月、閣議決定により総理府総務副長官も構成員となった機会に会議名称に「等」が挿入されて「事務次官等会議」となった。

事務次官等会議は、原則、全事務次官が出席し、月曜日と木曜日に首相官邸で開かれる。事務の内閣官房副長官が主宰し、また警察庁長官及び金融庁長官もメンバーとなっている。事務次官等会議では、翌日開かれる閣議に備えて各省庁からの調整済み案件を確認する。この会議に上げられる段階では省庁間の調整は完了しており、この会議で紛糾することはまずない。府省のトップの官僚が公式の席で論争することは「霞が関ルール」にはない。それ以前に「協議」を通じて調整を済まし、未調整の案件は会議には持ち出さないからである。儀式化しているとはいえ、閣議上程の案件を官たちが決めているのである。

官房・官房長

府省の内部部局で特色のあるのは官房が置かれていることである。官房という名の組織は自治体にはない。内閣府本府と各省本省には大臣官房は必置である。庁と委員会事務局には「置くことができる」ことになっている。庁のうち長官官房を置いていた例としては防衛庁があり、長官官房を置きながら官房長を置かない例としては宮内庁と国税庁があり、代わりに官房審議官を置いている。長官官房自体を置かない例としては金融庁（総務企画局）、消防庁（官房・局ともに不置）、公安調査庁（総務部）、海上保安庁（総務部）などがある。なお、警察庁は国家行政組織法上の外局ではないため同じ扱いはできないが長官官房及び官房長が置かれている。

各府省の内部組織は、その行政活動から、①顧客を直接相手としているもの、②自然や物を相手にしているもの、③他の行政機関を相手にしているもの、④当該行政機関の内部組織を相手にしているものに大別できるが、官房組織は④に当たる。

大臣官房（長官官房）の所掌については各府省の組織令の規定に基づくが、相当程度に共通している。その事務は、機密に関すること、大臣（長官）の官印及び省（庁）印の保管に関すること、職員の職階、任免、給与、懲戒、服務その他の人事並びに教養及び訓練に関すること、所掌事務に関する総合調整に関すること、法令案その他の公文書類の審査に関すること、国会との連絡に関すること、公文書類の接受、発送、編集及び保存に関すること、広報に関すること、保有する情報の公開に関すること、機構及び定員に関すること、行政の考査に関すること、経費及び収入の予算、決算及び会計並びに会計の監査に関すること、国有財産及び物品の管理に関すること、職員の衛生、医療その他の福利厚生に関すること、政策の評価に関すること、他の内部部局の所掌に属しないものに関すること等である。

局・部・課・室にはその責任者たる長（局長・部長・課長・室長）を置くことが法律で義務づけられているが、官房には必ず官房長を置くことにはなっていない。大臣（長官）官房は実質的には局レベルでは筆頭格扱いになっているから、大臣（長官）官房審議官や秘書課長・総務課長などは各局の課長とは別格（準局長級）扱いにしている省庁も多い。官房長が必置になっていないのは、事務次官（または庁の次長）と官房の主要課長の間では官房長が中二階的なものになることが想定されるため各府省庁の任意としていると説明されている。しかし、実際には中央省庁再編後の府省ではすべて官房長を置いている。官房長の設置及び職務は政令で定められ、その職務は「命を受けて、大臣（長官）官房の事務を掌理する」とされている。

わが国では、大体、府省の内部管理組織が、例えば企画調整、予算、人事、文書、組織管理のそれぞれの担当を独立させるといった細分化方式をとらず府省は大臣官房、庁は長官官房というように一つの部局に集約している。例えばフランスにみられるように内閣が変わるごとに中央省庁の編成（局の組合せ）が変わるということはなく、かなり安定しているため、官房が内部管理業務をまとめて担当する仕組みとなっている。

官房組織を構成する各課、とりわけ総務（文書）、秘書（人事）、会計の各課は、「官房三課」といわれ、府省庁全体の意思決定と財源・人員の配分において枢要な部門となっている。官房三課が行っている法令審査・文書審査・予算査定・定員査定・組織審査などは、各部局の政策の立案・実施活動を統括的に管理する面をもっているということができる。官房三課長は個室を持ち、指定職への最右翼にいるともいわれる。

官房組織の分課状況をみると「官房の所掌事務で他の所掌に属さないもの」も所掌し、その意味で官房総務課（庶務課）は未分化の官房事務をすべて所掌する課であるといえる。官房の各部門は総務課から、漸次、独立分化したといってよい。全府省庁的にみると、いわゆる官房三課の所掌事務は標準化されているのに対し、新たに分化独立していった企画課、厚生課（厚生管理官）、地方課、国際課、統計情報部などの所掌事務の規定にはバラツキがある。(6)

V章で紹介するように、府省庁の組織再編を課のレベルでみた研究によれば、業務量が増え、新たな機能を付加する必要が生まれると、さまざまな型の組織改変が試みられる。分掌職を増やしたり、課の室や課を新設するとか、既存の課や職を廃止し、装いと機能を新たにした課や職を設置したりして、新たなニーズへ取り組むというやり方が見られる。そのなかで大臣（長官）官房の分掌職の弾力的な活用が目立っている。

局と局長

局は内部部局の所掌事務を一次的に分掌する組織である。局の設置及び所掌事務の範囲は政令で定める。府省、大臣庁に置かれる。局には局長を、委員会の事務局には事務局長を必ず置く。局長・次長は指定職で、送迎に公用車が使える。

部・部長

庁、委員会事務局に置かれる部は、その所掌事務を一次的に分掌するものとされている。特に必要がある場合に府省に、また局を置くことができる庁の官房又は局に置かれる部は、ある部門が所掌事務上及び組織上のまとまりをもって明確に部門化し得る場合において、特にその部門を強化し、局長等の負担を軽減する必要のある場合に置く。部の設置及び所掌事務の範囲は政令で定める。部には必ず部長を置く。

局、部又は委員会事務局の次長

局、部又は委員会の事務局には、次長を置くことができるものとし、その設置、職務及び定数は、政令で定める。次長は、局（部、委員会事務局）の事務に関して特定の部門又は機能についてではなく、全般的に局長の管理機能を補佐し強化する必要のある場合に置くものとされる。特定の部門の強化を目的とした「部」に比べ機動的・弾力的な運用が可能である。局（部、委員会事務局）の次長を置く場合には、その設置、職務及び定数については政令で定めることとし、職務については「次長は、局長（部長又は事務局長）を助け、局（部又は事務局）の事務を整理する」となっている。

課・課長

課は、内部部局の所掌事務を二次的に分掌させ、その所掌事務の内容、範囲限度を具体的かつ固定的に定めることが適当かつ必要な場合に、課長―係長―係員のヒエラルヒー・システムによる組織体活動として与えられた経常的事務を遂行するにふさわしい組織として置くものとし、行政責任の帰属を示す基礎的単位としてふさわしい所掌事務の切り分け、規模を有するものとされている。課の設置及び所掌事務の範囲は政令で定める。課には課長が必ず置かれる。課に準ずる室は、内部部局の所掌事務を二次的に分掌させ、公平、審理、審判、裁定、調整、企画的なものなどであって、例えば、複数専門官のグループ組織によることが適当な場合に置くものとされている。室の設置及び所掌事務の範囲の規定レベルは課に準じて定める。課に準ずる室には室長が置かれる。通常は、さらに課（室）

には係が置かれ、係長が配置されている。

総括整理職・分掌職

以上のように、府省組織は、大臣を頂点にして、副大臣（大臣政務官）↓事務次官↓官房長・局長↓局次長・部長↓課長↓係長↓係員というピラミッドを構成しているが、これだけではなく、事務次官レベルから課長・課長補佐レベルに至るまで、これに相当するスタッフ的な「職」が配置されている。通常は、次官級として省名審議官、局長級として政策統括官、局次長級として官房審議官、課長級として参事官など、課長補佐級として企画官などの職が置かれている。これらの職は、各府省、各局の所掌事務の一部を総括的に整理し、あるいは大臣の命により特定の事務を担当することになっている。

総括整理職あるいは分掌職とは、一般に、府省又は庁、官房、各局の所掌事務を通じて、あるいは官房、各局内の各課・室の所掌事務を通じて、特定の事項や分野について調整を行い、あるいは補佐・助言・参画等を行うことを意味している。この配置は省組織の特色の一つとなっている。なぜこうした職が置かれることになったかに関しては興味深い証言がある(7)。

日中事変が始まった昭和一二年に、戦争で相当損耗があるだろうということで、どの省も幹部候補生を、昭和一五年以降、倍の人数とった。この諸君は相当戦争に行ったが、戦争に行っても死なないんですよ。おかしいですね。戦争中は比較的ラクなところにおったとはいえるが、インパール、ニューギニアに行っても、シベリアに抑留されても損耗せずに帰って来る。内地に残った連中の損耗率と戦地へ行った損耗率と同じくらい。大体一割くらいしか減らなかった。それでここへきて行詰まってしまった。仕方がないんで、部長、次長、参事官、審議官というヘンなものをつくったでしょう。全部そのためなんです。それが上のやつを突出すわけです。だから上のやつは長居できなくなって、公団、公社をつくらなければならん、というところまできたんです。

こうした職が本当に必要であったというよりも、処遇のためであったことをうかがわせる。それが現在では当然のように配置されている。二〇〇一年（平成一三）の「組織・定員管理の基準」でも、政府の行政改革の方針との整合性と図るよう要請している中で「所掌事務や分担を各府省の判断と責任において臨機に変更できる『分掌官』や、総合的かつ機能的な行政運営に資する『総括整理職』の活用を図る」としているから、こうした「職」は増えこそすれ、減ることはなさそうである。以下、それらを説明しておく。

（1） 府省名等の総括整理職

府省名等の総括整理職は、特に必要がある場合において、府省又は庁の所掌事務の一部を総括整理するために置くものとされる。府省名等の総括整理職の設置、職務及び定数は法律で定めること。ただし、法律で国務大臣をもってその長に充てることと定められている庁以外の庁にあっては政令で定める。

その名称については「府省名＋審議官」を原則とし（他の職に「府省名＋審議官」の名称は用いない）、職務は「○○審議官は、命を受けて、○○省の所掌事務に係る重要な政策に関する事務を総括整理する」と定める。ただし、特定の事務に限って総括整理することを規定する場合は、当該事務に係る名称とすることができる。その場合は、職務は「命を受けて、（職務の中心となる）事務を総括整理する」などと定める。

（2）局長級（部長級）分掌職

各省には、特に必要がある場合においては、官房及び局の所掌に属しない事務の能率的な遂行のためこれを所掌する職で局長に準ずるものを置くことができるものとし、その設置、職務及び定数は政令で定める。各庁には、特に必要がある場合においては、官房及び部の所掌に属しない事務の能率的な遂行のためこれを所掌する職で部長に準ずるものを置くことができるものとし、その設置、職務及び定数は政令で定める。

これらの局長級（部長級）分掌職は、官房及び局（又は部）の所掌に属しない事務の能率的な遂行のためこれを所掌する職で局長（部長）に準ずるものとして置かれる。個々の分掌職間における所掌事務の割り振りや移動が機動的かつ柔軟に行うことが必要な場合には、一定の業務を複数の分掌職で担当する（「複数官型」）ものとし、専門的知識を持った局長級又は部長級の判断のみが求められ、下級の職員によって処理すべき作業が少ない場合には単一の官として分掌職を置く（「単官型」）ものとする。職務については、「単官型」の場合は「……をつかさどる」と定めることとし、「複数官型」の場合は「命を受けて、……を分掌する」と定めること。名称は○○統括官とすること（例：政策統括官、国際統括官）。他の職に「統括官」の名称は用いないこと。局長級（部長級）分掌職は、所掌事務や分担を各府省の判断と責任において臨機に変更でき、あるいは、ごく少数の補助者の補助を得てこれを処理することが効率的な業務遂行につながるため、その活用を図ることとされている。内閣府本府では政策統括官は必置である。

（3） 局長級分掌職を助ける課長級の職

内閣府本府、省及び庁（特に必要がある場合）には局長級分掌職を助ける課長級の職を置くことができるとされている。局長級（部長級）分掌職のつかさどる職務の全部又は一部を助ける。その際、「単官型」の局長級（部長級）分掌職は、専門的知識を持った局長級又は部長級の判断のみが求められ、下級の職員によって処理すべき作業が少ないものであることから、その判断を助けるために置く課長級の職は必要最小限にする。局長級分掌職を助ける課長級の職の設置、職務及び定数は政令で定める。

名称については、政策評価官や政策調整官といった職務名の官又は参事官とし、職務については、

「○○統括官のつかさどる職務を助ける」と定める。

（4）　局等の課長級分掌職

庁、官房、局若しくは部又は委員会事務局には課長級分掌職を置くことができる。課・室の所掌に属しない事務の能率的な遂行のためこれを所掌する職として置くものとし、内部部局の所掌事務について、「課」のように事務の範囲を固定的に定めることが適当でない場合に、所掌事務や分担を臨機に変更できる職として置く。課長級分掌職の設置、職務及び定数は政令で定める。

名称については管理官や政策評価官などの職務名の官や、単に「参事官」とする（「○○参事官」の名称は原則として用いない）。職務については、「単官型」の場合には「……をつかさどる」と定め、「複数官型」の場合には「○○官は、命を受けて、……の事務を分掌する」と定めること。課長級分掌職は、所掌事務や分担を各府省の判断と責任において臨機に変更でき、あるいは、ごく少数の補助者の補助を得てこれを処理することが効率的な業務遂行につながるため、その活用を図ることとされる。

（5）　中二階総括整理職、課長級総括整理職

庁、官房、局若しくは部又は委員会事務局には「中二階総括整理職、課長級総括整理職」という職を置くことができるとされている。これは、局等の事務について特定の機能（局長等の総括管理機能

の一部その他企画調整、統制等の機能）が局長等の負担軽減の見地から、特に強化される必要のある場合において、その機能について、所掌事務上又は組織上、これを部門化することが適当ではない場合に置く。中二階総括整理職、課長級総括整理職の設置、職務及び定数は政令で定めること。

名称については、中二階総括整理職の場合には審議官又は技術審議官とすることを基本とする（他の職に「審議官」の名称は用いない）。ただし、特に必要がある場合には、総括審議官又は技術総括審議官、あるいは特定政策の名称＋審議官（＝「名付き」）といった名称を用いることができる。中二階課長級総括整理職の場合には参事官又は技術参事官とすることを基本とする（「○○参事官」の名称は原則として用いない）。

職務については、中二階総括整理職の場合には「○○省の所掌事務に関する（技術に関する）重要事項についての企画及び立案に参画し、関係事務を総括整理する」と定めることを基本とし、総括審議官（技術総括審議官）は「命を受けて、○○省の所掌事務に（係る技術に）関する重要事項の企画及び立案並びに調整に関する事務を総括整理する」、名付き総括整理職は「命を受けて、（特定政策）事務に係る重要事項についての企画及び立案並びに調整に関する事務を総括整理する」などの規定により定めることとなっている。中二階課長級総括整理職の場合には「所掌事務に関する重要事項の企画及び立案に参画する」などの規定により定めることとなっている。

総合的かつ機能的な行政運営が可能となるようにする観点から、各府省内における意思決定過程の簡素化に資する「総括整理職」の活用を図ることとされている。この観点から、内部部局等各部門に設置される総括整理職については官房等府省庁全体の政策調整を所掌する部門に集中させることとなっている。これは、第二次の臨調第三次答申において「審議官、参事官等の総括整理職は官房に集中し、機動的・弾力的活用を図る」こととされたことに起因している。

（6）本省庁内部部局の課・室等に置かれる職

さらに本省庁内部部局の課・室等にも分掌職を置くことができることとなっている。その際には、特に以下の点に留意する。

ア 設置形態については、局長級分掌職、部長級分掌職、課長級分掌職（局長級分掌職を助ける課長級官を含む）を助ける職として置く場合を除き、課、室の下に置くこと。

イ その職務内容、名称その他、課、課に準ずる室及び課長級分掌職と同等の組織との誤解を招くことがないようにすること。企画官等とする。

なお、実施庁においても、政令の定める数の範囲内において、同様の総括整理職又は分掌職を置くことができるが、これらの設置、職務及び定数は省令で定めることとなっている。

こうした総括整理職・分掌職の配置の例は［表Ⅲ-3］に示したとおりである。中央省庁等改革では、当時、課が約一二〇〇あったから課長がそれだけの数いたことになる。これを一〇〇〇以下にし、局長は一省に一〇人となっていたから、省庁合併で局長のポストも一二八から九〇程度に削減された。ポスト減では画期的に見える。しかし、「審議官、参事官は除く」とあったから抜け道がつい

表Ⅲ-3　総括整理職・分掌職の配置例

内閣府本府		総務省本省	国土交通省本省
内閣府審議官(2人)		総務審議官(3人)	技監
大臣官房		大臣官房	国土交通審議官(3人)
(定員347人)		官房長	大臣官房
官房長	政策統括官(7人)	総括審議官(2人)	官房長
総括審議官	(定員351人)	技術総括審議官	総括審議官(2人)
政策評価審議官	参事官(37人)	政策評価審議官	技術総括審議官
審議官(17人)		審議官(15人)	総合観光政策審議官
参事官(8人)		参事官(13人)	政策評価審議官
			審議官(19人)
			技術審議官(4人)
			参事官(13人)
			技術参事官

注)　行政管理センター『行政機構図2006年度版』から作成.（　）内の人数は2005年7月1日現在（総務省は8月1日）の数字.

ていた。省庁再編の後も役職ポストの数は確保される仕掛けになっている。

官たちの間では、こうした総括整理職・分掌職はなじみのポストになっているが、国民から見れば、どこがどう違い、なぜ必要なのかはほとんど分からない。

以上見てきたように、府省組織の内部構造は規格化されている。これにより組織単位や職名のレベル・価値が横並びで評価でき、その共有によって府省・所管課間の会議や協議などの際に、職位の相互確認が容易になっている。このことがまた、以下に見るように内閣府や総務省・財務省・人事院などによる組織・定員管理上の総量規制と一律扱いを可能にし、特に削減・縮小型管理における審査・査定業務の負担を軽減させていると思われる。

6　行政組織の内部管理制度

行政組織の新設・改廃といった組織構造の再編成につ

いて会計年度単位に定例的に事前審査を行う中央審査機関が存在するか、存在するとすれば、いかなる機関がどのようなやり方でどの程度まで第三者的に介入しているか、これが行政組織の内部管理制度である。

組織の新設改廃手続

組織管理の観点から機構要求の審査と定員の査定を行っている中央機関は現在では総務省行政管理局である。行政管理局は組織の新設改廃の手続を次のように定めている。

各府省は、組織の新設改廃を設計した場合には、以下の手続をとるものとする。

① 本省庁内部部局の課・室、課長級官(注一)の改編について、府省ごとの課・室の総数及び課・室、課長級官の総数(注二)並びに職責給総額(注三)の範囲内であれば、局・部の改編に伴うもの及び会計間の改編を除き、各府省の判断と責任において行うことができる(予算編成過程における組織管理部局、財政当局に対する要求は不要)こととする。

(注一) 局長級分掌職を助ける課長級の職、局等の課長級分掌職、課長級総括整理職をいう。

(注二) 当面、総数は「現行設置数」とし、課室削減方針との整合性を踏まえて引き続き検討する。

(注三) 現段階では、「職責給総額」が存しないため、「それぞれの官職の職務の級及び俸給の特別調整額の種別については、改編前の官職に比して同等以下であること」とする。

② 右の①以外については、組織の新設改廃の設計を、翌年度予算の概算要求の一環として組織管理部局、財政当局に提出する。組織管理部局は①の方針に沿ってチェックを行う。

総務省行政管理局は、組織・定員に関する法律事項と政令事項について事前審査（意見調整）をしているのみならず、省令事項でも事前に一定の関与をしている。例えば省令事項でも管理局と事前に協議することを各省庁に要請しており、さらに省令以下の訓令事項についてもあらかじめ連絡するよう求めている。

行政組織の内部管理の特色

行政組織の内部管理の特色は、行政需要の衰退部門に組織・定員配分の縮減圧力をかけるとともに新規要求を厳正に審査し組織の膨張を厳しく抑制することに主眼をおくやり方で、これはスクラップ・アンド・ビルド方式と呼ばれている。一九六八年、当時の佐藤栄作首相の強い指示によって一省庁一局削減が行われた。これはある意味ではきわめて機械的な行政機構改革であったが、これ以降、組織新設要求は同等の組織廃止を条件とするという方式が制度化されるようになった。

組織変更が人件費等の支出の増減を伴うため府省庁から出された組織増設要求に対して、中央審査機関が予算編成の循環過程のなかで審査を行っている。その場合、組織の新設（ビルド）にあたっては同等の組織の廃止（スクラップ）を条件とし組織規模の純増を認めないという等価交換による組織改編の手法をとっている。各府省庁内では新規の行政需要への対応などなんらかの組織の新設・改廃が必要になれば、大臣官房が調整役になってこのスクラップ・アンド・ビルド方式に沿って組織要求を工夫することになる。

Ⅳ章 定員削減のメカニズム

国の行政機関の所掌事務を遂行する公務員の定数には枠がはめられている。いわゆる総定員法である。上限を決め、しかも各省庁の定数を計画的に削減している。公務員の生首を切れないため、あるいは切らない慣例により、この削減は定年退職職員の数の不補充（自然減耗）で対処するしかない。一時点をとると見せかけの面もあるが、ともかく公務員数の膨張には歯止めがかかっている。これは組織規制とともに官のシステムにはめられている鉄格子である。

1 国家公務員の定員の「純減」

二〇〇五年（平成一七）八月、郵政民営化関連法案が参議院本会議で否決されたため、民営化の是非を直接国民に問いたいとした小泉総理は即日衆議院を解散した。総選挙の結果は、小泉自民党の圧勝となり、同年一一月に郵政民営化法が成立した。郵政公社職員約二七万人が非公務員化することとなった。「改革続行」の民意を受け、国家公務員の「純減」が重要な政策課題の焦点になった。少子高齢化が進行する中で「小さい政府」を実現するためという名分の下、国は公務員を減らし人件費を抑制しようとした。

純減目標の決定

「経済財政運営と構造改革に関する基本方針二〇〇五」(平成一七年六月二一日)には、人件費削減のため公務員の定員について『純減目標』などの明確な目標を掲げる」と明記された。「国においては、定員削減計画を策定し、定員の大胆な再配置を進めるとともに、事務事業の徹底的な見直し等により、政府部門全体を通じた一層の純減の確保に取り組む。このため、これまでの純減実績を踏まえ、行政需要にも配慮しつつ、次期定員削減計画期間中の純減目標を策定する」とされた。政府は二〇〇四年末に閣議決定した行政改革大綱で二〇〇五～二〇〇九年度の五年間で定員を一〇%(約三万三〇〇〇人)以上削減すると決めていたから、「純減目標」の対象は残る四年間となる。二〇〇五年度は五四四五人削減し四八二一人を増員、純減数は六四二人であった。

平成一七年一一月一四日、経済財政諮問会議は、次のように「総人件費改革基本指針」を決めている。「公務員の総人件費について、定員の大幅な純減と給与制度改革の強力な推進により、大胆に削減する。その際、政府の規模の大胆な縮減に向けて、国家公務員(九五・八万人、郵政公社職員を含む)の総人件費について、対GDP比でみて今後一〇年間で概ね半減させるといったような長期的な目安も念頭におきながら改革を進めるとともに、地方公務員についてもこれを踏まえた削減努力を要請し、官のリストラ努力について国民の理解を得られるよう、あらゆる手段を駆使して改革を断行する。また、特殊法人、独立行政法人など他の公的部門についても、同様の考え方の下、総人件費の削減に取り組む。この基本的考え方に立ち、今後五年間にわたり、以下の取組みを強力に進めることとする」。

国家公務員の純減目標は「政治的リーダーシップの下、今後五年間で、郵政公社職員を除く国家公務員（定員ベースで六八・七万人）を五％以上、純減させる」とし、「①国の行政機関の定員（三三・二万人）を今後五年間で五％以上純減させる。このため、定員合理化計画（定員の一〇％以上削減）の実施にあたって、メリハリをつけつつ増員を厳しく限定し、これまでにない大幅な純減を確保するとともに、業務の大胆かつ構造的な見直しによりワークアウトを強力に進め、その結果を定員の削減に反映させ、五％以上の純減を確保する。その際、民間有識者等の知見も活用して検討を進める。また、ＩＴ化による業務のスリム化を進める。②定員（二五・二万人）を下回っている自衛官の人員についても聖域を設けず行政機関に準じて純減を検討する。また、国会、裁判所、会計検査院、人事院の職員の定員（三・二万人）についても、各機関の特質等にも留意しつつ、行政機関に準じた取組みを行うよう求める。③特定独立行政法人の公務員（七・一万人）について、独立行政法人を国家公務員の身分を有しない者が担う場合の問題点が明確でないものは全て非公務員化する」とし、さらに地方公務員の純減目標についても、『『基本方針二〇〇五』で要請した四・六％以上の純減確保に向けた各地方団体の真摯な取組み及び国による定員関係の基準の見直しにより、一層の純減の上積みが確保されるよう取り組む」。

この「基本指針」を踏まえて、国は、二〇〇五年（平成一七）一二月二四日の臨時閣議で「行政改革の重要方針」を決め、公務員総人件費について、五年間で、二〇〇七年一〇月に民営化される日本郵政公社職員を除く国家公務員六八万七〇〇〇人を五％以上純減し、対象分野としては農林統計、食糧管理、北海道開発を例示した。同時に地方公務員については五年間で四・六％以上の純減を求めた。当初の案には、「業務の大胆な整理」の対象として「北海道開発関係」を明示し、具体策も「直轄事業の縮減・分権化」と踏み込んでいた。しかし、これには自民党の北海道選出議員らが反発し、土壇場で具体策は削除された(1)。小泉改革でも容易には「直轄事業の縮減・分権化」へ踏み込むことはできなかった。ともあれ、純減率が事前に「政治的決定」されることになった。

国の行政組織・定員の管理を所管する総務省は、二〇〇五年一〇月二七日、国の行政機関の常勤職員（約三三・二万人）の定員管理について、経済財政諮問会議での論議を受けて、二〇〇六年度は一〇〇〇人規模の純減を目指す方針を固めていた。しかも、各省庁からの定員要求では、刑務所や税関、徴税分野を中心とした増員分と事務の効率化などの減員分の差し引きで五九八人の純増となる見込みとなっていた。過去五年間の純減は平均五〇七人であった。一年間にどのようにして一〇〇〇人規模の純減が可能になるのか。

総人件費削減のために公務員の定員の純減目標が決められた以上、総務省は所管省として任務を遂行しないわけにはいかないため、二〇〇五年一二月二二日、行政機関の常勤職員を、二〇〇六年度に一四五五人純減させることを決めた。当初一〇〇〇人程度の純減を目指していたから四割以上の上積み増しする形となった。純減率は〇・四四％であった。非現業部門に限ってみると一三六二人、〇・四二％の純減となる。定年制の施行という特殊事情があった一九八五年を除けば、過去最高の純減率で、過去五年間の平均純減数と比べると二・七倍になる。各省庁別では、農林統計業務を大幅に見直した農水省の五〇七人、北海道開発局の定員を削減した国交省の五六八人、社会保険庁業務の情報技術（ＩＴ）化を進めている厚労省の四一九人が目立つ。一方、出入国管理や保護観察業務の強化などを求めた法務省が二八四人、証券取引所や公認会計士の監督など市場行政の強化を求めた金融庁が四六人、外務省が一九人の純増を認められている。

同時に、総務省は、三六の特定独立行政法人の役職員計一万一九五一人を二〇〇六年度から非公務員化すると発表した。国家公務員全体としては一・七％の純減となる。特定独立行政法人に勤める国家公務員は五六法人で計六万八一〇九人であったが、二法人（消防研究所と農業者大学校）を廃止し、三六法人（国立美術館、国立国語研究所、大学入試センター、航空大学校など）を非公務員化することとなった。また、一四法人は六法人に統合され、二〇〇六年度から一二法人、五万六一五八人体制となっている。

2　国家公務員定員の規制

定員管理法制別定員

ところで、「公務員の定員の純減目標」では、「郵政公社職員を除く国家公務員（定員ベースで六八・七万人）」と「国の行政機関の定員（三三・二万人）」と書き分けられている。平成一七年末の公的部門の職員数は、常勤の国家公務員は九五・八万人（行政機関三三・二万、国会・裁判所等三・二万、自衛官二五・二万、日本郵政公社二七・一万、特定独立行政法人七・一万）、常勤の非公務員は三〇・八万人（非特定独立行政法人五・一万、国立大学法人一一・八万、特殊法人一三・九万）であり、六八・七万人とは、国家公務員の総数九五・八万人から日本郵政公社二七・一万人を引いた数であり、三三・二万人とは、国の行政機関に常勤している公務員数である。平成一八年（二〇〇六）度のその定員は三三万五三二人になる。

国家公務員には、自衛官、特別の機関の職員、特定独立行政法人の職員も含まれており、それぞれ定員は別個の法律で定められている。それは定員管理法制別定員と呼ばれている。定員を減らすというのは各法制別の定員を減らすことである。国家公務員の定員は、［表Ⅳ-1］にあるように法制別に定まっている。

この表にある非現業職員のうち「国家公務員であるが、地方自治法等の規定により、都道府県に勤務する地方事務官（車検）、社会保険、職業安定関係職員）及び地方警務官の定員」の推移に関して

表Ⅳ-1　定員管理法制別定員

	区分	根拠法律	管理対象区分	管理法令区分	平成 17 年度末定員	昭和 42 年度末定員
非現業	①総定員法の最高限度の中で管理されている各省庁の定員	行政機関の職員の定員に関する法律 (最高限度：534,822 人) H16. 4. 1 ↓ (最高限度：331,984 人)	・非現業公務員総数 ・内閣，内閣府及び各省の定員並びに内閣府及び総務省の各外局別定員 ・各省の本省，外局別定員 ・各省内部部局，附属機関，地方支分部局別定員	法律（総務省が閣議請議） 政令（総務省が閣議請議） 省令 訓令	人 326,201	人 506,571
	②国家公務員であるが，地方自治法等の規定により，都道府県に勤務する地方事務官（(車検)，社会保険，職業安定関係職員）及び地方警務官の定員	・地方自治法附則 ・警察法	各事業別定員 定員	政令（総務省が閣議請議） 政令（警察庁が閣議請議）	0 607	18,938 340
現　業		行政機関の職員の定員に関する法律	各現業別定員	政令（総務省が閣議請議）	5,226	373,484
計（*）					332,034	899,333

自衛官		防衛庁設置法	陸，海，空の各自衛隊等の自衛官の定員	法律（防衛庁が閣議請議）	251, 582	250, 372
大臣，委員等の特別職		各関係法律	定員	法律（関係省庁が閣議請議）	176	125
特別機関	国会	議院事務局法等	議院事務局等の職員の定員	定員規程（議決）	4, 120	3, 902
	裁判所	裁判所職員定員法等	定員	法律，最高裁判所規則	25, 349	23, 438
	会計検査院	会計検査院法	事務総局の職員の定員	検査院規則	1, 293	1, 212
	人事院	国家公務員法	同上	事務総長達	699	728
小　計					31, 461	29, 280
合　計					615, 253	1, 179, 110

注）上記中，計（＊）は行政管理局の定員管理の対象を表す（資料：総務省行政管理局）.

は説明が必要である。都道府県に勤務する地方事務官（（車検）、社会保険、職業安定関係職員）は、一九六七年（昭和四二）度末定員の一万八九三八人が平成一七年度にゼロになっているのは、これらの地方事務官が廃止され、国家公務員化していたからである。社会保険、職業安定関係職員は、いわゆる第一次分権改革によって廃止され、変則的な業態が解消された。もう一つ、ここにある「地方警務官」というのは、国家公務員であるが都道府県警察に配置されている警察官をいう。その定員は警察法に基づき政令で決められている。これが平成一七年度末で六〇七人となっている（昭和四二年度の三四〇人から増加している）。

3　定員削減の推移

計画的定員削減

ところで、一九六八年以降、一〇次にわたる削減計画で、国は予め「純減目標」を掲げたことはなかった。純減とは、従来、国の行政機関の常勤職員に関し定員削減計画によって減員数から増員数を差し引き、結果として出てきた数字のことを指していた。これまで「計画的定員削減」ということで、一定の目標削減率を設定して計画的に定員削減を行うやり方をとっている。これにより、［表Ⅳ-2］にあるように、各省庁の定員削減が実施されてきている。「五年間で五％以上純減する」という目標の設定は、それまでの手法を無視するものであった。それほど強い政治的な削減要請であったということになる。

また、経済財政諮問会議は、地方公務員に関しても、現行の純減目標である四・六％の上積みを要請し、その実現のため、国が定める地方の定員基準の見直しを明記することにし、教員や警察、消防など地方公務員の三分の二に当たる約二〇〇万人について、国が法律や政省令の見直しを行うとした。二〇〇四年（平成一六）四月現在、地方公務員は約三〇八・四万人であるが、一九九五（平成七）年から二〇〇四年の間を見ると、総数では一〇年連続して減少している。うち、一般行政部門（一般行政及び福祉）は九年連続、特別行政部門（教育・警察・消防）は一三年連続、公営企業等会計部門も三年連続して減少している（平成一七年版地方財政白書を参照）。ここで注目されるのは、国家公務員の「純減」の対象が国の行政機関の常勤職員のみではないこと、また重点削減分野が示されていること、さらに地方公務員の純減のために法律や政省令の見直しを行うとしていることである。

表Ⅳ-2　国家公務員一般職の定員削減―実施状況

計画期間（年度）	削減率	削減数（人）	増員数（人）	純減数（人）
第1次　4年（68〜71）	5%	43,711	39,145	▲4,566
第2次　3年（72〜74）	5%	43,088	43,694	606
第3次　2年（75・76）	2.4%	21,527	18,680	▲2,847
第4次　3年（77〜79）	2.4%	20,081	26,691	6,610
第5次　2年（80・81）	1.68%	14,890	14,019	▲871
第6次　5年（82〜86）	5%	49,934	31,842	▲18,092
第7次　5年（87〜91）	5%	48,901	32,548	▲16,353
第8次　5年（92〜96）	4.52%	42,362	33,638	▲8,724
第9次　4年（97〜01）	3.29%	33,784	19,949	▲13,835
第10次 5年（01〜05）	5.13%	38,945	19,938	▲19,007
		計 357,223	計 280,144	▲77,079
第11次 5年（05〜09）	10%			

注）1.　定員管理法制定員のうち，行政管理局の定員管理の対象となっている非現業・現業の定員の削減状況．増員数から定員合理化計画による減を引いた純増，純減を示した．▲が減．

2.　第9次の01とは2001年1月5日，第10次の01とは1月6日のことである．

出典）総務省行政管理局調べを基に著者が作成．

府省別の増減

削減率は各省庁に機械的に適用されるわけではなく、職種、仕事量によって差が設けられ各省庁別に目標削減数が算定されている。こうして削減によって浮いた定員分はプールされ、各省庁からの増員要求に基づき、新たに必要を認められた部門の増員として振り分けられる。府省別の増減は［表Ⅳ-3］のとおりである。

平成一七年（二〇〇五）度は、削減が五四四五人、増員が四八二一人で、純減数は六二四人であった。治安など必要な部門には思い切った増員をしている。治安関係（刑務所、税関・入管・検疫、警察、海上保安など）では、一五年度七二九人、一六年度一三三九人、一七年度一五八〇人を増員している。また、外務省と環境省は、中央省庁再編に際し定員の削減を行わないことになっていた。

表Ⅳ-3　各府省の定員純増減

(単位：人)

平成	13年度	14年度	15年度	16年度	17年度	計	18年度
(非現業)							
内閣の機関	137	84	29	20	19	289	15
内閣府本府	6	▲1	100	3	3	111	1
宮内庁	▲20	▲7	▲5	▲4	▲4	▲40	▲15
公正取引委員会	7	36	36	29	34	142	31
国家公安委員会	▲33	▲36	▲38	▲12	23	▲96	26
防衛庁	▲179	▲178	▲186	▲183	▲182	▲908	▲265
金融庁	85	130	120	101	92	528	46
総務省	▲60	▲40	▲95	▲25	▲17	▲237	▲30
法務省	▲224	▲107	23	361	279	332	284
外務省	40	34	27	24	20	145	19
財務省	▲165	▲150	▲139	32	13	▲409	11
文部科学省	▲384	▲419	▲452	7	4	▲1, 244	▲2
厚生労働省	▲348	▲304	▲437	▲113	▲129	▲1, 331	▲419
農林水産省	▲431	▲448	▲530	▲455	▲500	▲2, 364	▲570
経済産業省	▲22	▲15	13	70	65	111	35
国土交通省	▲370	▲386	▲395	▲350	▲380	▲1, 881	▲568
環境省	68	51	50	50	36	255	39
小計	▲1, 893	▲1, 756	▲1, 879	▲445	▲624	▲6, 597	▲1, 362
(現業)							
造幣事業	▲15	▲35	—	—	—	▲50	
印刷事業	▲60	▲61	—	—	—	▲121	
国有林野事業	▲533	▲426	▲257	▲108	▲104	▲1, 428	▲93
郵政事業	▲3, 487	▲6, 933	—	—	—	▲10, 420	
小計	▲4, 095	▲7, 455	▲257	▲108	▲104	▲12, 019	▲93
合計	▲5, 988	▲9, 211	▲2, 136	▲553	▲728	▲18, 616	▲1, 455

出典)　総務省行政管理局調べ.

表Ⅳ-4　総定員法上の定員の最高限度　(単位：人)

S. 42 年度末	H. 12 年度末	H. 13 年 1 月 6 日	H. 16 年度末	H. 17 年度
899, 333	528, 001	534, 822	332, 843	331, 984

4　総定員の最高限度と計画的削減の手法

定員の総量管理

定員「純減」とはどういうことなのか。その理解には、わが国でとられてきた独自の定員の総量管理方式に眼を向ける必要がある。国家公務員の定員の管理に関しては膨張を抑制する手法がとられている。それは、行政需要の減りつつある部門に欠員が生じた場合にこれを補充しない、そしてその欠員分を中央に留保して、これを必要な部門にあて（拡充定員に振り向ける）、これによって全体としての定員数の増加を抑えるやり方である。いわゆる総定員法（行政機関の職員の定員に関する法律）で、「内閣の機関（内閣官房及び内閣法制局）、内閣府及び各省の所掌事務を遂行するために恒常的に置く必要がある職に充てるべき常勤の職員の総数の最高限度」を定める手法である。各省庁を通じた国家公務員の総数に上限を決めてしまうものである。

総定員法の最高限度は［表Ⅳ-4］のように推移している。

平成一三年一月の新府省発足に備え、平成一二年七月一八日に「新定員削減計画」が閣議決定されている。それまでの最高限度は五二万八〇〇一人であったが、総定員法の別枠扱いとなっていた国立学校設置法、沖縄特措法による定員（二万三二二人、八六五四人）についても総定員法による管理に一元化（総定員法の最高限度に加算）することとなったが、府省の編成にあわせ最高限度を五三万四八二二人とし、さらに、平成一七年四月一日、これを三三万一九八四人に引き下げている。

この最高限度の中で管理されている各省庁の定員のうち、現業職員は、平成一五年度に造幣事業(一三九二人)、印刷事業(五七八〇人)が独立行政法人になり、郵政事業が公社化した結果、平成一七年度末定員では、国有林野事業の五二二六人のみとなった。非現業職員は、昭和四二年度末の五〇万六五七一人が平成一七年度末の三二万六二〇一人にまで減少した。

この間、国の行政機関の定員は、約五〇・九万人減少したことになる。この減少に寄与したのは、郵政公社化で約二八・六万人(平成一五年度)、国立大学法人化で約一三・三万人(平成一六年度)、独立行政法人化で約七・一万人、それに、いわゆる定員削減の純減分が一・九万人である。昭和四二年度から平成一二年末までに純減は約五・八万人であったから、これまでの間の純減は約七・七万人ということになる。

総定員法の下で、現在の総務省行政管理局は、非現業・現業の職員を定員管理の対象にして、定員削減を実施してきている。全体としては減少傾向を辿ってきた。この計画的定員削減の手法は、総量規制・膨張抑制の効果を持っていたが、縮小効果はむしろなだらかであるといってよい。

定員数が激減を示したのは平成一五年度末定員である。非現業五〇万四五五八人、現業五四三八人、計五〇万九九九六人となっている。現業の造幣事業と印刷事業が特定独立行政法人となり、郵政事業が日本郵政公社になり、その他の独立行政法人化が行われ、それらの職員が「国の行政機関の定員管理」の対象外となったからである。

さらに、平成一六年度末では、国立学校の独立行政法人移行・非公務員化（国立大学法人一三万二九三四人）や国立病院の独立行政法人移行（国立病院機構四万三五四八人）など一七万六六〇四人減となり、非現業三三万七五一三人、現業五三三〇人、計三三万二八四三人となっている。同じく、平成一六年度末で二九独立行政法人の約一二万一〇〇〇人の職員が非公務員化している（平成一六年一月一日現在で特定独立行政法人の常勤職員数は、五六法人、二万五二六一人である）。

中央省庁等改革と実施部門の切り落とし

二〇世紀最後の一〇年間に、わが国の行政の組織と運営には大きな変化が起こった。いうまでもなく中央省庁等改革が実現したことである。行政機関の定員という点では中央省庁等改革の一環として独立行政法人制度が導入されたことが大きく影響した。独立行政法人通則法により、二〇〇一年（平成一三）四月から順次、省庁から実施部門が切り落とされることとなった。この改革で現れた考え方で注目すべきは、政策の「企画」と「実施」を分け、特に実施機能を担う組織を別扱いにすることである。

中曽根内閣は三公社五現業の改革に取り組み、国鉄、電電公社、専売公社を民営化したが、郵政三事業、大蔵省造幣局、印刷局の五現業が国の機関の中に鎮座していた。公務員総数の約八七万人のうち郵政三事業だけでも約三〇万人が国の機関の内にいた。中央官庁は政策を企画・立案するところにしようというのが、再編の考え方であったという[2]。中央省庁等改革基本法における実施庁の場合は、省の外局に位置づけられ、関係大臣が、実施庁の達成すべき目標を設定し、実施庁の実績を評価・公表することとなっている。独立行政法人の場合は、母体としての本府省から切り落とされるが、確実に実施事務事業を行わせる組織・運営態勢とされている。

総量規制方式の問題点

総定員法の最高限度のなかで管理されている各省庁の定員は政令によって決められ、次に各省庁別の定員の枠内で本省と外局別の定員が府・省令で、さらに内部部局や地方支分部局別の定員が大臣・長官訓令で定められている。この場合、各省庁の定員削減は、自然減耗の範囲で、しかも基本的には各省庁内で行うこととされている。「人員整理と強制配置転換は行わない」というものである。したがって、定員削減計画は第一に全省庁を通じた総定員の増加を抑制することをねらいとしていることになる。

こうした定員の総量規制の方式に問題がないではない。第一に総定員法によって各府省の定員は縛られているが、その外に特殊法人や公益法人の削減には総定員法は効かない。そのためには民営化とともに、独立行政法人化を進めなければならない。第二に、年次ごとに閣議で各省庁の削減数が決定されるが、省庁によっては削減目標数まで退職者数が達しないという事態がうまれ、定員削減の実績が年々低下する傾向を示している。その結果、実際の削減によってプールされた財源をもって各省庁から強く要求される新規増員分を消化することが困難となっている。第三に、各省庁に割り当てられた削減率を達成する任務は主として各省庁の官房部門が行っているが、各省内各組織に格差をつけて削減を断行することはきわめて困難な現状にあり、その結果、削減の割当ては一律に行い、増員要求の内部審査の段階で需要に応じた増員配慮を行うのが一般的な実際である。したがって、この各省庁内における人員の一律削減方式によって、行政需要の衰退部門に縮小の圧力が加えられているか否かが問題となる。

このような定員の一律削減が可能である理由は日本の官庁における組織形成の特色に求めることができそうである。既述したように、職場組織では個々の職位（ポジション）ごとの職務内容が明確に定められておらず、しかも課までの所掌事務は規定されていても、そこに配属される個々の職員に特定の職務が明定されてはいない。そこで、一定程度、課の人員数を変更しても所掌事務そのものを削減したり変更したりしなくてもすむ余地がある。この意味では人員の一律削減は日本的職務分担のあり方に適合的であり、さらにいえば、できる限り少数精鋭で仕事を処理する態勢をつくっていくための一つの有効な手立てであるともいえる。これは村松岐夫がいうように、少ないリソースを最大限かつ効果的に動員する方途(3)の一面といえるかもしれない。

しかし、この方式は、仕事量と適正必要人員の関係について客観的な測定と評価による審査に必ずしも基づいておらず、その意味で合理的根拠が乏しいとも考えられるため、一定の限度に達すれば、各省庁から強い不満が出てきやすい。膨張抑制という名分があるとはいえ「総量規制方式」をある限度以上に強要されれば、各省庁はその所掌事務の遂行上「これ以上削減されては仕事ができない」と頑強な抵抗を示すことが十分に予想される。そのとき組織管理部局側は、削減要求の妥当性・正当性を立証することは困難であり、結局、強い純減要求という「外圧」を利用して、各省庁に削減を飲ませることになる。「外圧」が弱まれば純減率は穏やかになりやすい。

諸外国と比較しても、わが国の国家公務員が多いとはいえない。二〇〇一年基準では人口一〇〇〇人当たりの中央政府の職員数（防衛職員を除く）は、ドイツ二・二人、日本二・八人、米国四・二人、英国六・五人、フランス二八・八人であるという数字もある[4]。すでに「小さい政府」を、国はさらに小さくしようとしている。あるいは小さく見せようとしているのが実態であるともいえる。

国の行政機関の定員は、一九六七年（昭和四二）度末の八九・九万人体制が、平成一五年度末には五〇・七万人体制へ、平成一六年度末には三三・三万人体制へと、数の上では劇的に縮小してきた。これは、二〇〇一年の省庁再編以降の郵政事業の公社化、国立大学法人化等（約四九万人）のみならず、計画的定員削減（純減約七・七万人）の結果である。

ひとまず、この定員管理法制別定員における行政機関の定員の激減を「母体からの切り落とし」と呼んでおこう。切り落とされても、この定員の外側では独立行政法人、日本郵政公社、特殊法人の職員計約六七万人が引き続き公務員として仕事を行っており、こうした職員を俗に「外出し公務員」という。母体（関係府省）から切り落とされた独立行政法人は、母体から「交付金」の供給を受けつつ、その公務を行い続けている。その意味で日本郵政公社の民営化は、単なる「切り落とし」ではなく

「切り離し」といってよいが、それが本当に「小さい政府」の実現になるかどうか、今後の実態を見極める必要がある。

さらに、独立行政法人や特殊法人の一部や国立大学法人の職員の身分は非公務員となっているが、給与は税金や「官業」の収益から出ており、こうした職員を「隠れ公務員」と呼ぶことができる。「外出し公務員」の外側にさらに「隠れ公務員」が広がっているといえる。これらは、数合わせの定員削減をしても官業の実態は変わっていないことを皮肉った呼称である。

5 更なるスリム化の圧力

ともあれ、こうした母体からの切り落しによって、母体である省庁が自ら身軽になりたいわけではなかろうが、スリム化の「外圧」には抗し難く、縮小へ向かっているのが実情といってよい。「外圧」とは、政権党の意も受けた官邸（内閣官房）であり、さしずめ、その推進力が経済財政諮問会議と「骨太の方針」（閣議決定）というところだろう。母体とは府省であるが、それが依然として「官」を構成しているが、そのサイズが小さくなるにつれて、その本質もよりはっきりしてきたといえるかもしれない。「官」は本府省とその出先機関へ純化し始めている。純化することで母体は変化を免れているともいえるし、逆に変わらないことで、母体そのものの特色と弱点もより鮮明に浮かび上がってきたかもしれない。少なくとも、「小さい政府」の実現のために国家公務員を純減させる方策として定員管理手法だけに頼る手法が限界に近づいている。新たな方策を探るには、行政組織の基本構造や業務の執行態勢の改革が不可欠であろう。そして、それは官のシステム自体の変革へ向かわざるをえないかもしれない。

小泉内閣は、定員の純減と総人件費の抑制を確実にするため行政改革推進法案を準備し、その中で五年間で定員五％以上の純減を明記している。日本郵政公社や自衛官などを除く行政機関の国家公務員三三万人を五年で五％減らすには年ごとに三〇〇〇人以上の減員が必要な計算になる。これまでにない削減である。内閣官房は二〇〇六年三月、国家公務員の新規採用を二〇〇七年度から全省庁一律で削減する方向で検討に入った。二〇〇六年度から五年間での五％の「純減」を実現するには新規採用の大幅抑制が必要と判断したためである。内閣府に設置されている「行政改革推進事務局」がまとめた「配置転換・採用抑制の枠組み」案は各省庁の取組みに関し「要合理化部門は削減内容に応じ（採用）抑制、その他の部門は一定の採用抑制」などと明記した。「行政改革推進法案」は省庁横断的な配置転換も打ち出しており、新規採用の一律抑制により人員面で窮屈になる省庁が他からの職員を受け入れると踏んでいる。省庁間の配置転換を調整する閣僚級による「国家公務員雇用調整本部」（仮称）の設置のほか、円滑な配置転換のための研修のあり方の検討、配置転換対象者への説明・説得、国の行政機関以外への移籍も盛り込んでいる。

元総務庁事務次官の増島俊之は、財政危機にある政府が「小さな政府」を実現するため公務員を減らし人件費を抑制しようとすること自体は理解できるとしながらも、「安全や安心、人権の確保、公平な課税など、政府が国民に果たさなければならない役割に責任が持てるかどうか」と疑念を示し、純減自体が目標になれば、「国民に必要な行政分野の増員も、極度に抑え込まれる公算が大きい」とし、国民生活の基盤になる行政サービスが低下しないよう、「純減」政策を見直すべきではないかと説いている。(5) あらかじめ純減目標を設定することへの批判である。

同様に総務庁で行政改革や行政管理に携わった稲葉清毅は「必要なことは、行政組織の基本構造にメスを入れることだ。例えば、情報化に即応した組織のフラット化だ。中央省庁には、次官―局長―審議官―課長―調査官（企画官）―総括補佐―係長といった長いタテの系列がある。中間管理者という『関所』が多ければ、案件を精緻に検討するには役立つが、国民の声や現場の実態が意思決定権者にゆがんで伝えられたり、組織エゴや縦割り根性を増殖しがちだ。この仕組みを簡素・合理化すれば、意思決定の迅速化を図りながら定員も大幅削減できるはずだ」とし、公務員純減は定員管理手法だけでは困難であると訴えている。(6) 府省人事担当者が最も忌避するポスト削減の提案である。

「純減」に対し各省庁はしぶとく抵抗している。農林水産統計、食糧管理、北海道開発、ハローワーク、社会保険庁、行刑施設、森林管理、国立高度専門医療センターは、純減の重点八分野に名指しされ、地方支分部局の統廃合も射程に入った。官のシステムは定員削減というスリム化の「外圧」に呻吟し始めている。

V章　日本国所管課の活動

1　所管課の重要性

府省における所掌事務遂行の基本単位は本府省の所管課である。大きく見れば、日本国政府は一つではなく「合省国」といってよいが、所管事項についていえば、本府省各課が、事実上、日本国政府そのものであるといってよい(1)。府省の内部組織は、官房・局―(部)―課―係という階統型構造をとっている。内部組織でどこが基礎的な構成単位になっているかは一概にはいえないが、行政活動（政策の企画・立案と実施）の中心単位は課（室）であることは間違いない。府省が国の事務の分担管理の統合単位（一般的な任務は府省に与えている）とすれば、課は行政活動単位であり、その間の局や部は調整単位である。事務分掌規程上は課までしか所掌事務は定められていないが、それ以下に係単位が設置されているのが通常であり、府省においては係は課の所掌事務を遂行する分業単位として確立しているということができる。

組織編成基準上の課（室）

現在の「組織編成に関する方針」（組織・定員管理に係る基準、平成一三年一一月二二日、総務省行政管理局）によると、組織類型ごとの設置基準が設けられ、組織規律が維持されている。課については次のように規定されている。

設置基準

・庁、委員会事務局、官房、局及び部に置かれる。

・国の行政機関の事務を遂行するため、これを官房・局についで第二次的に分掌させることが適当かつ必要な組織である。

・その所掌事務の内容、範囲限度を具体的かつ固定的に定めることが適当かつ必要な場合に、課長―係長―係員のヒエラルヒー・システムによる組織体活動として与えられた経常的事務を遂行するにふさわしい組織として置くものとし、行政責任の帰属を示す基礎的単位としてふさわしい所掌事務の切り分け、規模（通例一〇人前後以上の職により構成）を有するものである。

・その所掌事務の内容と範囲・限度を具体的かつ固定的に定めることが適当かつ必要な組織である。

・課の設置及び所掌事務の範囲は、部、局の設置に準じ、行政対象、事項、機能などの分類に従い、政令で定める。

課に準ずる室は、内部部局の所掌事務を二次的に分掌させ、公平、審理、審判、裁定、調整、企画的なものなどであって、室の設置及び所掌事務の範囲の規定レベルは課に準じて定めることになっている。なお、課の室は、課や室（政令設置）のなかに置かれる室であり、通常は省令（組織規程）で設け、室長が置かれるが、課長（室長）の下にある。課及び課に準ずる室は、中央省庁の再編以後の五年間で、政府全体としてその総数について十分の一程度削減することを目標とし、できる限り九〇〇に近い数とするとの方針を踏まえることとなっている。

課には企画官などの補佐級分掌職が配置されている。こうした官（職）は組織としてではなく、専門官単位の高度な知識・経験・能力によることが適当な場合に置かれることになっている。課にかかわる「職」としては、参事官などの課長級総括整理職と管理官・主計官・計画官などの課長級分掌職がいる。これらは、局事務の横断的機能分担をすることが多いため、課のように事務の範囲を固定的に定めることが適当でない場合に置かれ、その事務には企画調整、調査、審査的なものが多い。これらの専門官職は、課・室の所掌に属さない事務について、これを分掌させるため課長に準ずる職として置かれる。つまり、事務の性質上、課・室として固定的な事務分掌を定めることが不適当なため、課長相当の職をおいて、その者の分掌事務を機動的、弾力的に定めて、それを遂行させようとするものである。ただし課長級総括整理職は、総務省行政管理局の管理官や財務省主計局の主計官のように分掌という点では課・室と同じライン系統に属するといわれる。

以下、日本国所管課の内部と活動の様子を概観しておこう。(2)

2 所管課の陣容と活動

(1) 課長の力

課には必ず課長がいる。課員にとっては所属長である。通常は一課一部屋の間取りになっているから、課長は一国一城の主のような存在になる。課長は、省内、局内では数も多いことから、内部での権限はそれほど大きくはない。外部への文書発信権は課長にはなく局長以上となっている。しかし、ほとんどの課では所管する法律があり、それにより企業や団体等に許認可・指導監督等の行政権を行使できるため、課長の判断や配慮によっては個別企業や業界団体に対する影響力は大きい。また、法令の解釈や国庫補助負担金の配分などの決裁を通して自治体にも無視し得ない影響力をもっている。課長の仕事は、課外からくる圧力や陳情の処理、法案改正のための国会議員への「ご説明」などであり、年次・年功の横並び人事が一般的であることもあって、課の人事管理・労務管理など内部管理にはあまり熱心ではない。

(2) 新人キャリアの仕事

官房・局の主要な課長ポストのほとんどをキャリアが占めていることもあって、課の陣容と活動の解説はキャリアに焦点を当てざるを得ない。I種合格の新人キャリアは四月に入省し初任研修が終わると、各課、多くの場合、局内の総務課や企画課といった局内の取りまとめの課に配属される。いかにI種試験に合格したとはいえ、新卒の人間にできることといえば、コピー取り、ワープロ打ち、使い走りである。そのような単純な作業を行いつつ、役所のしくみ、仕事のやり方を身体で学んでいく。徒弟制度的である。

まず各課への意見照会がある。各局総務課に対して、官房総務(文書)課からは法令案文が、調整官庁や省内取りまとめ課からは毎日大量の文書が送付されてくる。新人は、それらのコピーをとり、各課の企画担当係に配る。期限を付して意見の有無を照会する。配付文書の重要性、各課所管業務との関連性について判断のできない新人としては、ともかく配り歩くしかない。各課からの「意見ナシ」を取りまとめ、係長に「意見ナシと回答します」と了解をとり、「○○局意見ありません」と回答する。もちろん、各課から意見が出ることもあり、その場合は、省内の文書配付先に取り次ぐことになるが、その作業のなかで「局内各課に権限が分掌されていること」や「所管原課の立場で物を考えること」を学ぶことになる。また、いわば長時間無定量拘束とでもいうべき霞が関の「管理なき人事管理」の過酷さを味わうことになる。

(3) 係長の仕事

新人期間二～三年で、キャリアのほぼ全員が同時に企画法令係長などの係長に昇任することになるが、その折に新任で配属された部局とは違う局に移る。他の所管課に配属された場合には、その所管課の立場から各種の協議・照会に対して意見の有無を回答することや、小規模な政省令や告示の案作り、通達・通知事項の文書化、自治体や出先機関（地方支分部局）からの問い合わせに対する回答作りといったことが主な担当任務（担務）となる。ここで学ぶことは、官報に一行の政省令改正や告示を掲載するためには、あらゆる角度からの検討がなされなければならないということである。

役所が何らかの新施策をとった場合、たとえメリット（メリ）があったとしても、デメリット（デメ）が目につくと、針小棒大に、あたかも鬼の首を取ったかのようなマスコミ報道がなされがちであるため、「とりあえず試行」という行政手法をとりにくい。防衛方策として新施策のメリット・デメリットを十分に検討し、メリットがデメリットより十分大きいとの確信を持てるまでは積極的な取り組みには移らない。また、新施策から影響を受ける他の課も、課として同意・協力すべきか、反対・阻止すべきかの判断をしなければならない。

係長は、省令改正資料や「メリ・デメ表」を作成し、「行政判断を下す際の、材料の収集、選択、抽象化」や「説得力のある資料の作り方」を学ぶ。総務（企画）課の係長になった場合には、局内各課への意見照会を取り仕切るとともに、政省令改正を行う原課のバックアップや質問主意書回答（後述）の作成作業などを行うことになり、このときには局全体の法規・企画の顧問といった役割を果たすことになる。係長の時期には、人事院などの制度による海外留学や他省庁への出向によって、自分の省を外から見る機会が与えられることも少なくない。

（4）総括補佐と総務係長による仕事の仕切り

課内には、調査官、企画官、計画官など呼称はいろいろだが、課長待遇の分掌職がいる。これは、年功序列の世界であるため、同期が管理職に就いたら、年次が一緒であれば同じような処遇をせざるをえないからでもある。課長の下に課長補佐がいる。これにも専門官など補佐と同等扱いの職がいるが、補佐の人数は課の規模による。補佐にも序列があり、課には普通は総括補佐がいる。ただし総括補佐にも法令系（キャリア）、技術系、事務系がいることがあり、そのうちの一人が筆頭になる。

通称で「総括」とは総括課長補佐のことで課の仕事の流れを仕切っている。事務官のキャリアは入省八年ぐらいで「総括」になって初めて一人前とみなされる。キャリア官僚は、概して、入府省四年で総括係長、八年で課長補佐、一〇年で総括補佐、二〇年で課長といった昇進の途を歩む。実際には課の業務は三〇代の課長補佐を中心に動いている。情報を集め調査をして政策を立案し、法律を作ることができるのは総括補佐時代であるといわれる。

その下に係長がいる。その一人が総務係長として係の業務全体の運用に目配りをしている。係長のほとんどはノンキャリアであるが、企画法令係長はキャリアがなるのが慣例である。実務の在籍年数がノンキャリア係長の隠然たる影響力の源泉であるという。場合により課長も一目置くほどの実力を示す。

なお、課、室、所、署等を構成する最小単位の組織で職員二名以上をもって構成し恒常的な所掌事務を有するものを係と言い、そこには係の長又はこれに準ずる職員がいる。係長は人事、予算、文書、庁舎、宿舎、庶務の係長などである。係の長又はこれに準ずる職員を監督する地位にあり、課もしくは課に準ずる室の長の職務について全般的にこれらを補佐するのが課長補佐（総括）である。この他、補佐には、管理、人事、予算を担当する補佐がいる。これらの補佐と係長は、秘書、守衛長などと共に、国家公務員法に基づき人事院規則一七—〇で決められている「管理職員等の範囲」に入っている。

（5）予算編成

所管課は、所掌事務にかかわる継続事業、新規事業、組み換え事業などに必要な予算を獲得するための作業も怠らない。地方財政法第一〇条に規定する国庫負担金（主として法律補助）と第一六条に規定する奨励補助金（主として予算補助）は所管課が担当する個別法実施と政策展開を担保する予算となっているから獲得（あるいは削減阻止）に必死となる。ときには外部の「応援団」にも側面からの支援も頼む。

四月中旬から各省庁の所管課では総務係長をヘッドにして翌年の予算案の作成に入る。それを局内の総務課が審査する。この審査にあたるのは予算担当のノンキャリア課長補佐とキャリアの総括課長補佐である。最初に担当各課と局の総務課の予算折衝が行われ、そこで局内の予算案が決定される。次は、各局の総務課と省の官房予算課との折衝となる。この折衝が「予算ヒアリング」であり、これを繰り返し、最終的には省内の予算案を作成し財務省との折衝に入る。

財務省では課長級分掌職の主計官とその下に担当の主査がいる。主査には各省の職員が出向している。主計官は各省でいえば課長クラスであり主査は課長補佐クラスであるが、主計官は課長級といっても普通の課長より「偉い」。だから予算折衝の際には、査定側の主計官とは要求側の各省の局長が、主査とは各省の課長が、というように一ないし二階級上の相手と折衝するのが慣例となっている。

3 法案作成における所管課

「国の行政機関は、内閣の統括の下に、その政策について、自ら評価し、企画及び立案を行」うのであるが、その任務を具体化するのは所管課である。所管課にとって、なんといっても重要なのは所管分野に属する個別法の新設ないし改正である。

（1） 法案の準備

法律は、「国権の最高機関であり、国の唯一の立法機関である」国会が制定することになっているが、その国会で多数派を構成している与党は法律案を自ら立案する気はあまりない。立案作業は面倒であるし府省の所管課を使えるからである。そのため実際には内閣提出法案と呼ばれる法律案がほとんどということになる。

どうしても時間がない場合等に所管課と「気心を通じている」与党の有力議員に「お願い」して議員立法を利用することがある。しかし、そうすると所管課の思惑どおりに国会議員を動かせなくなる可能性があるし、有力議員が自分の利権を法案作成に押し込んでくるおそれもあるため、法律の作成には国会議員をできるだけ介入させないのが暗黙の霞が関ルールになっている。

各省・局・課には国の内外から情報が集まっているし法律作成の技術もある。具体的にどういう内容の法律を作るかを考えるのは所管課になる。その内容を法律の条文にするのがキャリア事務官の仕事である。新規の法律を起草することにも苦労は多いが、既存の法律を改正すること（「改文」と呼ばれる）は相当に厄介であるという。改正法案は「改める、削る、加える」等の独特の手法を使うが、そのためのマニュアルもあるくらいである。一字一句、慎重に「改文」を作成していく。

（2） 政策形成の知的源泉

政策展開（循環）論で言えば、政策課題の発見・提起の出処は所管課とはかぎらない。総理の指示、政権党の論議、大臣等省の幹部の着想を含め何らかの事情で法律の作成や改正の方針が決まる。もちろん所管課あるいは局としても自ら発案の準備は怠らない。その有力な手法が審議会等の活用である。ただし、審議会等のような公式の諮問機関の意見を訊く前に、そのための準備にはさまざまな知的源泉を使うのが普通である。事業者や自治体から現状況の報告、調査データをもらい、研究者等の著作物を集め、国内外の動きや資料等を分析し、研究者の参加を得て勉強会を開き、政策や制度の構想を練ることになる。

準備もなく諮問機関に諮問することはなく、諮問したときには大方の結論ないし着地点は見えている。審議会等が所管局・課の政策意図の隠れ蓑になっているのはほぼ真実である。ただし、分担管理の原則と府省設置法に基づいて府省内で政策作成や制度設計を行う限り、所管局・課が主導性を発揮しようとすることをおさえがたいから、審議会が隠れ蓑だと批判しても所管課は一向に動じない。所管課は非公式な準備過程の情報を外部に「リーク」することはあっても積極的には提供しないから、それが外に出てくるのは情報公開法で開示請求対象となる「組織共用文書」ということになる。

(3)「タコ部屋」作業

法律案の作成には半年以上かかるのが普通である。法律の作成や改正を行うときには数名の職員で作業を行うPT(プロジェクト・チーム)を作る。局内で法律改正の準備を行う場合に、この「法令改正作業チーム」が作業する部屋を「タコ部屋」と呼ぶ風習があるが、タコ部屋とは鉱山等の「人足部屋」のことであるから、多少の誇張はあろうが法案作成が過酷な仕事であることは確かである。「タコ部屋」の室長には大概は四〇歳前後の補佐級分掌職である企画官とか調査官といったキャリアが任命される。現場監督としては総括課長補佐クラスのキャリア法令企画官が任命され、あとはキャリアの若手事務官一名と数名のノンキャリアがスタッフに任命され、下働き兼雑用係をするといった具合である。

キャリアの企画官は、①概要説明資料(ポンチ絵)の作成、②立法実例の検索、③案文、④官房・法制局用資料の作成、⑤審査立ち合い、これら五点セットの作成・印刷・タイプ打ちといった立法作業全体を担当補佐の下の実行部隊として行うことになる。法令作成の修行である。

法律の素案ができ上がると、最初は大臣官房文書課など法令審査課法令審査官の審査を受ける。この法令審査官には、普通、三〇代前後の若手のキャリアが就任している。省の規模によって人数は違うが数名しかいないことが多い。法令審査官は、法律の条文をあらゆる角度から厳しく点検する。この省内の審査が終わると次は法律案としての条文の正確を期して内閣法制局の参事官の審査を受けることになる。

（4）　内閣法制局審査

内閣法制局は、一般の人にはほとんど知られていない行政機関であるが、霞が関では「うるさい」あるいは「恐い」存在といわれる。内閣としての最終的な法律判断を下す機関とされているからである。法律案は各省庁の所管課が作成するが、国会上程の前の閣議にかけるためには内閣法制局の審査を受けなければならない。内閣法制局には第一部から第四部まであり、法案審査に当たる参事官は各府省の課長級クラスが出向している。所管課の総括補佐と文書課の法令審査官が参事官に説明するが、法制的観点から逐条審査がなされ、必要な修正が施される。(3) こうして内閣法制局とのやり取りを通じて個別法解釈の内容が確定していく。後の実施に際し、所管課は、これを基に法令の運用基準を策定する。

実際に法律案が国会で可決されて法律になるには関係者への根回しが必要である。内閣法制局審査と並行して、法律案への理解と同意を調達するための根回しは局長や審議官等の幹部が行うが、この根回しは、国会の提出予定日から逆算して行われる。国会では、緊急の場合を除いて法律案の提出の期限が決まっている。関係業界や与党への根回しが行われるのと同時に、議員への根回しは局長や審議官等の幹部が行う。また、予算が必要な場合には財務省への根回しも必要であり、財務省へ幹部が頭を下げに行く。

(5) 根回しと覚書

提出法案の分かりやすい資料を作成して、局長と所管課長が手分けをして与党の関係議員・有力議員に説明して回る。法案提出官庁は、法案要綱・提案理由・その他説明資料を政権与党の政策幹事会に提出し、与党議案審査にかけることが常態だからである。

内閣法制局の審査の見通しがつくと、各府省庁に法律案を送って意見や質問を求める。分担管理の縄張りを少しでも荒らすような内容であれば他省庁からクレイムがつく。異議が出れば省庁間の話し合いになるが、その場を合議といい、駆け引きが行われた後に手打ちが行われる。この手打ちのことを覚書交換という。外交交渉的である。

このように、所管課発の法案の形成過程において、所管関係者が原案をもって「しかるべき関係者」の間を歩き、事前の理解と同意を取り付ける行為を「政策稟議」(稟議とは目上の人に意向を伺うこと)と呼ぶことができるが、庁内で文書を回し決裁印をもらう「事務稟議」と区別される。

最近では公式の文書として覚書を作成すると情報公開法で開示させられるおそれがあるため覚書と

は呼ばずにメモの形で「合意書を調停する」などということが多くなったという。この手打ちの「調停書」は、内容によって府省庁の事務次官、局長、課長同士の名前で「調印される」こともある。霞が関ルールでは、この覚書に違反することはできないことになっている。こうした協議によっても当初案に他省庁と与党の思惑が入り交じったりするのである。こうした省庁間の利害を調整したり解釈を統一したりするため法案作成や政策決定などに際し、局長や課長などの間で「覚書」が非公式に取り交わされることに関し、その不透明さが問題となり、一九九八年三月、内閣官房長官は、「覚書」をできるだけ速やかに公表するよう各省庁に指示している。

(6) 原案一本化

このような所管課を中心とした法律案の作成過程を子育てに例えることができる。法律案には所管(主管)課という親元があり、ここで原案は一人っ子として誕生する。双子、三つ子が生まれることはない。これが原案一本化の現象である。所管課の素案は、必要に応じ関係者の意見を入れ修正されながらも一つの原案としてまとめられていく。所管課の当初案は「七分か八分の強み」を発揮するという。原案は一人っ子として生まれて大事に育てられ旅に出される。まず身内(所属局内)、ついで親戚筋(省庁内他部局、与党の機関)、そして場合によっては他人(他省庁)の元を歩き一人前になっていく。一人前(成案)になると、親戚のオェラ方(官房長、事務次官、副大臣、大臣政務官、大臣等)に順次お目通りを願い、最後は正装して(原議書として)、世間(閣議、国会、官報等)へお披露目をしてもらう。無事お披露目がすむと、必ず親元へ帰ってきて働くというわけである。自ら実施・執行すべき法律案を自ら企画・立案するのであるから（世間的には「お手盛り」）、よほどのことがない限り、実施・執行したくないものを企画・立案するはずはない。官の世界では、この意味での「お手盛り」を不思議とは思っていない。所管課は自分たちで作成した法律の運用に入る。その運用でこそ、所管課が実際に何をするのかが明らかになる。

（7） 与党勉強会

政党の政策勉強会を設営するのも実際には関係府省の所管課の仕事となっている。政党には政策検討の機関があるが、それは政党の勉強会兼会合のことである。与野党ともに勉強会をやっているが、所管課が重視するのは主に与党の政策部会である。国会議員の勉強会にもかかわらず必ず所管の役人が呼ばれる。要するに与党政策部会の実態は担当府省が非公式に関係政治家に対して法案などの政策を説明する場なのである。必要と考えれば「信頼している」学者などから「お話を願うため」有識者の出席依頼も手配する。

部会は朝の八時三〇分くらいから開始するから役所側は当日の準備を朝七時くらいから始めなければならない。そこで所管課の若手職員が早朝から与党の本部に出向き、資料を配り、説明にくる局長や課長を待つ。ここでのやり取りは、政党と所管の府省・課が政策・法律・予算をめぐる政党側の「感触」を得る場になる。よく言えば所管課と与党議員の間で政策情報の共有がはかられる。ときには、「ご不満の」議員から罵声を浴びせられることもあるが、「ご理解をいただけるよう」じっと我慢する。

（8）　所管課の力、政権与党の力

このように述べてくると、法案作成（政策形成）では終始所管課が主力として影響力を揮っているような印象を与えよう。所管課がそう思っている可能性は十分ある。ただ、所管課が政策の企画・立案を行うからといって、それだけで政策形成における所管課の影響力の大きさは決められない。政治学者の加藤淳子が実証したように、官僚の影響力は官僚の知識や能力に依存するのではなく、政策情報を政権与党内の一部の政治家と共有することによってはじめて政策形成に効果的な影響力を及ぼすことができるからである。自民党一党支配が終わり細川連立政権下では地方消費税導入に対して、それまでのような影響力を行使できなかったのは、そのことの逆証であるという[4]。この点は村松岐夫が繰り返し強調しているように戦後民主制では「本人」である政権政党の力が弱ければ「代理人」である官僚集団は政策過程で自由に活動することはできないはずなのである。「代理人」であるにもかかわらず自分たちが自律性を持ちうると思うのは官僚集団の錯覚ということになる[5]。

4　国会対策

所管課の重要な仕事として国会対策がある。国会では、主任の大臣はもとより、内閣総理大臣や内閣官房長官が関連で答弁に立つとき、関係の答弁資料の作成責任者として各省庁の所管課長の名前と連絡先電話番号が記載される。所管課が関連情報を最も十分に保有し関連事情を最もよく判断しうる部署と考えられているからである。以下、所管課の国会対策の様子を素描しておこう。

（1）質問通告と待機

通常国会は一月から始まる一五〇日間であるが、延長もあるし臨時国会もある。毎年一月の末になると、施政方針演説と代表質問に続いて予算委員会が始まる。各党ともテレビ中継を意識して、スタープレーヤーを質問者として押し立ててくる。質問内容を事前に各官庁に通告するのが習慣となっているが、前日の夜にならないと質問が取れないため、全省庁、全部局、全課が「翌日の質問（これを「当たり」という）なし」が明らかになるまでは待機となる。国会開会中に、自分の課に関係する質問があると議員への質問取りと答弁作成のために「当たり」がなくともすべての議員の質問が出尽くすまで役所で待機しなければならない。

質問通告とは「国会連絡室」という参議院の別館にある府省別控え室に議員から連絡が入ることをいう。そうすると、所管課の担当者（課長補佐クラス）が議員会館など議員のところに出向き質問内容をうかがう。財務省のように新人に国会質問取り（廊下トンビ）を手伝わせるところもある。この質問取りの首尾、不首尾により課長補佐の力量が問われたりする。所管課にとって最も望ましいのは議員が質問を取り下げてくれることだという。

質問取りに行く課長補佐は言葉巧みに他の省庁への質問に切り替えてもらうとか、所管課作成の想定問答での質問へ誘導していくのである。想定問答とは、国会が始まる前に国会で出ることが予想される質問を国会答弁の形にまとめて綴じ本にして準備した問答集のことである。法律案の作成や改正の場合は必ず作る。この想定問答集は所管課ごとに局長の決裁を仰いでである。質問取りというのは、質問の事項・内容を確認させてもらうと言いつつ実は議員を所管課の都合のよい質問に誘導していく駆け引きの場でもあるのである。

国会がある日は「本日の国会待機について、お知らせします」というように内閣官房の内閣総務官室から各省の官房総務課に国会待機の指令が入る。内閣官房は各省庁の調整役であり、国会質問の全省庁の交通整理を内閣総務官室が担当している。すべての省庁の対応が確定するまで、内閣総務官室は各省庁の官房総務課に帰らないように「国会待機」をかけるのである。そうすると官房総務課が各局の総務課に待機をかける。大臣官房総務課は省内の国会質問の取りまとめをする指令塔である。各局の総務課にあるテレコールに一斉コールをして指示を出すのである。

担当の課長補佐は議員の質問が確定すると自分の省に連絡を入れる。一八時前後に一斉コールにより局総務課から各課に指示が流される。この指示には「待機、連絡員待機、確実なるメモ入れ、解除」の四種類がある。「待機」は全職員帰るな、「連絡員待機」は若手の職員は帰らずに担当課で待機せよ、「確実なるメモ入れ」は携帯電話の番号を登録しいつでも総務課から連絡が取れるようにして帰ってもよい、そして、「解除」は国会質問がすでに確定しているから帰ってよいという意味である。

国会議員からの質問取りが終了すると「これで本日の国会連絡を終わります」という庁内放送が流れる。これを戦時中の「空襲解除」をもじって「国会解除」と呼んでいる。何もなければ終電前くらいには解除になるが、長引けば午前〇時を過ぎてから「国会解除」のコールが流れ、待機していた職員が一斉にタクシーで帰る。このためだけではないが、霞が関の官僚が一年間に使うタクシー代は年間約六〇億円と推計されているが、夜ごと残業で翌朝の定時出勤を守るということは過酷である。

全省庁、全部局、全課の待機は十年一日のごとく続けられている。例えば質問する議員の側で前前日の夜までには質問要旨と要求大臣名（答弁を要求する大臣）を明示し、前日正午までには必ず質問レクを行うことにすれば待機残業はかなりなくなるはずである。しかし、こうした点に国会議員は無頓着である。笑い話のような本当の話がある。「大臣官房秘書課です。今日は全省庁一斉定時退庁日です。一八時には、計画的に仕事を終えて帰りましょう」と、毎週、水曜と金曜に一五時になると省内放送がある。これを「定時退庁」制度というが、国会待機があるため、これが守られない。官房秘書課の職員がそもそも定時に帰っていないのである。そこで定時退庁日には二〇時には全省一斉に消灯する（平日の消灯は二二時）。すぐに若手職員が課内の電気を点けて回るという。

（2） 国会答弁書の作成

担当の課長補佐は議員の質問が確定すると、通常は、国会連絡室で質問を文書化して、局総務課と自分の所管課にＦＡＸする。所管課では、すぐに担当者（係長クラス）が答弁の作成を開始する。答弁ができあがると課長補佐がチェックし、次に総括補佐、課長がチェックする。国会答弁には、数値を示したデータや似たような国会の過去答弁、さらに、その質問と関連して質問されそうな通称「更問」が付せられる。国会では予算関係の質問への答弁に当たっては、あらかじめ財務省に伺いを立てることになっている。通常は、作成した係長が局内の決裁に回る。最初は、総務課の総括補佐、総務課長、審議官、局長の順番である。ここで添削が入る。この添削されたところを、再度、清書してワープロ打ちをして決裁に回すのである。

国会答弁作りにはルールとノウハウがあるという。「第一に、けっして言質を取られず、責任の所在が明らかにできないようにする。第二に、できるだけ現状維持の状態を保てるような内容にする。第三に、聞いているだれもが不満を言わないような文章にする。第四に、突っこんでくるような質問に対しては、はぐらかしていないようで、実際には上手にはぐらかすような文体とする。重箱の隅をつっついてくるような質問が多いなかで、このような要求を満たすのは至難の技だ。時間とエネルギーがかかるのも無理はない。できあがった答弁は、一時間以上嚙んでいたチューインガムのように、味もなにもあったものではない」。また、この国会答弁には「適切な言葉」があるという。「前向きに」は「遠い将来にはなんとかなるかもしれないという、やや明るい希望を相手に持たせる言い方」、「鋭意」は「明るい見通しはないが、自分の努力だけは印象づけたいときに使う」、「十分」は「時間をたっぷりかせぎたいということ」、「努める」は「結果的には責任を取らないこと」、「配慮する」は「机の上に積んでおくこと」、「検討する」は「検討するだけで実際にはなにもしないこと」、「見守る」

は「人にやらせて自分はなにもしないこと」、「お聞きする」は「聞くだけでなにもしないこと」、「慎重に」は「ほぼどうしようもないが、断りきれないとき使うが、実際にはなにも行われないこと」などである(6)。

大臣や副大臣が答弁するものは、場合によっては、官房総務課(補佐)や局長のチェックがいる。課の職員は多くて二〇人前後である。質問が集中すれば決裁で回る職員も不足しがちになる。何度も清書し直した国会答弁書は複写されて国会に運ばれる。これは早くて深夜一時、二時、国会の集中審議のときは朝六時までかかったりする。俗に「大臣レク」と呼ばれる大臣への説明が朝七時から始まるので、それまでに間に合わせなければならない。ちなみに、「大臣レク」の「レク」はレクチャー(講義)の省略語であるが「講義」ではなく「ご進講」に近い。これはブリーフィング(要約した説明)と違い、ものを知らない大臣に大切なことを頭に入れてもらう説得行為であり、しばしば言葉を尽くして理解してもらうことである。だから頭のめぐりの悪い大臣への「レク」には一苦労するという。

こうして準備された国会での質問と答弁は、異変が起こらなければ所管課が準備したシナリオどおりに進む。そして、法案上程の場合は、無事、法案が通過した日は所管課をあげて祝杯をあげ、労苦をねぎらい合い、「ひとつ心」の境地を実感するのである。

5 質問主意書への答弁書の作成

国会審議では、議員から資料請求や質問主意書が出てくることがある。質問主意書というのは、国会議員が国政一般について内閣に説明を求めるため議長に提出する文書で、国会法第七四条によって、議長から質問主意書を送られた内閣は、原則として七日以内に文章で返事をしなければならないことになっている。期間内に答弁できないときは、その理由と答弁期限を明示しなければならない。質問主意書と答弁書は全議員に配付される。これは、所管課の活動に対するなかなかに厳しい「国会統制」である。

（1） 答弁書作成の苦労

この質問主意書への答弁書作成に所管課は一苦労する。議員から出された質問主意書は、内閣官房総務官室がその質問に該当すると思われる府省に転送する。府省では大臣官房総務課経由で所管課に回され、所管課は、それが所管に属するかどうかを検討し、関係ない質問であれば内閣官房総務官室に「関係ない」として送り返す。しかし「不運にも」自分の課の担当である場合には、七日間の締め切りを延ばしてもらうよう担当者（総括補佐クラス）が直接、質問議員と交渉をすることになる。手続き上、質問主意書は法律と同じ扱いなので、七日間で作成することはまず物理的に不可能なのである。不可能なことを決めている国会法に無理があるといっても、国会議員の「権利行使」には逆らえない。

普通は議員も延長を認めるが、この期間延長も閣議にかけなければいけないから質問主意書の回答と同じ手続きを踏む必要がある。この期間延長の手続きですら二週間くらいかかるのである。質問主意書本体は、法律の作成と同じように府省の中で法令審査官の審査を経て、内閣法制局第一部の審査を受ける。自分の省だけでなく、他の省にも質問がまたがっている場合は、他の省の人も来て共同で審査を受けることになる。内閣法制局では法案並みに細かくチェックされ、何度か省内協議や他省庁との合議をしながら答弁書を完成させる。質問主意書に対しては文章で返答をしなければならないため証拠として残るし、議員は回数が限られている国会質問と違って無制限に出せるのである。現状の手間隙を考えると、質問主意書一通でも一時的には担当課の機能を麻痺させることが可能である。乱発されれば、質問主意書は所管課の業務を一時的に停止させる手段となりうる。

(2) 急増する質問主意書

野党はしばしばこれを行政(政府)追及の「武器」として使うから、質問主意書が多いと関係所管課はその答弁書作りに悲鳴を上げる。二〇〇四年八月、急増する野党からの質問主意書の件数に、当時の細田内閣官房長官が記者会見で、一件の主意書のために作成した一五二一頁の答弁書を例示しながら「答弁書作成のための読み合わせに何日も徹夜する行政官が出て、行政上も非常に阻害要因になっている。政府の本当の方針を聞くための主意書でなく、単に資料集めをして厚さ何センチの資料を出せということは控えてほしい」と発言した。衆議院だけで、その年の八月四日までに二四三件が提出され、既に前年の二一〇件を上回っている。一九九〇年の八〇件と比べると約三倍の急増である。[7]もちろん野党は引き下がらない。国会での与野党関係と審議のし方によって質問主意書の出方も変わってくる。

6 事例研究――課レベルの組織変動とその動因

各府省庁の政策・方針の立法化、許認可、補助金等の助成、さらにいわゆる行政指導などは、いずれも、所管課（室）を中心に展開されている。この点で、課（室）は、各府省庁の政策・方針が具体化される実質的基盤である。したがって、なんらかの形の課（室）の変更は、この実質的基盤の変化を意味しており、組織と政策の関連を実証的に解明するためには、課（室）レベルの変動に着目する必要がある。

著者は、「行政体系の編成と管理に関する調査研究報告書（一九八九年度）」（一九九一年二月、総務庁長官官房企画課（行政管理SKAN2―1））に、「課レベルの組織変動とその動因」という研究報告を発表した。これは、わが国で初めて中央省庁の課がどのように変動しているかを具体的に分析した事例研究である。この研究はあまり人目に触れなかったこともあり、以下、抽出された組織変動の型についての部分を再録しておきたい。

各省庁における課レベル以上の組織が、いつどのような変更がなされたかを跡付け、そこから実際にとられた措置をもれなく抽出しうるためには、そうした組織変動を経年的に詳細に記述している省庁行政組織の変遷史が書かれていなければならない。各省庁には、なんらかの形で〇〇省（庁）〇〇年史といったものがあるが、少なくとも昭和三〇年代以降について課レベルまでもれなく史述しているものはほとんどないのが現状である。その意味で、厚生省が、その五〇年史の記述篇として「行政機構の変遷」を編み、課レベル以上の組織の変遷を詳細に記述したことは、省庁史の一つの見本となっているだけでなく、日本行政の研究にとってきわめて貴重な資料を提供している。(8)

この厚生省行政組織の変遷史に依拠し、課レベル以上の組織変動の型を抽出してみると、一二の型を分類することができた。もちろん、これは一つの省の組織変遷史からの抽出であって、この分類で他省庁での課レベル以上の組織変動の型を網羅しているかどうかはわからないが、この種の研究がこれまでわが国の行政研究では皆無であったことにかんがみ、また省庁の組織変遷史が整備されていない事情を考え、今後の研究に資するために、思い切って一般的な形で組織変動の型を提示してみた。その際、整理の参考になるＢ・Ｇ・ピーターズの分類に言及している（B. Gay Peters, *Comparing Public Bureaucracies*, 1988）。

抽出された組織変動の型

① 新設

これは、新たに、職（分掌職、総括整理職）、課（室）の室、課、部、局、庁を設置することで、新たな政策課題への取り組みに対する組織的表明である。ピーターズは、新設（initiation）は文字どおり新しい組織が設置されることで、多くの場合、政府がこれまで扱っていなかった政策分野で起こるとしている。

新設で目立つ傾向は、大臣（長官）官房に分掌ないし総括の職を新たに置いて新たな政策課題に対処することと、課の新設の前にまず課の内に室を設けて態勢を整えることである。前者は官房部門の機動性を、後者は組織新設の漸進主義を物語っている。

② 廃止―新設

これは、ある課、課の室、職を廃止、それにほぼ見合った他の課、課の室、職を新設することであり、一種のスクラップ・アンド・ビルドである。ピーターズは、これを「継受」（succession）の一つである単純対応型置換（linear replacement）と呼んでいる。つまり、ある組織が廃止されると同時にそれに相当する新しい組織が新設されることである。ただし、新旧組織間では目的や手法において違いがあるとしている。同じ新設―廃止でも性質を異にする次のようなサブ・タイプがあると考えられる。

a 一つの課を廃止し、課の室と分掌職を置く「格下げ分割」型
b 分掌職を廃止し、課あるいは課の室を設置する「格上げ拡充」型
c 一つの課を廃止し、課と課の室を設置する「分割拡充」型
d 一つの課を廃止し、分掌職を新設する「格下げ縮小」型

e　課、室あるいは分掌職を廃止し名称を変えて新設を図る「同格改称」型

f　ある局の次長を廃止し、別の局の部長を新設するような「ポストやりくり」型

③　移管

これは、ある部、課、室、職をそっくり他所に移すことである。移管には、当該の組織部門にとって軽重や意味を異にするつぎのようなサブ・タイプがある。ピーターズの分類では混合型置換（complex replacement）の一つといえよう。

a　ある部や課が他の大臣庁へ移ってしまって当該省からなくなってしまう「移籍」型

b　新たな局の設置のためにそこへ関係課を移す「寄せ集め」型

c　課、室、分掌職が外局の庁へ移る「移動（引越し）」型

d　課として存立するほどの仕事がなくなったために廃止され、その事務が同じ局の他の課へ引き継がれる「吸収」型

e　付属機関にあった部を本省に移す「引き上げ」型

④　統合

これは課間の再編である。ピーターズのいう統合（consolidation）は複数の組織の全部または一部が一つの組織にまとめられることである。統合には二つのサブ・タイプが考えられる。

a　二つの課が三つの課に再編される拡充型

b　二つの課ないし三つの課が一つの課にまとめられる縮小型

ここでは、縮小型が多い。課の数が減るため、組織的には文字どおり縮小ではあるが、一つの課に統合されることで機能の充実が図られることもある。また、二つの課が一つの課と課の室にまとめられるように確かに一課の削減ではあるが、一種のスクラップ・アンド・ビルドに近いものもある。

⑤　分割

ピータースは、分割（splitting）を一つの組織が二つ以上の組織に分けられることとしているが、ここでは組織と機能の同時拡充を意味する課の増設であると考えておきたい。そう多くの例はない。

⑥　廃止

これは、ある職、課、部などを廃止し、これと見合う他の組織や職を設置しないことである。ピータースも、廃止（termination）とは別に組織を作ることなしにある組織を廃止することとしている。廃止とは、廃止―新設とは明らかに異なるある組織の消滅を意味する。

⑦　復活

これは、一度廃止された課が同じ名称で再生することで、課の廃止に伴い分掌職が新設され、実質的に機能が継続されていたものが再び課として蘇る場合である。その際、関係の分掌職が廃止される場合と廃止されない場合とがある。

⑧　改称

これは、局、部、課、職の名前を変えることである。名称の変更が、名称自体の適切さを確保する場合（改名型）と、改称にともなって事務の一部移管を他部門から受ける場合（改称拡充型）と、部内や課間の再編を伴う場合（再編改称型）とがみられる。

⑨　昇格

これは、文字どおり、部が局に、課の室が課に、訓令設置の室が省令設置の室になるように組織上のより上位のものに変わることである。ここで注目されるのは、課に室を新設する場合にはまず訓令で設置し、しばらくして省令の室に格上げするやり方が多くの局でしばしばとられていることである。目立たないように、漸次、組織的拡充を図っていく方式である。

⑩　降格

これは、昇格の逆で、昭和四三年の一省一局削減の行政改革に際し、局を部に格下げして局を廃止し、形を整えたケースがあるが、まず希である。

⑪　増員

これは、分掌や総括整理の職の数を増やすことである。特に、監査や指導の業務を不可欠にしている部門に多く見られ、仕事量の増大に人員増で対処しようとする場合であると考えられる。

⑫　減員

これは、分掌や総括整理の職の数を減らすことである。例は少ないが、減員によって昇格を図る場合もある。

ピーターズは組織変動の型の一つとして継受をあげ、それには単純対応型置換、統合、分割のほかに一部廃止（partial termination）と非対応型置換（nonlinear replacement）があるとしている。

一部廃止とは組織自体は機能し続け、その意味で存続しているが、一部の側面が廃止されることをいい、非対応型置換とはある組織を類似した目的を持つ組織に置き換えるがプログラムや組織の構造特徴は全く異なっている場合を指している。一部廃止が廃止—新設のあるサブ・タイプに当たるかどうか必ずしも定かではない。非対応型置換に当たる変動型は抽出できなかった。なお、一二の型は、変遷史のなかで実際に使われている言葉をそのまま用いており（サブ・タイプは著者の特徴付けであることに注意）、その点でピーターズの理論化された分類と対応させるのはやや無理があるが、その意味するところを照応させれば、組織変動の型の考察には役立たせうる。復活、改称、昇格、降格、増員、減員はピーターズの分類には出てこない。

一二の型とそのサブ・タイプの抽出は、課レベル以上で見れば行政組織が実に小まめに変動していること、また、これらの型自体が、組織編成上当該部局が使いうることのできる資源になっていること、どの型を用いるかについてはおおまかに組織管理部門（全省庁については現総務庁行政管理局）に基準があることを意味しているといえる。どのような場合に課、室、課の室、あるいは分掌官等を設置する（できる）のかについては一定の基準があるといえる。問題は、どのような政策ニーズにどのような型を使うかであり、そこに特有の事情があり、組織編成上の「政治」（戦術、戦略）が作用する余地があると考えられる。

組織変動の型と変動要因

課レベル以上の組織改革がどのような理由で行われたか、また、どのような政策の立案や実施を意図して行われたかを解明するためには、局ごとに、年を追い、改変のすべてについて、そのときの状況、背景、必要、意図等を調べる必要がある。ここでも詳細な行政組織変遷史が書かれていなければならない。行政組織変遷史の記述に従えば、ある組織改変は必ずある要請ないし必要に対する応答という形になっている。現になんらかの組織改変のニーズが先行し、これに応えるというのが組織改変の理由となっているのである。組織の改変をまず行ってその理由を後から説明するという記述にはなってはいない。そこで、変遷史に従って、各改変のニーズがどのような内容のものであったかを抜き出し、それらを大まかにでも分類できれば、一二の型がどのようなパターンの変動要因と対応するのか、それらはどのような性質の「政策」と考えられるのかを明らかにする手掛かりを得ることはできるはずである。厚生省の組織変動調査では一二の型に対応して第一次的に抽出できた改変ニーズのタイプは、ここでは省略するが約五〇通りであった。

どうしてある時期にある組織の改革が行われたか、その改革に関わった当該省庁の関係部局が書いた組織変遷史の記述から抽出するかぎり、直ちには実体としての政策を型として抽出することはきわめて難しい。具体的な内容と性質をもったどのような政策が新たに導入されたのか、あるいは既存の政策のどの側面が変えられたのか、どのような形の政策転換が行われたのか等はなかなか分からない。それ出てきたのは、そうした政策以前のあるいは以後の実務上の理由とでもいうべきものであった。それは組織改変のニーズと呼んだほうが適切である。これらは、組織変動と政策とを媒介する中間項とでも考えておくほうがよいであろう。以下、これらのニーズについて若干のコメントを加えておきたい。

①　ニーズのうち、制度創設の準備、新法の実施、新事態（課題、需要、業務）への対処の三つは、その背後に、実体としての政策の存在をより明確にうかがわせるものである。制度創設の必要性が出てくると、官房部門に分掌職を新たに置いて調査・検討に当たらせ、それが新法に結実すると、必ず新たな組織を設置してその実施に入るとか、既存の組織ではカバーできない新たな行政需要の出現に対しては新設や分割などの組織改変を行って対処するといった様子が分かる。

②　一律削減、スクラップ・アンド・ビルド、ナンバー・ゲーム等の行革要請・組織審査基準が組織改変を特色づけ（枠づけ）ている。各省庁各部局にとってこの行革要請にいかに対処するかが組織管理方策とも言うべきものの大切な配慮事項になっていると思われる。組織の消滅をいかに避け、形を変えて機能を維持させ、機会をとらえて組織を再生させるかという、組織存続への強い意志をうかがわせる。そこで、さまざまな型の組織のサクセッション現象が見られる。

③　業務量が増加し、あるいは新たな機能を付加する必要が生まれると、さまざまな型の組織改変が試みられる。分掌職を増やしたり課の室や課を新設するとか、既存の課や職を廃止し装いと機能を新たにした課や職を設置したりして、そうした事態に取り組むというやり方がよく見られる。そのなかで、大臣官房の分掌職の弾力的活用が目立っている。

④　さまざまな機会に（機能統合、機能純化、職の整備、組織整備、新事態への対処）、組織や職の改称が行われている。改称は、基本的には名実一致を図ることではあるが、その背景にどのような

政策転換が起こっているのかを調べる必要がある。

なお、著者のこの研究後、真淵勝は、中央省庁再編以前の一府一二省庁体制を、局及び課の変化に焦点を合わせた分析を試みているが、[9] さらにこうした研究を進めることにより行政組織変動の実態を明らかにしていくことが望まれる。

VI章 分権改革と省庁の対応

1 第一次分権改革と省庁の対応

一九九五年五月に地方分権推進法（以下、推進法）が全会一致で国会を通過し、地方分権推進委員会（以下、分権委）を基軸に作業が進められ、一九九九年七月のいわゆる地方分権一括法の制定によって一応の結実を見た。この地方分権推進を第一次分権改革と呼んでいる。推進法の制定は、わが国憲政史上にも希な政治的決定であった。中央省庁の官僚がこの国会の意思に従わないわけにはいかない。省庁官僚が、推進法に対して自分たちが苦労して制定した個別法に関して抱いているような「遵守・実施」意思をもてと言っても、それは無理というものであろうが、それでも、推進法を楯に対応を迫られると渋々でも応じざるをえない。法律の威力を彼ら自身が誰よりもよく知っているからである。この推進法に基づく分権委の設置と活動によって分権改革は避けて通れないなという意識をもたせたことが分権改革への第一歩であった。

分権改革というのは分権という観点から国と自治体との関係を再編することである。地方分権とは一定の地域の住民とその政府（代表機関）の自己決定権を拡充することである。自治権は、一般に、自治体（地方政府）が責任を持つ事務の範囲を表す仕事量と、事務の内容と方法を自主的に決めうる程度を示す自律性とによって成り立っているということができる。多種多様な事務事業を幅広く行っているという意味で「大きい」地方政府が必ず自律性が高いとはいえない。仕事量という点でみれば、日本の自治体は「大きい」といってよい。しかし、それが国の濃密で細部にわたる行政統制の下にあれば自律性という点では大きく制約されていることになる。問題は明治以来の官システムによる行政統制にある。

憲法第六五条問題

分権改革の戦略にかかわる憲法規定は主として三つである。まず第四一条の「国会は、国権の最高機関であって、国の唯一の立法機関である」であり、第二に第九二条の「地方公共団体の組織及び運営に関する事項は、地方自治の本旨に基いて、法律でこれを定める」である。この第四一条と第九二条とで第六五条（「行政権は、内閣に属する」）を挟み込み、各省庁による「行政統制」をいかに廃止・縮減させるか、そこに分権改革の戦略的ポイントがあった。それは明治以来の官システムの本質的部分を改革するものである。

第四一条から見れば「省庁行政」に搦め捕られてきた「政治」（国会の立法機能）の復権となる。一九九六年一一月に「行政改革会議」が設置され、橋本総理自らが会長となり中央省庁再編と内閣（官邸）の機能強化に乗り出したのも、この「政治主導」の確立に関わっている。第九二条から見れば「省庁行政」に内包されてきた自治体を解放し、その自主性・自律性を拡充することである。従来、官たちは、霞が関→出先機関→都道府県→市町村と上から下へと展開される縦割りの行政活動をそれぞれの「縄張り」に属するものと考え、自治体をその「地方行政」の手足又は出先機関のように扱ってきた。その場合の主たる理由は、全国的な統一性・公平性の確保と水準の維持である。国民は全国どこに住んでいても平等にあるいは同じように扱われるべきであるという考え方である。これが「格差是正」論と結びついているのは周知のとおりである。

この第六五条にいう「行政権」の範囲をめぐる論議が国会で行われた。それは、単なる国会審議の一齣であると見過ごすことのできない重要な出来事があった。戦後、憲法理論は三権分立の意味を事実上、行政権優位とし、行政権が全領域を支配することを黙認してきたが[1]、それを覆す意味合いを持つ議論であり、分権委の審議でも重要な視点となっていたものである。時は一九九六年（平成八）一二月六日、場所は衆議院予算委員会である。厚生大臣を辞したばかりの菅直人民主党代表と大森政輔内閣法制局長官とのやり取りが行われた。そこで菅議員が第九四条（「地方公共団体は、その財産を管理し、事務を処理し、及び行政を執行する権能を有し、法律の範囲内で条例を制定することができる」）との関係で、「憲法第六五条の行政権の中に自治体の行政権は含まれるのか、含まれないのか」

と質問したのに対し、その「行政権の範囲」について法制局長官はこう答えた。「憲法第六五条の『行政権は、内閣に属する』というその意味は、行政権は原則として内閣に属するんだ、逆に言いますと、地方公共団体に属する地方行政執行権を除いた意味における行政の主体は、最高行政機関としての内閣である、それが三権分立の一翼を担うんだという意味に解されております(2)」と。

これは、国の行政機関に過ぎない中央省庁が自治体の行政をほぼ全域にわたって統制する現状が憲法第六五条にいう「行政権」の範囲を超えており、憲法上の疑義があることをうかがわせる解釈である。その意味で、この見解は、憲法第九二条に謳われた「地方自治の本旨」を覚醒させる意味合いを持つものといえよう。ちなみに憲法英語版では「地方自治の本旨」は the principle of local autonomy である。内閣法制局長官の見解は分権改革の「筋」を強める追い風のひとつである。分権改革が、自治体の活動を各省庁が「行政権」の行使の中に包摂してきた集権体制を転換させようとする以上、それが官のシステムと軋みを引き起こすのは必至であった。

分権委と機関委任事務制度の廃止

分権委は、総理府に設置され、地方分権推進計画の作成のための具体的な指針を内閣総理大臣に勧告すること、及び地方分権推進計画に基づく施策の実施状況を監視し、内閣総理大臣に必要な意見を述べることを主要な任務としていた。内閣総理大臣は分権委の勧告又は意見を最大限尊重する義務を負っていた。分権委の活動については、すでに多く論じられているから、ここでは機関委任事務制度の廃止に主点を置き、省庁の振舞い方を素描しておこう。

分権委は委員・専門委員も事務局も寄り合い所帯で、当初、明確な方針はなかったが、補助金問題のように政治家や業界団体が鋭敏に反応しそうな問題はできるだけ後回しにし、分権推進勢力である地方六団体の足並みがそろい、しかも官僚だけが抵抗する問題の検討を先行させることになった。機関委任事務の廃止問題はまさにそれであった。初戦の矛先は集権システムの本体に向けられていた(3)。

機関委任事務制度は、地方公共団体の執行機関、特に知事及び市町村長を国の機関に指定し、これに国の事務を委任して執行させる仕組みである。住民や議会の意向とは関係なく、国は事務を画一的に行うよう細かい通達によって自治体の首長に命ずることができ、首長は省庁に対して責任をとることになっていた。これは、まさに「官治」(官による統治)の仕組みである。この機関委任事務制度は、実に一〇〇年余の命脈を保ち続け、自治体に対する中央省庁の行政統制の根幹をなしてきたものであった。

先の大戦の敗戦までは内務官僚が知事になる官選知事の時代であったから、都道府県は国の出先機関に位置付けられ国の仕事を都道府県に肩代わりさせることについて不都合はなかった。しかし、戦後の地方自治制度の発足により、知事が公選制となったことに伴い、この制度は都道府県にも拡大適用されたのである。機関委任の制度は敗戦直後の「民主革命」でも生き残り、その後、むしろ増殖し、強靭な生命力を維持してきたのである。もしその廃止ということになれば明治以来の官のシステムの基本(仕事の組み方)を改革することになる。

分権委は、一九九六年三月の「中間報告」では機関委任事務制度について「廃止決断」を打ち出し、この点で分権委の姿勢が強固であることを各省庁ははっきりと知ることになる。「中間報告」後、委員会では、勧告に向けた審議を促進するため、二つの部会（「地域づくり部会」と「くらしづくり部会」）に加えて、委員長直属のグループとして「行政関係検討グループ」（座長・西尾勝委員）及び「補助金・税財源検討グループ」（座長・神野直彦専門委員）が設置された。行政関係検討グループは、委員二人、専門委員二人、新たに参与として委員長が委嘱した四人の計八人の大学教授で構成され、機関委任事務制度を廃止に向けて抜本的に改革した場合における従前の機関委任事務の具体的取扱い方針や国・地方公共団体間の関係調整ルールの基本的内容・方式などに関する論点整理、改革に向けての試案、素案等の調査・検討作業を行うこととされた。学者グループが委員会活動の主力となる。

（1）グループヒアリング——霞が関ルールに即した折衝過程

「中間報告」とは違って、総理への勧告を準備する段になれば実現可能なものにしなければならない。公式の会議での「ヒアリング」方式の繰り返しでは、建前論が目立ち、議論がなかなか前進しない。そこで、個別行政分野の機関委任事務の新たな事務への振分け、国の関与のあり方、権限移譲などについて、実務面での検討などさらに議論を深めるため、委員長から指名された委員・専門委員・参与と関係省庁との間で個別に意見交換と調整作業を行うこととなった。これがグループヒアリングである。

この膝詰め談判の個別ヒアリングは、一九九六年（平成八）一〇月末の第一回を皮切りに開始され、第一次勧告（一九九六年一二月）までに延べ三三回行われている。この各省庁との実務的な調査検討作業を行ったのは、行政関係検討グループに属する学者たちであった。通常、国の審議会などでは事務局が関係者間の調整をして原案を作成するが、分権委の場合は省庁等からの混成職員の事務局が調整も原案作成もできるはずがなかった。むしろ、少数の職員（旧自治省出向職員）を除けば「出身省」への忠義立てもあり、関連情報の連絡には熱心であっても分権推進には消極的態度をとらざるをえない。官の集団には自己保存への強い感情があるとみえる。自分たちの権限を奪うとか弱める、所属の組織・定員を縮小するなどの権益を失うということは、彼らにとっては自己否定と受け取られ、当然、こうした動きには反対・阻止に出る。その行動によって一時、世間から無責任とか卑劣とか言われても、自己防衛に徹した官僚は同僚・上司から「よくやった」と評価されると信じている。中央省庁の官僚たちの拠り所は各省庁設置法であり、その所管事項のために働いているから、設置法に基づく活動範囲やそれに伴う権限・権益を狭めるような変更には強く抵抗する。そのような事務局職員に分権改革の原案作成ができるはずがなかった。しかも事は省庁横断的な改革事項にかかわっていた。

そこで、委員や専門委員の中から交渉担当者が出て、ある程度決断ができる各省庁の局長・審議官クラス相手に直接交渉するということになった。委員から西尾、両部会から両部会長、四人の参与がいわば交渉団（学者連合）を結成した。そこに勧告案とりまとめの成否がかかることとなった。

学者連合は機関委任事務の全廃とその新たな事務区分にあたり、交渉のための事前準備を含め文字通り昼夜を分かたず休日を返上して作業に当たった。委員会の意向を受けつつ、学者グループが霞が関官僚と膝詰めで交渉するという異例のやり方をとったのは機関委任事務制度を確実に廃止に追い込むために不可避の手法となった[4]。

一九九六年一一月二〇日、第一次の勧告を前にして、委員長らが説明のため自民党行政改革推進本部を訪れたとき「機関委任事務の廃止は分かった、各省が納得しているならそれでいい。党はなにも言わない」と言ったという。ただし、「市町村への事務権限の移譲を独立のテーマとして取り上げ勧告を作成すること、市町村合併を積極的に促進すること、首長の多選を制限すること、これが党の総意である」と注文がついたという[5]。国政政治家の関心がどこにあったか分かる。機関委任事務の廃止はさしたる関心事ではなかった。「政治」を排除して成り立っていたこの事務の本質が逆証されたともいえる。市町村への事務権限は進まなかったし、首長の多選制限は棚上げになったが、分権委としては市町村合併の促進には取り組まざるを得なかった。

グループヒアリングでは、個別の事務執行の法令とその運用実態をめぐる踏み込んだ論議が行われた。この論議を通して、関係省庁の言い分をよく聞き、分権委の立場や意図するところを各省庁の実務担当者に正確に理解してもらうと同時に、分権委が考える改革が法制度と運用の両面でどのように実現されうるのかを確認する必要があった。この膝詰め交渉を通じて、機関委任事務の廃止後の事務区分について関係省庁と合意を形成したものを部会・親委員会の審議で了承を得るという手順を踏むことになった。これは勧告案の実現可能性を担保する意味をもっていた。当初は、ある程度決断のできる各省庁の局長・審議官のクラス及び省庁側でのとりまとめに当たる大臣官房総務課長・文書課長との交渉ということになっていたが、途中で、現場の実務に詳しい課長クラスも出てくるようになり、常態化した。日本国政府が所管課の数だけあることが分かる。

グループヒアリングは非公開で、しかも録音テープを回していないから、勧告案作成の政治過程の最も実質的な部分は隠されている。個別の実質的交渉に関する公式の議事録は残していない。グループヒアリングという手法は、これにあたった学者グループの時間と労力だけではなく、分権委の公開性を損なうという代償も強いる結果となった。この膝詰め折衝では、双方が、個別事項に関する実態と問題点を丁々発止と論議し、時に白熱した言い合いを行い、文書のやり取りをし、落とし所を探り、次第に「相場感」を形成し、文章表現で決着させるという作業が行われた。まさに「霞が関ルール」に即した折衝過程であった。ただ、省庁・所管課にとっては相手が学者連合であったのが違っていた。

交渉ごとに妥協は付き物である。グループヒアリングという手法を通じて勧告案をとりまとめるということであったから、双方とも一定の妥協を余儀なくされる面があったことは否めない。しかし、それは、改革案がけっして店晒しにはならないことを意味してもいた。省庁側がたとえ渋々であれ、すべて合意したものであり、政府が勧告を「最大限尊重する」形で地方分権推進計画を閣議決定するとき、各省庁はノーと言わない、したがって一〇〇％実行可能な具体案として書かれていた。事実、一九九八年(平成一〇)五月二九日の閣議決定はそういうものとなった。

（2） 貧しさを憂えず、等しからざるを憂える

機関委任事務制度が廃止できた要因の一つとして官の「発想」も作用していたかもしれない。機関委任事務は全省庁横並びで、共通している制度であるがゆえに、「貧しさを憂えず、等しからざるを憂える」という考え方からは、「みんな例外なくやめるのであれば、しょうがない」と観念した節がみられる。交渉の場面では自分たちだけが機関委任事務の維持に固執して孤立するのは避けたい、従って他がどうなるのかが気になるというわけである。この点でグループヒアリングという手法は有効であった。しかも、機関委任事務制度は、「論より実利」に敏感な政治家にとって「重大なインタレスト」あるいは「政治家としての信念」に関わることではなく、省庁官僚からみれば、学者グループとのやり取りで「廃止に納得できない、うるさい先生（有力政治家）がうしろにいて、とてもたない」という防戦を張ることができなかったのである。抵抗しているのは行政統制に固執している官僚たちだけであった。それが機関委任事務制度の本質でもあった。

二〇〇〇年四月から、自治体が国の事務を処理することは一切なくなった。自治体の事務は、自治事務と法定受託事務の二つとなった。その事務が個別法に根拠がある場合でも、それは関係省庁が従来のように通達で統制することはできないし、また各府省の所管課は法律又はこれに基づく政令によらなければ自治体に仕事をさせることなどできなくなった。それは、自治体との関係を「対等・協力」へと転換させていくような振舞い方を所管省に要請するものであった。

阻まれた公共事業の分権改革と税源移譲

分権委はそのエネルギーの大半を国の関与の廃止・縮小に注いだ。その成果が機関委任事務制度の廃止のほか、必置規制の廃止・緩和、国地方係争処理委員会制度の創設、奨励的補助金の整理合理化などであった。しかし、難航した問題も少なくなかった。

一つは公共事業の分権改革であった。四次勧告が出た一九九七年の一二月、当時の自治省は、分権委の勧告に沿って、機関委任事務制度の廃止に伴う関係法改正と分権推進計画づくりの指針となる機関委任事務廃止大綱をまとめて、各省庁に伝えた。分権委は実質的な任務を終了し、勧告の実現に向けた監視活動に入ることとしていた。しかし、橋本総理の強い意向を受けて、一九九八年一月から、四次までの勧告とは別個に改めて国から都道府県への「事務権限の移譲」に取り組むことになった。総理から中央省庁再編の前倒し（スリム化）として取り組んでほしいという要請があった。しかし、公共事業関係省は「スリム化の余地はゼロだ」と抵抗し、五次勧告に向けての作業は難航し、暗礁に乗り上げた。自民党の関係議員たちも猛烈に反発し、地方の政治家たちもこれに呼応していた。交渉に当たっていた行政関係検討グループの西尾座長は検討グループが交渉相手として認められず座長失格であるとして座長辞任を申し出る事態となった。第五次勧告をともかく提出したが、大きな成果とはならなかった。

それは国・地方を通じた公共事業の固い既得権益構造の強さをまざまざと見せつけた。その中心に技官集団がいる。国の公共事業関連部局では技官が幹部ポストを占め、キャリア事務官系でもその人事と予算に口を出しにくい道路・河川・港湾・土地改良など事業行政を自律的に担い、工学部土木とか農業部土木というように出身大学の専攻学科別に棲み分け、公共事業の発注から工事の設計・施工管理まで手がけている。技官集団は自治体の技術吏員たちと「政策共同体」を形成しつつ、同様に分かれている建設業界や自民党の建設部会議員などと「運命共同体」と呼ばれる密接な関係を保ちながら、「この道一筋」の結束力で公共事業予算のシェア確保を図っている。かれらは、日本が公共事業大国であるかぎり分権改革に対抗し続ける最強の官グループかもしれない。(6)

もう一つは税源の移譲であった。神野座長を中心としたグループは地方税財源の充実・確保に取り組んだが、資金配分に関する国の関与の見直しは難事であった。分権委も二年目に入ると、国側では財政構造改革会議の議論に見られるように国・地方を通じて財政再建が緊急の政治課題として突出し、分権改革を展開する文脈が変化し始めていた。それは一面では整理合理化の追い風にはなったが、反面ではそれを越える思い切った包括的な改革策の提示にとって制約にもなった。

国庫委託金以外の国庫負担金及び国庫補助金(以下、国庫補助負担金)は、国と自治体が協力して事務事業を実施する際に、一定の行政水準の維持や特定の施策の奨励のための政策手段としての機能を担っているとされてきた。しかし、その交付により国と自治体の責任の所在の不明確化を招きやすいこと、その交付を通じた各省庁の関与が自治体の地域の知恵や創意を生かした自主的な行財政運営を阻害しがちであること、その細部にわたる補助条件や煩雑な交付手続き等が行政の簡素・効率化や財政資金の効率的な使用を妨げる要因になっていることなど弊害が自治体現場から指摘されていた。

国の所管省は、自治体で行う仕事の執行体制や資金交付に対して、許可・承認という権力的関与や事前協議・指導といった非権力的関与など微に入り細を穿ち行政統制を行っている。これが、一方で「官官接待」の温床となり、他方で自治体の国依存体質を根絶やしがたいものにしてきた。その結果、自治体はこれに必要な面倒な手続きと無駄と思える時間と人手に不満を持ちつつも、そして地域問題の本当の解決にはあまり役立たないことを知りつつも、そこに、「国が決めていることだ」とか「補助金事業だから」という責任転嫁の口実を見出すことも少なくなかった。不適切な施策と執行活動をやめて税金の有効利用を進める必要があった。

分権委は、国庫補助負担金の整理合理化に当たっては「単に国庫補助負担金を削減するため補助負担率の実質的な引き下げを行うような手法はとるべきでない」とした上で、「国庫補助負担金の廃止・縮減を行っても引き続き当該事務・事業の実施が必要な場合には、地方財政計画の策定等を通じて所要財源を明確にし、地方税・地方交付税等の必要な地方一般財源を確保することとする」と指摘した。そのため「国庫補助負担金の一般財源化」を「事務自体は存続させる必要があるが、その実施の具体的な内容、方法等については地方公共団体に委ねることとし、地方公共団体に所要の経費を地方税、地方交付税等の地方一般財源として確保した上で国庫補助負担金を廃止することをいう」と定義し、関係省庁に整理合理化を要請した。

こうして廃止、一般財源化、交付金化（客観的指標に基づく交付基準の比率の引き上げを含む）、重点化（採択基準の引き上げ等）、あり方の見直し、負担金と補助金の区分の変更、統合・メニュー化・運用の弾力化、補助条件の適正化・緩和、事務手続きの簡素化、補助対象資産の有効利用、国直轄事業に関わるもの、という一一項目に分け、全体で一〇〇の事例を提示し整理合理化の道筋を明示した。しかも、法定外普通税の許可制廃止、法定目的税の創設、個人市町村民税の制限税率の廃止、地方債許可制の廃止など自治体の財政自主性を高める勧告を行い、「中長期的に、国と地方の税源配分のあり方についても検討しながら、地方税の充実確保を図っていく必要がある」とし、その場合「税源の偏在性が少なく、税収の安定性を備えた地方税体系の構築について検討していく必要がある」と提言した。

折衝相手の大蔵省担当者には、「地方税財政の充実・強化」というように「強化」を入れ込んだ文書を出したが、そのたびに必ず「強化」は「確保」に直された。「強化」は税源移譲への布石と疑われたようである。「強化」さえだめであったから「税源移譲」という語句はついに総理への勧告にはまったく盛り込めなかったのである。大蔵官僚の硬い壁が立ちはだかった。第一次分権改革では税源移譲にはついに手がかからなかった。ここまでは大蔵官僚の粘り勝ちであったといえる。

分権委は、発足から第四次勧告までの約二年三ヶ月の間に、ほぼ今次の分権改革の全貌を内閣総理大臣への勧告という形で示した。それは「明治維新」「戦後改革」に次ぐ第三の改革と称せられ、分権改革は時代を切り開く言葉の一つとなった。分権委は、その任期が一年延び、「最終報告――分権型社会の創造―その道筋」を二〇〇一年六月一四日、小泉総理（四月二六日小泉内閣成立）に提出し、その活動を終えた。残った「宿題」は後継機関の「地方分権改革推進会議」（政令設置）に託されることになった。「宿題」の最大の事項が「税源移譲」であった。

2　三位一体改革と所管課の対応

二〇〇〇年四月の地方分権一括法施行に結実した第一次分権改革によって、自治体は、建前上は、国と対等な関係に立つことになった。たしかに機関委任事務の全廃により、自治体の事務から国の事務がなくなったことは大きな前進であったといえる。しかし、使途が限定され、自治体の一般財源を使って裏負担ないし義務的な支出をしなければならない国庫補助負担金の改革は思うようには進まず、自治体の政策選択と支出の自律性は相変わらず制約され続けている。

分権委の最終報告

分権委の最終報告では、「未完の分権改革」の最大の課題として、「国と地方の税財源の配分のあり方とこれに伴う国庫補助負担金・地方交付税のあり方の改革」という切り口から地方税財源の充実確保策が提言されていた。そのねらいは、自治体の歳入・歳出総額の増額ではなく、その歳入の構造を変え、その質の転換を図り、自治体の財政面での自由度を高めること、すなわち自己決定・自己責任の原理を行政面のみならず財政面の領域にまで押し広げることであった。分権委が提案した内容は次のようなものであった。

① 国の基幹税の一部を地方税へと移譲し、自治体の歳入に占める自主財源の割合を高め、自治体

の財政運営における自己決定・自己責任を拡充する。
② 税源移譲に伴う国税の減少分は国庫補助負担金や地方交付税の減額などを図ることにより賄うこととし、自治体の歳入・歳出総額の増額を前提としない。
③ 地方税源充実に伴う国の地方への移転的支出の削減は、まず使途が特定されている特定財源である国庫補助負担金を対象とする。国庫補助負担金は真に必要なものに限定するとともに、国庫補助負担金の整理に当たっては単に地方への負担転嫁をもたらすようなことは絶対にしない。

この内容は実質的には「三位一体」の改革案であった。それには税源移譲が政府決定になるかどうかが決定的に重要であった。しかし、右の③は、負担金という、いわば自治体にとっては財源保障ともなっている特定財源をも対象としており、その廃止・縮減ともなれば、地方六団体間での合意形成は難しく、まして関係省庁の強い反発が予想される。

第一次分権改革ではついに手をかけられなかった税源移譲については分権委の後継と見られていた地方分権改革推進会議に期待がかかった。しかし、この会議は、財政再建の視点を重視する委員と税源移譲を含む分権改革を重視する委員との間で内紛を起こし、税源移譲の具体的提案を行わず、自治体関係者から失望と反感を買ってしまった。そこで税源移譲推進の主役は経済財政諮問会議と総理から異例の要請を受けた地方六団体に移ることになった。そこから「三位一体の改革」という言い方が出てくる。

三位一体の改革

三位一体（trinity）とは、父なる神、父なる神が遣わせた子なるイエス・キリスト、神とキリストを信仰する使徒たちに降された聖霊、この三つは同じように尊い存在で実体は同じであるというキリスト教の根幹的な教義だといわれる。これをわかりやすい比喩にしても「改革」の対象にする表現をとって政府が公式に使っていることに対して、少なくとも日本のキリスト教者はどうして抗議しないのか不思議ではある。その三位一体の改革が、第一次分権改革では未完に終わっていた税源移譲を可能にする具体的方策として浮上するのである。

（1）発端

二〇〇〇年四月に地方分権一括法が施行されたが、省庁が法律で事務事業とその施行手法の基本を決め、統一的な処理基準を作り、それを担保する手段として国庫補助負担金を使う仕組みは変わっていない。国が政策を企画し自治体が実施するという役割分担を補助負担金が担保している面が大きい。この構造を変える必要があるが、肝心の税源移譲に手を付けられない。二〇〇二年五月の経済財政諮問会議で「片山プラン」（片山＝片山虎之助総務大臣）が提示されるが、これが三位一体改革案の発端とされている。「国と地方の関係」というくくりとなっていたが、地方交付税の減少の中で地方税財政の抜本的改革は膠着状態となっていた。会議の議長である小泉総理が「三つ一緒にやろう」と裁定する。そこで二〇〇二年六月の「骨太の方針二〇〇三」の中で「三位一体改革を二〇〇四年から三ヶ年で実施する」ことが初めて公式に打ち出される。

しかし二〇〇四年度予算編成では各省庁が抵抗し、総理が一一月中旬「ともかく初年度は一兆円の補助金削減をするように」と指示し、内閣府内閣官房は補助金総量に一定割合をかける手法で取りまとめようとした。この段階で、厚労省からは、生活保護費の国の負担割合四分の三を三分の二にする案と文科省からは義務教育職員の退職手当（二〇〇〇億円）の一般財源化案が出てくる。これらは負担金における割り勘額を値切るものであった。生活保護費の負担率引き下げ案は一旦引っ込められ、「公立保育所の運営費について一般財源化する」（二四〇〇億円）ことになった。四二〇〇億円が「税源移譲予定交付金」とされ、総務大臣のアイディアで「所得譲与税」扱いで措置することになった。他方で地方財政計画は二・九兆円（六・五％）の削減となり、二〇〇四年度予算編成は、地方側からは「三位バラバラ改悪」と揶揄された。

二〇〇三年六月、小泉総理は「国庫補助金の改革が先か、税源移譲が先か、それが議論になって物事が進まないのは最悪だ。地方団体に対しては税源移譲するということをはっきり約束する。その上で、個々の補助負担金について、地方団体のほうから改革案をとりまとめてもらうようにせよ」と裁定を下すことになる。二〇〇四年六月の「骨太の方針　第四弾」（閣議決定）は、「地方が自らの支出を自らの権限、責任、財源でまかなう割合を増やすとともに、国と地方を通じた簡素で効率的な行財政システムの構築につながるよう、平成一八年度までの三位一体の改革の全体像を平成一六年秋に明らかにし、年内に決定する」とし、「そのため、税源移譲は概ね三兆円規模を目指す。その前提として地方公共団体に対して、国庫補助負担金改革の具体案を取りまとめるよう要請し、これを踏まえ検討する」とした。この総理裁定による閣議決定は税源移譲を明確化し、かつ国庫補助負担金の廃止・縮減に関し地方六団体を当事者化させた点で画期的であった。

（2） 地方六団体の取りまとめ

総理からの要請であったが、予想されたように地方六団体においては税源移譲に見合う額の国庫補助負担金の廃止対象の絞込みは容易ではなかった。国は、閣議決定で税源移譲を決めながら、それに見合う国庫補助負担金の廃止に関し立案能力を失い、地方にその処方箋を求め、地方がこれに応える形となった。逆境にあるとき、それを助ける者が現れることを「家貧しくして孝子顕わる」というが、地方六団体は「孝子」として登場したのかもしれない(7)。

ただし、三位一体改革の背景には「霞が関事情」が絡んでいた。地方財政制度改革をめぐっては、税源移譲に反対する財務省、財政再建のための地方交付税削減に反対する総務省（旧自治省系）、国庫補助負担金の廃止・縮減に反対する個別各省の間に「三すくみ状態」があり、これを打破するにはそれぞれに「苦い薬を呑ませる」必要がある。三位一体改革にはいわば「三方一両損」によって一気に改革を推進しようとする「深慮遠謀(8)」があったともいえる。そのために地方六団体は「使われた」ともいえるかもしれない。

地方六団体は、梶原拓全国知事会会長の下、三・二兆円の個別の国庫補助負担金廃止案をまとめた。

内閣が廃止案を地方六団体に依頼したことは補助負担金の廃止対象の選択が省庁の統制外に置かれたことである。これ自体が各省庁には衝撃であったが、廃止対象を指定された各省庁にとっては「自分たちの了解なしに土足でどやどや踏み込んできた」ものと映じ、仰天ではすまなかった。廃止案が所管課の「陣地攻撃」であったからである。改革案には「国庫補助負担金の廃止に伴い、これまで行ってきた補助金の申請、審査、決定といった国・地方を通じた膨大な事務処理が不要になる。これにより、国の負担は大幅に削減され、国の職員の人員削減が可能になる」と書かれていた。

省庁は一斉に反発し、「廃止できない」とする「回答」とその場合の「対案」を提示すると同時に与党有力議員にも働きかけることになる。与党有力議員にとっても予想外の取りまとめであったため「地方の言いなりにはならない」といきまく声も出たという。そこから新たな折衝・協議が始まり、その結果が「与党・政府合意」となる。

総理に提出された地方六団体の提案は所得税等から住民税へ約三兆円の移譲を実現するために、それを上回る額に国庫補助負担金を廃止しようというものであった。地方六団体の「改革案」の骨子と、これを受けて政治的調整の結果として取りまとめられた「政府・与党合意」は［表VI-1］の通りである。

二〇〇四年六月四日に「骨太の方針」が決まり、九日、内閣官房長官から国庫補助負担金の具体案を取りまとめたらどうかという勧奨があり、地方六団体は、八月一九日、それを総理に提出し、その際、国と地方の協議機関の設置を要請している。地方六団体の代表が出席した八月二四日の経済財政

表Ⅵ-1　地方6団体の提案と「政府・与党合意」

地方6団体の提案（平成16年8月24日） 平成18年度までの第1期改革分	平成16年11月26日 政府・与党合意
①　移譲対象補助負担金額は3.2兆円 ②　税源移譲は3兆円 ③　別枠で地方道路整備臨時交付金0.7兆円の移譲 ④　2004年度の1兆円の補助負担金廃止に伴う税源移譲はこれらと別に実施 (税源移譲) ①　個人住民税を10％の比例税に変え，所得税から住民税へ3兆円程度の税源移譲を実施 ②　これとは別枠で地方道路整備臨時交付金の廃止に伴い揮発油税の25％を地方譲与税化 (税源移譲対象の国庫補助負担金の廃止対象) ①　奨励補助金0.6兆円 ②　経常経費の国庫負担金0.6兆円 ③　経常的かつ普遍的な施設整備の国庫補助負担金0.6兆円 ④　公共事業等投資的経費の国庫の補助負担金0.6兆円 ⑤　義務教育の国庫負担金0.8兆円 (廃止対象から除外されたもの) ①　国庫委託金 ②　税の代替的性格を有するもの ③　国家補償的性格を有するもの ④　災害復旧に係るもの ⑤　社会保障関係で格差なく国の統一的措置が望まれるものや制度全般の見直しの中で検討すべきもの 平成21年度までの第2期改革分 ①　国庫補助負担金4.3兆円の廃止 ②　消費税5％のうち，地方消費税1％から2.5％へ引き上げ ③　道路目的税である揮発油税の25％	1. 概ね3兆円規模の税源移譲を目指す. 2. 概ね3兆円規模の税源移譲のうち，その8割方について次のとおりとする. ・義務教育国庫負担金（暫定）　8,500億円程度 （平成17年度分（暫定）　4,250億円） ・国民健康保険　7,000億円程度 ・文教（義務教育国庫負担金を除く）　170億円程度 ・社会保障（国民健康保険を除く）　850億円程度 ・農水省　250億円程度 ・経産省　100億円程度 ・公営住宅家賃収入補助　640億円程度 ・総務省，環境省　90億円程度 平成16年度分　6,560億円程度 税源移譲額合計　24,160億円程度 3. 平成17年中に，以下について検討を行い，結論を得る. (1) 生活保護・児童扶養手当に関する負担金の改革 (2) 公立文教施設等，建設国債対象経費である施設費の取扱い (3) その他 (注) ①　生活保護費負担金及び児童扶養手当の補助率の見直しについては，地方団体関係者が参加する協議機関を設置して検討を行い，平成17年秋までに結論を得て，平成18年度から実施する. ②　公立文教施設費の取り扱いについては，義務教育のあり方等について平

の地方譲与税化	成17年秋までに結論を出す中央教育審議会の審議結果を踏まえ，決定する．

諮問会議において「地方六団体がようやくまとめてきてくれたものであり、協議機関の人選についてよく協議していただき、十分、地方六団体の提言を受け止めて、実行に移せるよう協議を進めていただきたい」ということになった。この総理の意向を受けて、「国と地方の協議の場」が設置され、九月一四日の第一回から一二月二四日の第八回まで、総理官邸で会議がもたれた。内閣官房長官が議長役で、経済財政政策担当大臣、総務大臣、財務大臣、地方六団体の各会長をコアメンバーに、適宜、関係大臣が出席した。陪席したのは内閣官房副長官（事務）、同（政務・衆及び参）、内閣府事務次官、内閣官房副長官補、全国知事会事務総長である。全国知事会の梶原会長は、「各省庁大臣あるいは族議員の皆さん、お話を聞いていて、怒るというよりも悲しくなっているんです[9]」と発言したほど各大臣の発言は既得権益へ執着するものであった。

地方六団体の「改革案」が出た途端に関係省から反対の動きが噴出した。関係省は国庫補助負担金の維持のために、財務省は財政再建のために、政権党の関係議員は自らの影響力と業界利益の温存のために、それぞれ抵抗に出た。その結果、「政府・与党合意」から見て取れるように、地方六団体案の値切り、先送り、あるいは負担転嫁が公然と出てきて地方側の怒りを招いた。

しかし、改革の手が国庫負担金制度に入ったことは重要である。それこそ設置法と個別法で防護されてきた各省庁縦割りの領分であるからである。言葉の用法では、財務省は

「補助金等」といっているが、分権委が地方財政法の区分に依拠して使って以来、「国庫補助負担金」が一般的な用法になった。国庫補助負担金制度は、国と自治体が協力して事務を実施するに際し、一定の行政水準の維持と特定の施策の奨励のための政策手段として機能するものと考えられてきた。しかし、国と自治体の責任の所在が不明確になりやすく、また細部にわたる補助条件や煩瑣な交付手続きなどが、行政の簡素・効率化や財政資金の効率的な使用を妨げる要因になっているということの他に、なんといっても、国庫補助負担金の交付を通じた各省庁の関与が自治体の地域の知恵や創意を生かした自主的な行財政運営を阻害しがちであることが問題とされてきた。

地方六団体は、「平成一七年度及び一八年度における国庫補助負担金等の改革」として地方財政法の区分に即し「移譲対象補助金」を提案した。地方財政法一〇条関係の負担金のうち、一〇条三の災害関係と四の委託金については国がしかるべき負担をするのは当然であり問題になっていない。廃止の対象となったのは一〇条及びその二である。かりに現行の国庫補助負担金が廃止されても、ほとんどの事務・事業は廃止されるわけではないから、自治体はその実施に関し、より一層重たい責任を引き受けることになる。しかも、これには地方財政法と関係個別法の改正という難題が待っているし、おいそれと関係省が応ずるはずがない。

地方六団体がまとめた移譲対象補助金は、一四七項目に及び、社会保障、文教・科学振興、公共事業、その他の四分野でまとめられているが、以下では、府省ごとにまとめ直し、地方案に対する各府省（所管課）の「回答」と実際に決まった一七年度の措置を表記し、若干の検討を行おう。所管課に

表Ⅵ-2　地方の改革案と平成 17〜18 年度改革額（単位：億円）

	地方の改革案	法律	予算	合　計	17 年度	18 年度
総務省	94.95	0	4	86	37	49
文部科学省	11,457.75	8	7	208	208	0
厚生労働省	9,443.50	30	19	878	878	0
国民健康保険国庫負担				6,851	5,449	1,402
農林水産省	3,088.92	20	15	247	53	194
経済産業省	281.44	0	6	125.52	19.52	106
国土交通省	6,598.05	18	10	641	320	321
環境省	1,215.39	3	7	27	27	0
合　計	32,180.00	79	68	9,063.52	6,991.52	2,072
暫定措置分（義務教育費）	8,504.00			8,500	4,250	4,250

出典）平成 17 年 1 月 19 日付総務省自治行政局財政課長内かん・資料を基に著者が作成．なお，表に法律，予算とあるのは，各補助負担金が法律補助か予算補助かの区別である．

よって国庫補助負担金がいかに守られたかを見ることになる。

まず、地方案と平成一七年度の税源移譲に結びついた改革額の一覧表を見ておこう〔表Ⅵ-2〕。

地方の改革案三兆二〇〇〇億円に対し、府省が出してきた回答は、改革案になかった国民健康保険国庫負担を引けば、たったの二二〇〇億円であった。それに義務教育費の暫定措置分を加えても約一兆七〇〇〇億円であった。

地方案の個別国庫補助負担金に関し、関係省庁には国の関与・規制の制度の概要、根拠法令等、廃止に向けての具体案、廃止できない場合の理由と代替案を記載した回答を提出させたが、それはすべて担当部局（所管課等）が書いている。府省別に地方案と廃止の回答と一七年度措置を比べてみれば、どのような抵抗振りであったかが分かる。

（3）所管課の消極的対応

内閣府の対象国庫補助負担金は三項目で合計一〇億九四

〇〇万円であったが、二つは目的達成で平成一七年度をもって廃止、もう一つは平成一六年度で廃止され、いずれも税源移譲には結びつかなかった。

総務省の対象国庫補助負担金は四項目で合計九四億九五〇〇万円であった。分権推進担当省ということもあって、所管課の回答は四件について二ヶ年度で廃止・移譲となった。

文科省の対象国庫補助負担金は一五項目で合計一兆一四五七億七五〇〇万円であったが、回答は一五項目すべてについて当初は「移譲できない」が回答であったが、そのうち六項目について「値切った」形で一七年度に措置することとなった。

文科省の国庫補助負担金の廃止をめぐる大きな争点は、公立学校施設整備費負担金と公立学校施設整備費補助金（学校校舎等に係る通常の改築、改修）及び義務教育費国庫負担金・公立養護学校教育費国庫負担金（中学校教職員分）の扱いであった。担当課の初等中等教育局財務課は、義務教育費国庫負担金・公立養護学校教育費国庫負担金が廃止できない理由を次のとおりとした。「本負担金は、義務教育無償の原則に則り、国民のすべてに対し、義務教育の妥当な規模と内容とを保障するため、国が必要な経費を負担することにより、教育の機会均等とその維持向上とを図ることを目的とするものであり、憲法の要請に基づく義務教育の根幹（教育の機会均等、水準の維持向上、無償制）を保障するために必要不可欠である。義務教育については、憲法の要請に基づき、個人人格形成の基礎と国民としての素養を身につけるものであり、国家・社会の発展を担う人材育成という『国家戦略』としても重要であることから、現在、義務教育を充実させる方向で改革中である。こうした中にあって、同負担制度については、『現在進められている教育改革の中で中央教育審議会において義務教育制度の在り方の一環として検討を行い、これも踏まえつつ、平成一八年度末までに所要の検討を行う』とされており、義務教育制度の在り方に関する中央教育審議会における義務教育制度の基本的議論を十分行った上で、平成一八年度末までに結論を出す必要がある」と。

廃止できない場合の代替案は「総額裁量制のさらなる改善」とし、「義務教育費国庫負担制度においては、今年度から総額裁量を導入し、客観的で簡便な算式で計算される国庫負担額の範囲内であれば、各都道府県の裁量を活かして、教職員の定数や給与水準を自由に決めることができるようになったところであるが、今後、さらに地方の自由度を高め、地方の創意工夫を活かしたより良い義務教育を実現することができるよう、さらなる改革を行う」とした。

地方六団体が廃止対象とした義務教育費国庫負担金を文科省が国の負担、すなわち自治体の収入の確保を必死になって支えようとしていた。一見して奇妙な光景である。義務教育費国庫負担法は「義務教育無償の原則に則り、国民のすべてに対しその妥当な規模と内容とを保障するため、国が必要な経費を負担することにより、教育の機会均等とその水準の維持向上とを図ること」とし、国は、毎年度、都道府県ごとに、教職員の給与及び報酬等に要する経費について、その実支出額の二分の一を負担している。この義務教育費負担については、「政府・与党合意」では平成一七年度中に検討・協議という扱いで「先送り」となり、約八五〇〇億円（中学校教職員の給与等）のうち平成一七年度分は「暫定」の四二五〇億円とされた。この点で「暫定」ながら地方側の言い分が通った形となっていた。

文教施設については、文科省は、「基本的な教育条件である公立学校の施設整備については、義務教育をはじめとする教育の機会均等と水準の維持向上を図るため、国として、地方公共団体と責任を分担し、施設整備に要する経費を補助しているものである。特に、学校施設については、現在、耐震性が確保されている建物が半数に満たないなど、耐震化等安全への取り組みが遅れている状況であり、安全・安心で快適な学校づくりを進めるための財政支援は国として重要な課題である」とした。これも、「公立文教施設費の取扱いについては、義務教育の在り方等について平成一七年秋までに結論を出す中央教育審議会の審議結果を踏まえ、決定する」ということで、結論が持ち越された。

厚労省の廃止対象国庫補助負担金は四八項目、合計九四四三億五〇〇〇万円であったが、「移譲できる」の回答は一〇項目、合計八七八億円に過ぎなかった。このうち、養護老人ホーム等保護費負担金（法律、五六七億二八〇〇万円）は法律補助であるが、ほぼ廃止・移譲し、この廃止により老人福祉法の国の負担規定も廃止という回答であった。しかし、これにより所管課の老健局計画課の組織・定員に変更はなかった。これ以外は微々たる金額となった。

地方六団体の「提案」に対して、厚労省は「地方六団体の提案は、介護保険、老人医療、国民健康保険、生活保護等の負担金に関しては具体案を示さないという基本的問題がある一方、少子化対策等に係る補助負担金と裁量的補助金の全般を廃止することとされており、提案を実施した場合、国民の安心と安全を守るべき社会保障について、一定した水準のサービスをどの地域においても格差なく保障するという国の責任が果たせなくなるなど、様々な問題がある」とし、これへの「対案」として、廃止・移譲対象補助負担金は六〇〇億円程度（同化・定着しているもの）とし、国民健康保険について都道府県負担を五％から一〇％へ増やし（約七〇〇〇億円）、生活保護負担金・児童扶養手当負担金を現行の国庫負担三分の二から二分の一へ減らすという対案を打ち出した。また「未だ地方自治体の事務として定着しているとはいえず、今後国がより積極的に関与して全国的に一定の水準のサービスを急速かつ適切に整備しなければならないもの」に関しては、従来の細分化された補助金・負担金を、分野ごとの大括りの統合補助金・交付金へと再編・統合するとした。

地方側から提案のなかった国民健康保険に関しては、厚労省は、「医療費に地域格差がある中で、都道府県が作成する医療計画、健康増進計画、介護保険事業支援計画を通じた都道府県を中心とした総合的な取組みが必要であり、また、保険運営の広域化に当たっては、保険者と都道府県が連携し、医療費の地域格差を縮小し、保険料の平準化を進める必要がある」とし、「国民健康保険制度においても都道府県に国民健康保険事業における財政調整権限を付与し、地域の実情に応じた保険運営を目指すとともに、財政的にも地方自治体に相応の責任を果たしていただくこととし、地方の必要とする財源が確保されることを前提に、国民健康保険法の改正により、負担関係の見直しを行うこととする」とした。「合意」によって、税源移譲対象負担金として「国民健康保険七〇〇〇億円程度」を決めたから、結果として、厚労省側の言い分が通った形となっている。

生活保護負担金・児童扶養手当負担金についての厚労省の「対案」は、負担率の引き下げであるだけに、地方側としては認めがたいものであった。厚労省は、「生活保護制度においては、従来の経済的な給付に加え、地方自治体が被保護世帯の実情に応じた自立・就労支援を実施する制度へ転換していく必要。したがって、新たに『自立支援プログラム』を導入し、国があらかじめ示すきめ細かな指針の下で地方自治体がその自主性・独自性を生かして自立・就労支援メニューを整備するとともに、被保護者に対してそれぞれの状況に応じたプログラムへの参加を指導することにより、その自立・就労を支援することとする。なお、被保護者がプログラムへの参加を拒否する場合等には、地方自治体の判断で保護の停止等を実施できることとする。また、併せて、生活保護に係る事務について、アウトソーシングの推進や事務実施に係る裁量の拡大を行う」としている。これに伴い、国庫負担の現行割合の三分の二を二分の一に引き下げるとした（自治体の負担は一九〇〇億円から五〇〇〇億円に増大）。「合意」では「地方団体関係者が参加する協議機関を設置して検討し、平成一七年秋までに結論を得て、平成一八年度から実施する」となった。

厚労省の「対案」の問題点は、①被保護者に「自立支援プログラム」へ参加を強要しようとしていること、②このプログラムが自治事務であるとすると、生活保護費の決定・実施及び事務監査（法定受託事務）との関係はこれまで通りですむのかが不明であること、③自立支援プログラムを重視するからといって、なぜ国の負担金が半分になるのかの根拠が明確でないこと（例えばなぜ五分の三（六割）負担にはならないのか）である。

農林水産省の対象国庫補助負担金は三五項目、合計三〇八八億九二〇〇万円であったが、そのうち「廃止」の回答は二つのみであった。しかも、いずれも予算要求段階で事業の仕組みの見直し、別の支援手法を見込んでいたため廃止と回答したもので、実質はゼロ回答であった。その後の検討で、やっと二ヶ年度で二四七億円の税源移譲に結びつく改革額を認めた。

経済産業省の対象国庫補助負担金は六項目で合計二八一億四四〇〇万円であった。この省は、六項目について「移譲できる」の回答で、税源移譲に結びつく廃止額を約一二六億円認めたから比較的協力的であったといえる。

国土交通省の対象国庫補助負担金は二八項目で合計六五九八億五〇〇〇万円であった。廃止回答の一三項目（合計約七四億円）は、すべて時期を「検討中」とし、またすべて「税源移譲にはなじまない」とした。地方案をほとんど無視したようなこの省の強気が窺える。所管課の住宅局住宅総合整備課が当初「移譲できない」とした公営住宅家賃対策等補助のうち公営住宅家賃収入補助について一七年度三二一億円、一八年度は三二一億円、計六四二億円が税源移譲となっただけである。

環境省の対象国庫補助負担金は一〇項目で合計一二一五億三九〇〇万円であった。「できる」回答の四項目は直轄事業化、民間への直接補助といった内容で、税源移譲に結びついたものはたった二七億円であった。

第一ラウンドの終了

こうした国の消極的な所管省を相手に地方六団体は、さらに平成一七年の「骨太の方針」を目指して「協議」を重ねた。三位一体改革の第一ラウンドは、地方側と関係府省との間の厳しいやり取りの末、平成一七年一一月三〇日の「与党・政府合意」という政治的決着でひとまず終わった。その「与党・政府合意」の内容を確認しておこう。「政府・与党は、昨年一一月の『政府・与党合意』及び累次の『基本方針』を踏まえ、かつ、地方の意見を真摯に受け止め、平成一八年度までの三位一体の改革に係る国庫補助負担金の改革及び税源移譲については、下記のとおり合意する」とした。一つは「国庫補助負担金の改革について」であり、もう一つが「税源移譲について」である。

（1） 国庫補助負担金の改革

国庫補助負担金の改革については、平成一八年度において「政府・与党合意」により同年度に行うことを決定済みの改革に加え、税源移譲に結びつく改革（六五四〇億円程度）を行うこととなった。平成一七年度までの決定分（三・八兆円程度）に加え、今回の税源移譲に結びつく改革、さらにスリム化の改革及び交付金化の改革を進めることにより、四兆円を上回る国庫補助負担金の改革を達成するというものであった。

六五四〇億円分の税源移譲に関して厳しい対立になった。「合意」の各分野でのやり取りは決裂に近い事態にまで至った。以下、概観しておこう。

義務教育制度については、「その根幹を維持し、義務教育費国庫負担制度を堅持する。その方針の下、費用負担について、小中学校を通じて国庫負担の割合は三分の一とし、八五〇〇億円程度の減額及び税源移譲を確実に実施する。また、今後、与党において、義務教育や高等学校教育等の在り方、国、都道府県、市町村の役割について引き続き検討する」となった。

平成一六年一一月の「政府・与党合意」では、「義務教育国庫負担金（暫定）八五〇〇億円程度（平成一七年分（暫定）四二五〇億円）」は税源移譲の扱いになっていた。ただし「公立文教施設費の取扱いについては、義務教育の在り方等について平成一七年秋までに結論を出す中央教育審議会の審議結果を踏まえ、決定する」となっていたのである。「合意」では「文部科学省一七〇億円程度（公立学校等施設整備費補助金）」となったから、その税源移譲額の多寡は別としても、一応、公立文教施設費の扱いは進んだことになる。

問題は、中央教育審議会が、地方側委員以外は教育学者も含めてこぞって義務教育費国庫負担の廃止・税源移譲に反対し、結局、小中学校を通じた国庫負担の割合を現行の二分の一から三分の一へ減らすという政治的決着に途を開いたことである。これで「義務教育費国庫負担制度は堅持する」といっても、どれほどの意味があろうか。地方側の主張のように税源移譲となっていたものを一般財源化への不安を駆り立てて三分の一国庫負担金を確保したことによって国は義務教育の財源保障をし続けることになるのであろうか。

平成一六年一一月の「政府・与党合意」では、地方側が提案していなかった「国民健康保険七〇〇〇億円程度」が税源移譲され、しかも、地方側が強く反対した「生活保護・児童扶養手当に関する負担金の改革」については「平成一七年中に検討して結論を得る」ことになっていた。その時、これに（注）が付され「生活保護費負担金及び児童扶養手当の補助率の見直しについては、地方団体関係者が参加する協議機関を設置して検討を行い、平成一七年秋までに結論を得て、平成一八年度から実施する」とされていた。負担率・補助率の見直しは既定であったとも読める。地方側は、厚労省が主張する生活保護費負担金を現行の三分の二から二分の一に引き下げる案に対し、生活保護事務の返上論も出る激しさで反対した。結局、この引き下げは見送られたが、以下のような決着となった。

「児童扶養手当（3/4→1/3）、児童手当（2/3→1/3）、施設費及び施設介護給付費等について、国庫補助負担金の改革及び税源移譲を実施する。生活保護の適正化について、国は、関係者協議会において地方から提案があり、両者が一致した適正化方策について速やかに実施するとともに、地方は生活保護の適正化について真摯に取り組む。その上で、適正化の効果が上がらない場合には、国（政府・与党）と地方は必要な改革について早急に検討し、実施する」と。当初の地方案になかった児童扶養手当の四分の三から三分の一への引き下げが決まったことは「痛みわけ政治」の典型であった。

平成一六年一一月の「政府・与党合意」では、「公立文教施設等、建設国債対象経費である施設費の扱い」に関しても「平成一七年中に検討を行い、結論を得る」こととなっていた。当時から、財務省は、建設国債で賄う施設費は税源移譲になじまないと強く反対し、関係省も、この財務省の態度を楯にして施設費の税源移譲には応じようとしなかった。その意味では、「建設国債対象経費については、地方案にも配慮し、以下の国庫補助負担金を税源移譲の対象とする。その際には、廃止・減額分の五割の割合で税源移譲を行うものとする。また、上記の施設費について廃止・減額し、税源移譲を行う場合には、関連する運営費等の経常的経費についても併せて見直しを行う」となったのは「政治的配慮」である。税源移譲の対象となったのは、消防防災施設整備費補助金等（総務省）、公立学校等施設整備費補助金（文部科学省）、地域介護・福祉空間整備等施設整備交付金等（厚生労働省）、資源循環型地域振興施設整備費補助金等（経済産業省）である。

ともあれ、施設費の税源移譲は、金額の多寡は別として、分権改革としては一歩前進であり、地方側にとっては一応の「成果」である。もちろん財務省が苦々しく思っていることはいうまでもないが、いかに財政再建が大事であるにしろ、分権改革に終始後ろ向きである財務省は、総務省（旧自治省）との所管・権限争いという構図では説明ができないほど不適応症状を来たしているというほかない。

（2）税源移譲

税源移譲は、国庫補助負担金の改革の結果を踏まえて三兆円規模とされ、この税源移譲は、平成一八年度税制改正において、所得税から個人住民税への恒久措置として行うとされた。税源移譲額は、「今回決定分」が六一〇〇億円程度（厚生労働省五〇二〇億円程度、文部科学省九〇億円程度、農林水産省三〇〇億円程度、経済産業省五〇億円程度、国土交通省六一〇億円程度、環境省三〇億円程度、総務省五億円程度）、「既決定分」（平成一六年の政府・与党合意で決定済みのもの（暫定措置とされた義務教育費国庫負担金分八五〇〇億円程度を含む）と平成一六年度分との合計額）が二兆三九九〇億円程度、合計で三兆九〇億円程度となった。

なお、この「政府・与党合意」には、「地方分権に向けた改革に終わりはない。政府・与党としては、一八年度までの改革の成果を踏まえつつ、国と地方の行財政改革を進める観点から、今後とも、真に地方の自立と責任を確立するための取組を行っていく」とし、地方交付税の見直しについては「今後の予算編成を通じて具体的な調整を行う」としている。

右で見たように、「与党・政府合意」という政治的決着の形であれ、「地方にできることは地方に」という方針の下、国庫補助負担金の改革については、平成一八年度において、決定済みの改革に加え、税源移譲に結びつく改革を行い、昨年度までの決定分に加え、今回の税源移譲に結びつく改革、さらにスリム化の改革及び交付金化の改革を進めることにより、四兆円を上回る国庫補助負担金の改革を達成するということとなった。

今後の課題は、消費税の地方移譲など、さらなる税源移譲に向かって、温存されている国庫補助負担金の廃止を実現していくことである。折衝は厳しさを増す。その廃止は日本国所管課の組織と定員の縮減に向けてじわじわと効いていくからである。従来型の定員管理手法では「国家公務員の純減」は困難であり、本格的に国庫補助負担金の廃止・削減をすれば、国の事務と業務の執行体制をスリム化する効果がある。逆に言えば、中央省庁をスリム化し、権限と組織・定員の削減に成功しなければ分権改革は十分な成果をあげたとはいえないことになる。分権改革は、新たな分権一括法の制定を含め、霞が関に漂う「厭戦気分」の中で第二ラウンドに入ろうとしている。

終章　官のシステムのゆくえ

1　人事システムの改革

　官のシステムの核心は人事システムである。人事システムの改革によって官のシステムを変革する以外に、各府省の個別行政も一般行政も、その閉塞状況から脱却できないと思われる。辻清明は、一九五七年に「人事行政は、一切の行政の土台である」とし、その趣旨を、人事行政が、農林行政とか商工行政といった職能別の行政と異なることはもとより、予算や企画といった公務の運営である一般行政以上のもので、公務を運営していく「基盤行政」であると特色づけた。なぜなら「その適正なる配置が乱れれば、たとえいかなる卓抜なる企画であれ、あるいはどれほど豊かな経費や資材が用意されていようとも、その行政は失敗に終わるほかないからである」(1)。当時、辻は、これによって人事行政を内閣から独立した人事院で行うことを弁護したのであった。

それから約半世紀を経た二〇〇二年、人事院は、「平成一四年公務員白書」（以下、白書）で人事行政のあり方を正面から取り上げ、現状の問題を指摘し、検討・解決の方向を探っている。白書は、これからの人事行政の重要テーマとして「期待される公務員像と働きがいのある職場の実現を目指して」と題し、今後求められる公務員像とは何かという問題に着目し、これと表裏の関係にある公務員の採用、育成と職員の働きがいという視点で、公務組織の抱えている問題点を指摘した。[2] それらは、これまでさまざまな論者が言及してきたことでもあるが、白書の指摘には注目すべきことが少なくなく、これまでの諸章で描いてきた官のシステムのゆくえを占う内容を含んでいる。

キャリアパスと人事管理の特徴

国公法は、「すべての職員の任用は、この法律及び人事院規則の定めるところにより、その者の受験成績、勤務成績その他の能力の実証に基いて、これを行う」としている。任用とは、採用・配置・転任・昇任・退職という、いわば入口から出口までの人事決定のことである。その人事決定の原則が成績主義あるいは能力実証主義（メリット・システム）といわれるものである。官職に欠員を生じた場合は、その任命権者は、「採用、昇任、降任又は転任のいずれか一の方法により、職員を任命することができる」とされている。

採用は、公開平等の原則の下、成績主義により職務遂行能力を判定する形で行われているが、各府省の一般の職員は、人事院が実施する試験の合格者の中から、府省ごとに採用され、人事当局の裁量により配置が決められている。官は、国家公務員であっても「日本国事務官・技官」ではないのである。しかも、採用から退職まで、あるいは場合によれば退職後も、採用府省の人間として暮らす。官の意識と行動は基本的にその人事システムによって規定されている。このシステムの核心は採用と結びついた昇任の管理方式にある。

稲継裕昭は、現に行われているキャリアとノンキャリアという職員編成を巧みな造語で「二重の駒型」の昇進モデルと呼んでいる（［図終-1］を参照）。採用試験の区分に対応してキャリア組とノンキャリア組が分かれるが、いずれも、それぞれのカテゴリー別に一定の地位までは同時昇進が行われ、二つのカテゴリーが重なりあって、全体として昇進管理が行われているという(3)。

図終-1　「二重の駒型」昇進モデル

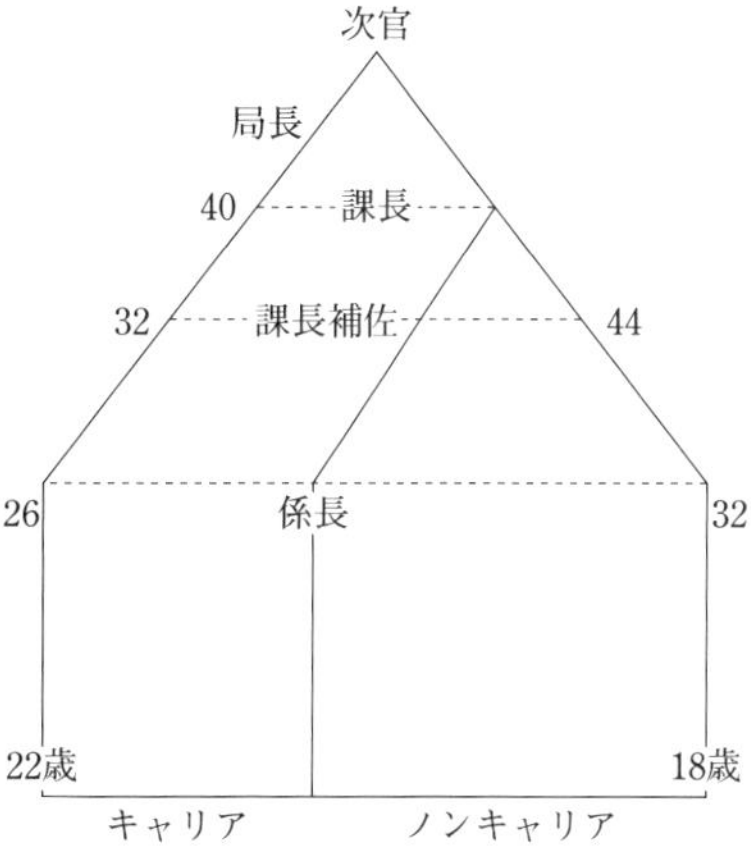

出典）　稲継裕昭『日本の官僚人事システム』35 頁.

人事院が白書の中で示した「キャリアパス」の例も「二重の駒型」モデルを裏付けている。［図終-2］はI種試験に合格して採用され、事務次官になった職員の具体的なキャリアパスの例であり、「この職員の場合、非常に多様な職歴を経ることにより、幅広い視野を養うことを可能にしている」とされる。［図終-3］はII種試験に合格して採用された職員

図終-2　Ⅰ種採用職員のキャリアパスの例

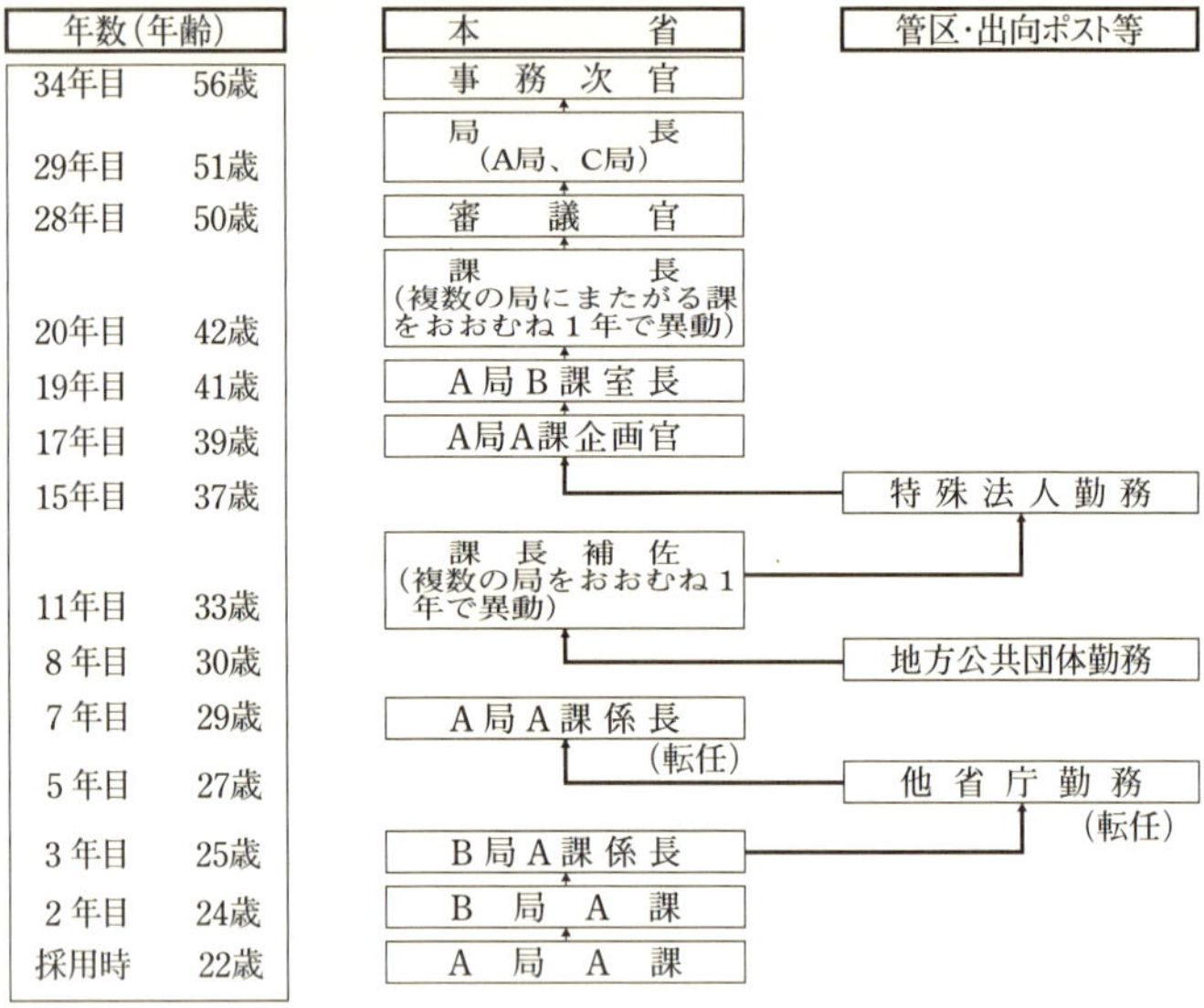

の場合であるが、「二三年目に課長に到達しているが、これはⅡ種採用職員としては相当に高いポストに昇進した例である(4)」としている。

採用試験別に一定の退職者数を新規採用で補充し、人事異動では採用年次を重視する。しかも、合格した試験の種類によって採用後の経歴の出発点、昇進の範囲と速度がほぼ決まっている。これは国公法が全く想定していない人事慣行である。どうみてもⅠ種採用者は他の試験合格者とは違って、幹部候補としての適性があるという前提に立っている。

白書が指摘したこの昇任管理システムの効果等と問題点は［表終-1］のように整理できる。

白書は、公務員の働きがいとその阻害要

図終-3　II種採用職員のキャリアパスの例

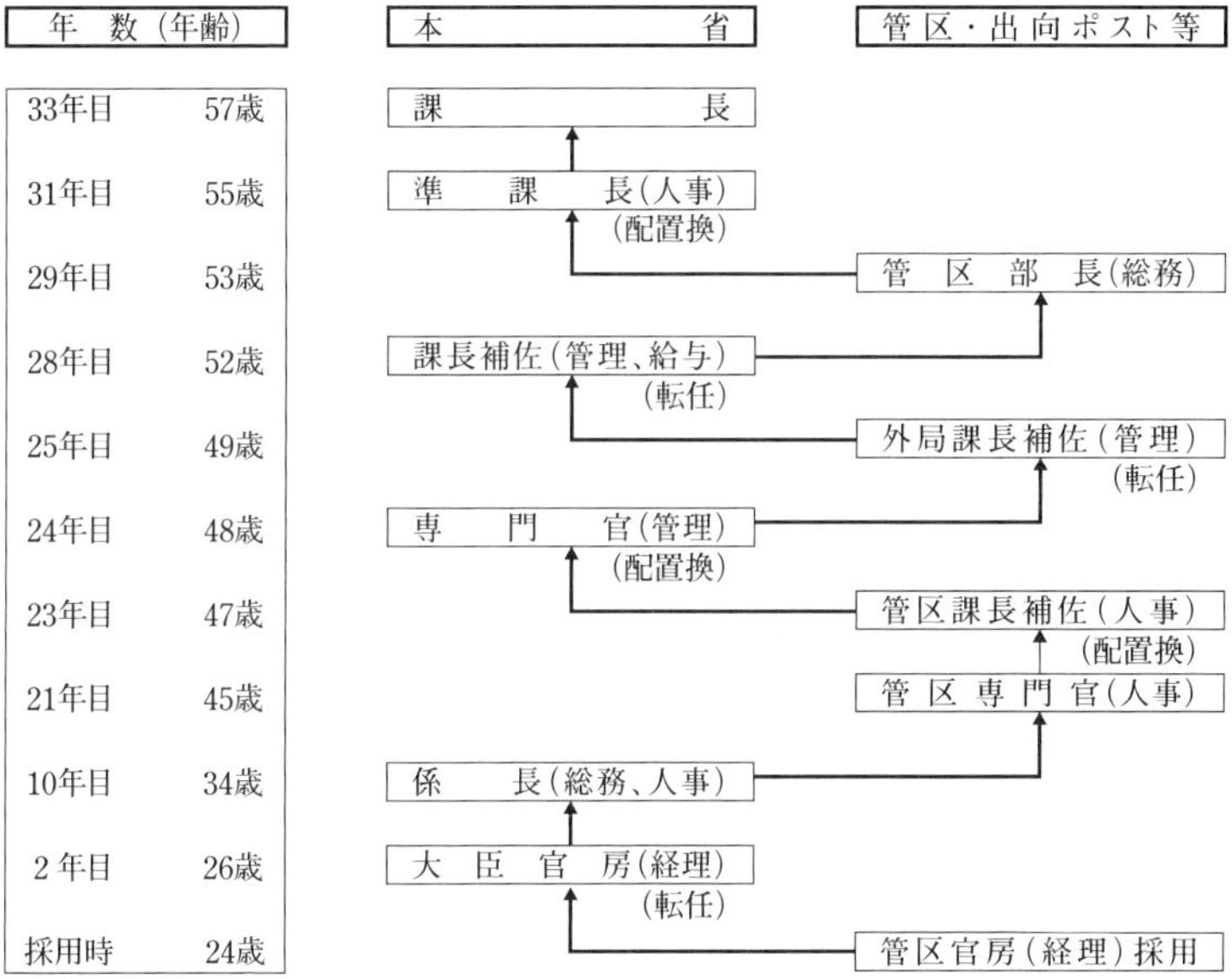

因の現状について言及し、広く近年の公務をめぐる状況の変化に着目して、何が公務員の働きがいの阻害要因や閉塞感・無力感の要因になっているかについて分析し、国家目標の喪失、政官関係、拡大指向の行動原理の限界、徒弟的育成、消耗感を伴う長時間勤務、不祥事等による信頼・評価の低下、魅力的な外部雇用環境の出現をあげている。

　国家目標の喪失に関連しては、バブル崩壊後、住専問題、薬害エイズ、ＢＳＥ問題等行政の失敗事例が次々と出て、転換期における公務員の問題解決能力への疑念が出て、清潔さ、高い能力イメージが大きく損なわれたこと、冷戦構造が終焉を迎えバブルが崩壊し、今後の内政、外交について、明確な国家目標は見えず、

表終-1　昇任管理システムの効果等と問題点（『人事院白書』）

昇任管理システム	効果等	問題点
キャリアシステム 採用段階で中核人材の選抜を行い，同期は一定年齢までほとんど差を付けない早い昇進と遅い選抜を行うシステム.	優秀な人材の誘致と中核人材の早期育成に有効性を発揮するとともに長期間高い士気を維持し続けさせるという効果.	・採用試験及び採用年次に応じた昇進をあまりに固定化させているため，適材適所の人材配置や能力の有無によるメリハリのある昇進など能力に応じた人材活用が不十分. ・そのことがII種・III種に不公平感を生み出す. ・固定的人事が一部の職員にとって，身分的なものと受け止められ特権意識を生む原因となっている. ・このような人事システムの下では公務組織外との人事交流は近年まであまり行われてこなかった.
府省別人事管理 採用試験は人事院で統一的に行っているが，採用以後の人事管理は，出向先や退職後の再就職先まで含めてすべて各府省で行うやり方.	・各府省が求める人材をそれぞれの府省を志望する合格者の中から選べることから，需要側，供給側双方にメリット. ・採用府省への高い帰属意識を植え付け，府省間の競争を高めるという効果もある.	・組織の閉鎖性を高め，いわゆる「縦割り行政」の主要な原因となるとともに，国民からの批判や外部の環境変化に気付きにくいという欠点を持つ. ・組織が利害集団化し，権限の維持や拡大が自己目的化しやすい.
早期勧奨退職 定点年齢は原則60歳だが，組織の活力維持という目的で，I種を50歳前後から退職勧奨にしている方式.	・同期が徐々に選抜，残った1人が事務次官になるという組織のピラミッド構造に合わせた人事管理を実現.	・早期勧奨退職は公務を中心にした慣行であり，日本経済の停滞が続き，社会全体の高齢化が進んでいる現状では退職者を受け入れてきた民間企業等にも余裕がなくなってきている. ・勧奨退職が特殊法人，公益法人の増加や官民癒着などの原因として批判されて

		いる． ・勧奨退職は職員としても50歳過ぎの言わば働き盛りに退職させられるものであり人材の活用という点ばかりでなく職員の生きがいという点でも大きな問題．
定期異動 採用時期である4月や国会の会期明けである7月を中心に定期異動を広く行う方式．職員は2，3年でポストを変わるのが一般的であり，周期が民間企業よりも短い．	・頻繁な定期異動のシステムは，結果的に幅広い経験を積ませることになるためジェネラリストの育成に適している． ・職員の活性化を図り，利害関係者との癒着による不正を未然に防止するという効果．	・人事ローテーションという点から行われるため個々の職員の計画的育成という視点が反映されているとは言いがたい． ・長期的な育成を要する高度の専門性や国際性を持った人材が育ちにくい．

省の仕切りを越えた調整が必要な事項が増す中、全省連携し一体感が持てるようなビジョンを描くことが難しくなっていること、グローバル化、情報化が進み国民の価値観が多様化する中で、これまで以上に的確で機動的な行政対応が求められることなどに触れている。いずれも的確な指摘であると思われる。

キャリアシステムの見直し

白書は「キャリアシステムの見直し」についてどのような指摘をしたか。

現行のキャリアシステムは、国公法上の制度ではなく、戦前の文官高等試験の下でのシステムが運用として生き残ったものである。戦後五〇年を経て更に硬直化し、さまざまな弊害が指摘されている。まず採用時のI種試験に合格しただけで、課長あるいは指定職（審議官、局長等）になれるということは不合理であること。したがって、採用時の一回の試験でランク付けがなされ、I種

（特に事務系）の場合は多くが指定職になることができるが、Ⅱ種・Ⅲ種で採用された者は、どんなに優秀でも最終で本省課長級が一般的であること。このような採用時の選抜で生涯のコースを固定化することを是正すべきという意見が大半であること。一方、極めて複雑化、専門化し、しかも激動する社会にあっては、有能な幹部公務員を養成することが重要であるという点については異論が少ないこと。したがって、具体的にキャリアシステムを見直すに当たっては、幹部公務員にはどのような能力が求められ、その養成はどのように行うべきかという視点と幹部公務員候補者はどのような方法によって絞り込むのが合理的であり公平かという視点から議論を深める必要があることなどである(5)。

三〇代前半の現職キャリア官僚二一人が霞が関の改革案をまとめ、実名で『霞ヶ関構造改革・プロジェクトK』を出版し、マスコミの話題になった。縦割り、省益至上主義といった弊害を自己批判しつつ、官邸直結の「総合戦略本部」の設置とともにキャリア制度の廃止を提言している。廃止のうえで、「管理能力」のある人は管理職に登用し、「政策立案能力」を持つ人は専門化して給与で優遇する制度の導入を提案している。いよいよ現職のキャリアからキャリア制度そのものの廃止の主張が公然と出てきた(6)。

ノンキャリアの幹部登用

現行のキャリアシステムにおいてもノンキャリアの幹部登用の例がないわけでも、そうした努力が行われていないわけでもない。事実、人事院は、一九九九年三月、ノンキャリアの幹部職員への積極的な登用を図るため「Ⅱ種・Ⅲ種等採用職員の幹部職員への登用の推進に関する指針」（以下「指針」）を定め、一九九九年度から運用開始している。指針によると、①人物試験や論文試験などの選考、②課長らで構成する「評価委員会」の評価、③複数の上司などからの勤務実績評価など六つの選抜方法を示している。対象者はおおむね三五歳未満の「意欲と能力のある優秀な人」で評価基準には、企画・立案能力や情勢変化をとらえる能力、現状を変革する能力などのほか、高い倫理観、豊かな市井感覚も盛り込まれている。各省庁は、採用から一〇年程にわたる実情を評価し、対象者を決定する。対象者は、係長級と課長補佐級の時点で人事院の研修を受けるほか、Ⅰ種職員と同様に他省庁や国際機関などで勤務経験を積むことになるとしている。

人事院は、この指針に基づき、各府省における幹部職員への登用状況や登用に対する取組み状況等について、二〇〇四年七月、各府省（二四機関）に対し調査を行っている。調査結果の概要をみると、Ⅱ種・Ⅲ種等採用職員の本府省課長等への登用総数は二〇〇三年を上回る数となっているが[7]、依然として少数にとどまっている。採用時から幹部候補として育成されるⅠ種職員と途中から参入できるⅡ・Ⅲ種職員との間には容易には越えられない「壁」が立ちはだかっているといえる。

昇任システムと職務段階

「二重の駒型」の昇任システムは給与制度における職務段階と結びついている。既述のように未実施の職階制の代替となったのは主としては給与制度であった。職グループ別の俸給表（今日でも、旧官吏制度時代と同じく「俸給」といっている）における級別標準職務表がそれである。現行（二〇〇五年度）の職務段階は「職務給原則」の下での一一級制の職務分類となっている。級の対象となる職務は、一級と二級は本府省係員など、三級は係員と主任、四級と五級は本府省係長など、六級は本府省課長補佐、七級は室長、八、九級は課長、一〇級は官房・主管課の課長などとなっている。俸給表は、ポスト（職務）に応じて決まる「級」と、それぞれの級に設けられた「号俸」により構成されている。

級別標準職務表が職務段階と給与制度を結び付けていることは明白である。俸給表においては、その適用を受ける職員の職務の内容と責任の度合いに応じていくつかの級が設けられているが、職員をいずれかの級に決定する（格付）場合には級別標準職務表を前提にしているからである。しかし、職務の級と標準的な職務の関係はほとんど無内容に近いし、同じ級の中に複数の職務が含まれ、その違いも不明である。なお、一一級以上を「指定職俸給表」にいう「指定職」と呼んでいる。行政系の代表官職は、本府省の部長、局次長、審議官、参事官、外局の次長、本府省の局長・官房長、外局の長官、府省名審議官、内閣府政策統括官、事務次官などである。

現行の人事では、〇〇課の課長は一〇級とか一一級のポストだというように決まっているが、級とはいわば空っぽの概念であり、何級でいくらの俸給額になるかは分かることになっているが、その級に格付けされる職員がどういう実績・能力の持ち主でなければならないかは記述されていない。現行の行政職俸給表（一）における「標準的な職務」とは、例えば一〇級では「1 本省の課長又は困難な業務を所掌する室の長の職務　2　管区機関の重要な業務を所掌する部の長の職務　3　特に困難な業務を所掌する府県単位機関の長の職務」といった具合である。

級と職員を結びつけているのは主として年功であり、何級に何年いたから何級に上げるというようになっているためⅠ種試験合格で入省したキャリアは年数がくると昇任する、むしろ昇任せざるを得ない。そこには「落とす」という発想はない。その限りでは実績・能力の評価は行われていない。格付に当たって例えば一〇級に格付けする場合に課長あるいは企画官ならばどういう能力をもっていなければならないかという基準は定まっていないのである。

なお、二〇〇六年度から始まった給与構造改革に伴い、行政職俸給表（一）は一一級制から一〇級制に再編されたが、級の概念の曖昧さは変っていない。

職員をある級に格付する場合には、もう一つの要因として級別定数における定数の余裕の有無がある。俸給表ごとの各級の定数は人事院規則で定めることになっているが予算上の制約がある。級別の人数の枠は予算の積算となっている。したがって人事院の査定と財務省の査定が同じになる。それは人事院で査定実務を担当している給与二課長が財務省から出向職員となっている理由でもある。人事院は府省の個別の人事を行うことはなく、規則・指令というルールを定め級別定数で関与しているに過ぎない。

組織段階の序列化

建前としては行政組織には「段階」はないことになっているが、俸給表での級は実際には組織段階の区分と結びついている。地方出先機関よりも府県単位機関が上位、府県単位機関よりも管区機関が上位、管区機関よりも本府省が上位に位置づけられている。この組織段階は、同一の職名（例えば課長）について組織区分により序列化が行われていることを意味している。地方出先機関の課長は、本府省の係長と同一の等級（五級）に分類されるなどの区分が存在しており、これは明らかに組織段階の区分に基づく序列化のあらわれである。直接国民サービスに携わる地方出先や府県単位機関の役割は軽く見られ、本府本省が重視され、キャリア中心主義に立脚する組織段階の区分と序列化が確立している。

また、本府省の課長、補佐、係長といっても、その間には、内部の職員にのみ知られている人事異動上の序列がある。大臣官房の三課長が局の普通の課長になるとか、同じ局内でも総務課長が他の課長になるというようなことはない。こうした序列化を前提として、「一般行政職」のキャリアが配置換え・昇任していくのである。

このような年次を同じくする者が一斉に昇進する「ともぞろえ」方式はキャリアに限られない。年功序列のルールはノンキャリアも同様であり、昇進の天井が低いだけである。それぞれのポストについて見ると、職員はこのルールに即して比較的短い間隔で定期的に異動する。だから、年少者が年長者を「追い越す」ことはまずない。こうした人事システムは、カテゴリーの区別はあっても、それぞれに内部では職員がみな一定水準の能力をもっている、誰に何をやらせても、それほど差はないということを前提にしているとしか思えない。国公法で謳われている「すべての職員の任用は、その者の受験成績、勤務成績その他の能力の実証に基づいて、これを行う」ことは守られていない。自分がどういう処遇を受けるか、公務員としての一生についてある程度見当がついてしまうのが序列社会の特色である。

減点主義の人事

キャリアもノンキャリアも採用後の昇進ルートを持ち、それにふさわしい言動のルールやマナーを身につけていく。それが「職場研修」(OJT)の重要な意味でもある。中途採用のように途中で入ると、それが身につきにくい。この人事システムでは職員は平均的な能力を具え、並(普通)集団から「落ちこぼれ」なければよいことになる。並以上の能力、並外れた能力を発揮するように職場で仕事を通じ秀でた職員を養成し、選別して、それなりの処遇をするという発想は出てきにくく、人事ではむしろ「問題がなかったか」どうかが考慮事項となる(これが「減点主義」)。

人事における減点主義は大部屋主義の組織形成と結びついている。仕事(所掌事務)は課や係という単位組織に割り当てられているから、単位組織の所属メンバーは互いに協力し合ってチームで仕事をすすめていく。そもそも職務権限が職位に応じて個々の職員に割り振られていない以上、個別職員の人事評価という考え方自体が成り立ちにくい。評価ということになれば、それは課長を長とする所管課の業績評価ということになる。もちろん人事考課がまったく行われていないというのではない。ただ、それは分担・協力の執務態勢の中で職員が所管課の円滑な業務遂行にどれほど貢献したかという内部基準となる。その点で職員が一定の能力水準に達し、協調的な態度をとれるか否かが大事になる。

したがって所管課の業務遂行が外部的にどういう効果をもたらしたかという評価をして、それを個々の職員の貢献に結びつける人事考課はむしろ避ける傾向が強まる。その意味で人事考課は純粋な内部管理事項となる。人事当局が人事に一切の弁明をしないのは微妙な昇任配置（同じ職位への昇任でもどのポストに配置するか）の相違を説明しがたいからである。ミスがない、トラブルがないというのが総合的評価の基礎となる。したがってキャリアの人事案を決めている官房秘書課が人事管理の能力を磨くとか人事評価の技術開発を行うという動機は出てこないし、各局・各課内の人事担当も同様となる。年功主義・横並びの当てはめ人事では、その必要がないからである。

しかし、このように内部的な配慮を重視して人事考課を行うだけだと所管課の業績自体を低下させる恐れがある。そのため所管課の外部から評判をとるような取り組み（例えば新たな政策の企画・立案）を奨励し、その中心となった職員や担当グループを「よくやった」と誉めることもしなければならない。(8) そして、「あれはよくできる」という評価は年次という人事序列を崩さない範囲で昇任配置に人事決定において考慮されたりもする。ただし人事の内部基準では措置できないほど世間での評判をとることが本人の将来の昇進にとって必ず有利に働くとはかぎらない。

審議官・局長・次官等の上級幹部職員とは、行政職俸給表（一）に格付されたキャリアのうちから昇任人事により指定職俸給表に張り付いた職員である。これらの府省上級幹部が一般職の職員であるということは、本人たちの自負にかかわりなく、客観的な人事評価が実際には行われていないことの結果である。採用試験だけで将来の幹部候補としての適性を把握できるという想定はキャリアシステムを正当化するものであるが、それには理は見出しにくい。少なくとも能力実証主義を徹底するのであれば、民間企業で一般的に行われているように大卒試験は一本化し、より多くの者を対象にして実際の勤務で発揮された能力に基づいて将来の幹部候補を選抜していくことの方が公平であり、能力や適性の見極め手法として合理的であるといえる。キャリアシステムは廃止すべきなのである。

2 実績・能力評価システムの導入

国家公務員法改正の頓挫

二〇〇一（平成一三）年一月一六日の「官庁速報」によれば、政府・自民党の行政改革本部（本部長・野中広務）は、公務員が現行の身分保障に安住しているとの見方が「公務員たたき」を生み、行政の士気や機能の低下を招く悪循環に陥っていると指摘し、「一部の例外を除き公務員の労働基本権を回復する一方、特権的な身分保障を廃止する。このような身分保障を前提とした現行の国家公務員法、地方公務員法等を廃止し、国・地方共通の新公務員法を制定する」と、制度の再設計を提案した。(9)この案は間もなく立ち消えたが、官のシステムの中心要素の一つである公務員法制自体が改革論議の対象になってきたということは、既存の人事システムの弊害に関する認識が法制度改革へとつながる可能性が出てきたことを示唆していた。

二〇〇一年一月一府一二省に再編がなされ、新設の内閣官房行政改革推進事務局内に公務員制度等改革推進室が設置された。その三月、トップダウン方式で公務員制度改革の大枠が決定された。それによれば人事管理権は大臣が持ち、人事院の役割を事後のチェックへ限定するという「基盤行政」を変更しようとする案であった。政府は、二〇〇一年一二月二五日に公務員制度改革大綱を閣議決定し、労働基本権制約の継続、能力等級制の導入、「天下り」後の行為規制などを盛り込んだ。そのポイントは、①内閣および各府省による適切な人事・組織管理、新人事制度の構築、組織目標、②多様な人材の確保、③適正な再就職ルールの確立、④組織のパフォーマンスの向上などである。特に、等級を基礎とした新任用制度の確立、能力・職責・業績を反映した新給与制度の確立、能力評価と業績評価からなる新人事評価制度の導入などであった。

政府は、国家公務員法改正案を、二〇〇三年中を目標に国会に提出、関係法律案の立案および下位法令の整備は二〇〇五年度末までに計画的に実施し、全体として二〇〇六年度を目途に新たな制度に移行することを目指す、としていた。しかし、二〇〇二年五月、学者や経済人がつくる「二一世紀臨調」が「縦割り行政を強化」などと大綱を批判し、早期退職慣行の是正などを求めて緊急提言を行った。八月、人事院も「政と官の役割分担があいまい」などと大綱を批判し、「天下り」の内閣一括管理の検討を求める意見を発表した。一一月「公務員制度改革は十分な代償なしに労働基本権を制約するものだ」との「連合」からの訴えを受け、国際労働機関（ＩＬＯ）が再考を求める勧告を日本政府に出した。政府の予定どおりには改革は進まなかった。

自民党は二〇〇三年の衆院選の公約で「二〇〇四年の法案提出」を掲げていた。「連合」は、一般職公務員への労働基本権付与方針の明確化などを求めていた。両者間の協議は難航した。政府・与党は二〇〇四年九月二八日、公務員制度改革関連法案について、目指してきた一〇月召集の臨時国会への提出を見送る方針を固めた。焦点となっている労働基本権の付与をめぐり労使合意の目途が立っていないためで、小泉総理が「日程的に厳しい」と判断したと伝えられた[10]。この関連法案の目玉は、年功序列の公務員人事を能力主義に転換する「能力等級制」の導入（同時に職階法の廃止）であった。この案の作成過程に関してほんの少数の官僚が行政改革推進事務局を舞台にして密室作業でまとめたこと、またその内容に関しては特権的なキャリアシステムを温存しようとしていること、「天下り」を抜本的に規制していないことなどに批判が集中した[11]。

国公法第七五条の覚醒

国公法改正において労働基本権問題が重要であるのは、単にＩＬＯの勧告の実現にかかわるだけではなく、おそらくアジェンダとして具体性を帯びていくだろうキャリアシステム廃止と新たな人事評価システムの導入が、休眠中の国公法第七八条を覚醒させる可能性が出てくるからであると思われる。

国公法は、まず第七五条で「職員は、法律又は人事院規則に定める事由による場合でなければ、その意に反して、降任され、休職され、又は免職されることはない」と身分保障を与えている。しかし、第七八条で「職員が、左の各号の一に該当する場合においては、人事院規則に定めるところにより、その意に反して、これを降任し、又は免職することができる」とも定めている。

「該当する場合」とは、

一　勤務実績がよくない場合

二　心身の故障のため、職務の遂行に支障があり、又はこれに堪えない場合

三　その他その官職に必要な適格性を欠く場合

四　官制若しくは定員の改廃又は予算の減少により廃職又は過員を生じた場合

である。

第七五条により、よほどでもない限り、公務員としての身分を失うことはないから、したがって、公務員は政府が管掌する雇用保険の被保険者にならず雇用保険料を払わなくてもよいことになっている。しかし、右の四つのうち、いずれかに該当することが明白になれば、免職もありえ、失職ということも起こりうる。平たく言えば、仕事・予算が減り、その分の要員が不要になれば免職による人員削減もありうるのである。ただし、これは本人の意に反して行うのであるから、各項目の該当性を確実に立証できなければならない。

勤務実績がよいとはどういうことか、どうなればよくないといえるのか、心身の故障といっても、どういう状態が、どれほど続けば「職務の遂行に支障があり、又はこれに堪えない」といえるのか、

現任の職務でない職務でもそう言いうるのか、どういう資質や仕事振りをしていれば職務に必要な適格性を備えていると言えるのか、それを欠くのはどういう状態になることか、一般行政職といった曖昧な職を設け組織の適正規模も定まっておらず所掌事務を局や課に与えているのに、どのようにして廃職又は過員が生じたことを説明し、誰をその対象にするのかなどが立証できなければならない。それには客観的で公平な人事評価を実行できる制度と適正手続きが不可欠になる。

国公法改正による公務員制度改革が頓挫し、仕切り直しとなった結果、国は、当面は、現行法の枠内で可能な限りの改革を進める必要が出てきた。その中心が新たな人事評価制度の導入である。

新たな人事評価制度の試行

二〇〇五年一一月一四日の経済財政諮問会議の「総人件費改革基本指針」の中で、国家公務員給与については、横並び・年功序列の公務員給与制度を抜本的に改革し、職務分類によるきめ細かな官民比較と職階差の大幅な拡大により真に職務と職責に応じた給与体系に移行すると指摘している。これを裏返せば、現行の公務員給与制度は横並び・年功序列であること、官民比較が可能のようなきめ細かな職務分類がなされておらず、あまり職階差もないため職務と職責に応じた給与体系になっていないということになる。

そこで次のような方策が示されている。①地域の民間賃金の的確な反映、年功的な給与上昇の抑制、勤務実績の給与への反映拡大等を図り、また、評価の仕組みと処遇のあり方の見直しを進めて能力・

実績主義の人事制度を整備すること、②横並びを廃して、必要な人材を確保できる仕組みに改めるため、一般行政職の職務について、例えば、法令に定められた行政サービスの実施など定型的業務を行う職務、政策の企画立案を行う職務等に区分して、きめ細かな官民比較を行うこと、③年功的な昇給を極力抑制するため、給与等級を課長・課長補佐・係長・係員などの職階区分に明確に分類し、職階区分ごとの給与の上下限幅が大きく重ならないようにするとともに職階区分を昇格する場合の昇給幅を拡大すること。

これらは総人件費の抑制を企図したものであるが、そこには、職務区分などの人事制度運営のあり方、さらには能力・実績主義の評価・処遇などの公務員制度自体のあり方にかかわる重要な指摘がなされている。その内容は能力等級制の考え方にかなり沿ったものである。能力等級制は、官職(ポスト)をその職務の種類と複雑、困難及び責任の度に基づいて能力等級に分類するのみならず、職員について、その職務を遂行するうえで現に発揮している能力を適切に評価し、これを活用して能力等級を決定し、官職が求める能力と職員が発揮する能力を常に的確に把握する制度として構想されたからである。職員の給与については、官職に就いて現に職務を遂行して発揮された能力を勘案して支給を行うことになるとされていた。

国公法に基づく勤務評定は、政令で年一回と定められており、上司が部下の「企画力」「実行力」「勤務態度」などを判定している。しかし、統一した基準や書式はなく、かなり大ざっぱな運用になっているのが実態である。政府は二〇〇四年一二月に閣議決定した行政改革大綱の中で、二〇〇五年度中に新たな人事評価制度に着手することを盛り込んだ。人事管理運営協議会幹事会申合せ「新たな人事評価の第一次試行について」（平成一七年一〇月三一日）に基づき、「国の新たな人事評価制度の第一次試行」を、二〇〇六年一月から半年間行うとした。民間で進む「能力重視」の評価を国家公務員にも広げるのが狙いとなっており、試行を数回繰り返したうえで、各省統一の基準をつくる。早ければ二〇〇八年度にも全国の出先機関も含め完全導入を目指すとしている。

第一次試行は、本府省課長級と本府省課長補佐級の一部について行われている。課長補佐級の試行については評価者になる課長として全体で約三〇〇人程度（課長相当職・政令職の概ね二割に相当）を抽出し、それぞれの部下の補佐級職員の評価を行う。課長級の試行に関して約三〇〇人程度の課長職を被評価者としてその上司である局長等が行う。共通の人事評価シートを用い、能力をみる「職務行動評価」と、実績をみる「役割達成度評価」を行う。役割達成状況については、業務内容・達成目標（いつまでに、何を、どの水準までに）・困難度等・自己評価（達成状況、状況変化、その他特筆すべき事情）・評価者の所見・評価の各項目になっている。

職務行動の状況を表す評価項目は以下のとおりである。

（1）課長が課長補佐を評価する場合

1 担当業務の執行管理（①情報の収集・整理、②情報の価値判断、③問題の構造的把握、④実行可能性の考慮、⑤役割認識、⑥先読み、⑦成果認識に基づく方策選択、⑧変化への柔軟な対応、⑨業務改革・改善）、2 コミュニケーション（①明確な論点形成、②意見受容、③周囲への目配り、④関係構築)、3 リーダーシップ(①業務配分、②指示・指導、③動機付け、④責任ある対応)、4 国民全体の奉仕者としての姿勢(①国民本位、②当事者意識、③自己研鑽、④洞察、⑤法令遵守)

(2) 局長等が課長を評価

1 方針の策定(①視点の高さ、②長期的展望、③方針策定・浸透)、2 状況の構造的な把握と対応策の企画(①状況の把握、②方向性の見極め、③対応策の組立て)、3 リスクマネジメント・組織コンディションの維持(①風通しの良い組織作り、②準備態勢の保持、③冷静な対応)、4 判断・決定(①適切な判断、②効果的なアサインメント)、5 組織統率(①一貫性のある組織運営、②シナジーの創出、③信頼関係の構築)

評価結果は本人に通知する。試行に当たっては職員に事前説明し、不満などを受け付ける窓口も設ける。[12]

このような実績と能力に関する人事評価シートに基づく人事評価が全面実施になり、その評価結果が処遇・配置・昇任に反映されるようになれば、そして、評価制度とその活用が職員に受け容れられれば、キャリアシステムにも大きな変更が加えられることになるだろう。しかも、降任・免職の基準や手続きを明確にしていくことを可能にするだろう。その意味では実に重大な試行が始まったといえるかもしれない。

人事評価の難しさ

こうした人事評価制度の導入に当たって留意すべき問題点もある。一つは、現行の役職段階別を前提とした評価制度の設計になっているため、現行のキャリア・ノンキャリアというカテゴリーを追認してしまう恐れがあることである。カテゴリー内の実績・能力評価によって、これまでの横並び年功序列主義を変えることができるかもしれないが、よほど工夫した評価方式にしなければ、むしろ実績差、能力差を際立たせることで局・課の仕事の円滑な遂行が損なわれるかもしれない。キャリアシステムの廃止を展望すべきである。

これと関係して、もう一つの困難は大部屋主義での人事評価の難しさである。官のシステムは、「初めに職員ありき」の組織形成を組み込んでいる。それは、一口に官僚制といっても、専門職あるいはそれに近く細分化された職種にそれぞれ専門的な教育を受けあるいは職業経歴を持つ専門家を配置するタイプのものと、一般行政職といった専門能力を特定されない官職を中心に構成される日本のようなタイプのものとは同列には扱えないということでもある。大部屋主義の組織形成原理を廃棄し、立ち枯れた職階法を復活実施することがすぐに可能になるとは思えない。次々と合同庁舎の形で霞が関では庁舎の建て替えが行われてきているが、その空間設計は個室主義をまったく想定していないのである。

能力・実績や適性を重視した人事評価システムを整備し、これを給与処遇や人事配置・昇進管理等の適切な運用に結びつけることは、それほど簡単ではない。一般に、これまで年功序列的な考え方を基礎に横並び的な人事が行われてきた。「年功」でもなく、「年次」「年齢」が決め手になっていることも多い。人事の決め手は「適材適所」であるといわれるが、実際は、秩序維持型の当てはめ人事で、降任人事はまずないし、抜擢人事はむしろ例外である。人事担当部門には、個々の職員に関し属性と経歴と人柄の記録が保存され、順送りの「和」を重んずる人事決定の内部基準がある。この点では、職員が全体として公平な処遇を得られるようにはからい、キャリア、ノンキャリアの区別なく強い不満が発生することを避ける工夫をしている。

新しい人事評価は、これまでの人事考課と同様に、職員の能力・勤務実績・態度を、個人単位に評価する点では同じである。したがって課係等の所属組織の評価は度外視している。確かに人事の年次管理の中で先輩の背中を見て追いかけていけば自分も役職が上がり同じ処遇が受けられるという期待が職員の間に定着してきたし、また、これまで自分は能力が劣ると判断されることがなく、他の職員をそう判断することは「可哀想だ」という発想が根強いこともある。しかし、能力・業績主義を強めていけば、個人の能力を明確に評価し、人事評価における曖昧さをできるだけ排除しなければならなくなる。職員個人の評価は、職場に一種の個人間競争の雰囲気を生み出す。それが職員のやる気を高めるはずだと考えられている。しかし、十分想定されるように、個人評価は、一方で自己中心的で、意気揚々とした職員を、他方で競争に疲れ精神的にダメージを受ける職員を生み出す可能性がある。それにどう対処するかをあらかじめ考えておかなければならない。

チーム評価の必要性

大部屋執務でも、そこで働く個々の職員に仕事は割り振られているが、実際に仕事の成果を評価するということになると、その仕事振りが単位組織に与えられた所掌事務全体の達成にどの程度寄与しているのかを厳密には測りにくい。したがって、職員の人事評価には、それに見合った技術開発が必要になる。一所に所属職員が居ることのメリットとしては、職場の様子（仕事の進捗・職員の言動など）を全員が知りうること、何か相談事が起これば直ちに協議できること、必要に応じて相互にある程度まで支援し合えることがあげられる。そのためには全員がその心の鍵をはずして、打ち解けて、なごやかに職場討議ができることである。このような職場環境を作り出すことなしに、ただ厳格な能力・実績重視の人事評価システムを実現しようとしても、おそらく大部屋執務の職場は、とげとげしく、活気の出にくいものとなろう。

そこで個人評価による人事評価に改良を加え、既存の係や課という単位を一つのチームとして捉え、このチームを多様な角度から評価した上で、個人評価に上乗せする「チーム評価」という発想が必要ではないか(13)。職員の責任感と協調性を育て、健全な個人競争を維持しつつ、チームという集団の結束力を高め、組織力を高めていく工夫である。

アイディアとしては、新たな人事評価制度では、「個人評価」と「チーム評価」を柱とし、個人評価（一〇〇点満点）は、「能力評価」（八〇点満点）と「業績評価」（二〇点満点）とし、チーム評価（二〇点満点）はチーム全員に一律加点する。個人評価の高い職員であってもチームとして貢献できなければ総合評価が低くなり、逆に個人評価は低くても、チームに支えられチームの業績向上に貢献することにより総合評価は底上げされる。こうすることによって、職員の「自分さえよければいい」「自分は関係ない」といった個人評価に伴いがちな発想に陥ることを回避し、「仕事は組織で業績を上げていくもの」といった意識を職場内に醸成するのである。

人事評価システムは、公平性・納得性・透明性を確保することは当然のことであるが、職員の意欲と資質向上を図るためにも、評価結果を何らかの形で反映させ、「頑張れば報われる」といった制度としなければならないし、職員の配置転換や昇任・昇格といった任用管理の分野だけでなく給与上の処遇に反映させてこそ人事評価を取り入れた意義があるといえる。人事評価制度は単に評価で差をつけることが目的ではなく、いかに国民起点へと職員の意識を変えるか、それを前提にしていかに職員の意欲と能力を発揮させるかという観点に立つ人材開発型システムを目指すべきである。

3 セクショナリズムの是正と公務員一括採用

府省間人事交流と退職管理の内閣一元化

白書は、キャリアシステムが「セクショナリズム」と結びついていることにも触れている。縦割り行政、セクショナリズムは、国民の行政、公務員に対する信頼を失わせるとともに、公務員の国民全体の奉仕者としての自覚を希薄なものとしているとし、その是正について、公務員人事管理という視点から第一に「府省間人事交流の促進」が重要であるとしている。その際、「各省の管理職の一定割合は、他府省出身者とするなど、具体的な数値目標を設定することが効果的である」としている。これにより、公務員個人にとっても新たな行政分野に取り組むことになり、幅広い視野を持つことが可能となるからである。白書は、この府省間人事交流を更に進めていくには「一定のクラス以上の幹部公務員の内閣による一括管理の是非を検討する」としている。

第二は「退職管理の一元化」である。現実には、幹部公務員は五〇歳前後で勧奨退職が始まり、平均すると五四歳程度で退職し、各府省のあっせんにより再就職している。退職しても十数年は各府省の人事管理下に置かれているのが実態である。このような府省別退職管理は、各府省に対する公務員の忠誠心を強固なものにしているが、いわゆる「天下り」問題を生じさせ、国民の厳しい批判を招いている。そこで「退職後の就職あっせんを内閣に一元化することにより、企業との癒着を防止するとともに、各人の能力に応じた公平な退職管理を目指すべきである」と提案している。[14]

こうした是正策はいずれも推進に値するが、府省別採用がある限り、そう簡単に府省間人事交流は進まない。縦割り行政の打破を目指す省庁間の人事交流推進は一九九四年の閣議決定で打ち出されたが、その後、課長級以上の幹部約一四〇〇人のうち五〇人程度しか実現できず、総理は二〇〇四年二月に「三年間で一〇%」へ積み上げることを要請した。二〇〇四年夏に一四省庁で審議官級一六人、課長級二四人を入れ替えたが、局長級の交流はなかった。二〇〇五年九月、専門能力という観点から、なんとか局長級に当たる経済産業省の原子力安全・保安院長が文部科学省の官房審議官（研究開発担当）と交流することになった。[15]こうした実績と交流人事のむずかしさを踏まえれば、一定のクラス以上の幹部公務員を内閣による一括管理とすることは府省別のキャリア人事を根本的に変えていく可能性があるといえよう。

「日本国事務官・技官」の一括採用

縦割り行政の打破と省庁への職員配置とを結びつける抜本的な改革は、「日本国事務官・技官の一括採用」の導入案である。辻清明は、一九七八年に「公務員制の三〇年」を振り返った論考の中で、国公法の制定以来の「継続的課題」の一つとして任用における「適材配置」の問題をあげ、次のように提案している。「現行制度によれば、試験は人事院、任用は各行政機関となっているが、これを『日本国事務官・技官』として一括採用し、かれらに対する厳密な研修を施し、それによる能力判定に本人の希望を加味して真の意味における適材を適所に配置することは、それほど困難であろうか。げんに大小の民間団体や地方自治体は、このような一括採用を行っている。おそらくこの方法によって、本人の満足度を高めるだけでなく、国家機能の適正行使にも寄与する。さらに、これによって、各省の割拠体制を緩和することになれば、一石二鳥ほどの効果があろう。関係者の一考をわずらわしたい点である(16)」と。

一括採用している自治体で適材適所の人事配置が実現しているかどうか、また独任公選の長がいるにもかかわらず自治体では消極的セクショナリズム（できるだけ自分たちの部署の仕事を増やさないように縄張りを守ること）が強いことをどのように説明するか、いくつかの検討課題もあるが、人事システム全体の中で、どのような制度設計をすれば一括採用が可能になるかは、今日なお「継続的課題」であることは確かであろう。なお、この際、「国家公務員」という僭称をやめ「全国公務員」と改称することも検討し、国の職員は全国民の奉仕者であるという自覚を促すべきであろう。さらには「官」の呼称自体の廃止も検討すべきであろう。

セクショナリズムの弊害の是正は、おそらく、森羅万象所管主義の基礎となっている府省設置法のあり方の見直しまで行き着かざるを得ないだろう。四六歳で大蔵官僚を辞め、政策シンクタンク「構想日本」を立ち上げた加藤秀樹は「まず設置法ありき」という発想を捨てることを提案している。各府省の設置法で規定している所掌事務を全部足し合わせると、日本がすっぽり入ってしまう。個別法で書いていないことが起こったら、どこかの役所で対応することになっているからである。あれもこれも「官の仕事」なのである。これは「天皇の官吏」的な官治の発想である。欧米には日本のような設置法はなく、閣議決定によって行政組織を改変できるようになっている。現行の制度で予期せぬことが起こったらその対応は内閣が決め、必要なら国会が新しい仕組みを作り、役所は、その仕組みに従って行動すべきである。社会の状況が変わり、法律の改廃、新設があれば、内閣が担当官庁を決めるなり、新しく官庁を作るなりすればよいという考え方である[17]。改革論議は府省組織編制のあり方自体にまで及んでいく。システム転換が避けがたくなっているともいえる。

4 官の不祥事とその対策

ここ四半世紀を振り返れば、官のシステムの改革に首相官邸を中心とした政権側が明確な形で乗り出そうとした例としては、いわゆる第二次臨調をあげることができる。著者は、この点を意識して、一九八九年一〇月の日本政治学会研究会の共通論題A「再調整の政治過程」において「再調整の行政」と題し、要旨、次のような報告を行った。

高度経済成長に適合的な政治行政システムをいかに再編するかという課題への取り組みを曇らせたのは「常勝自民」の神話であった。一九八〇年代の前半に提示された各種の多元主義論は、この神話を暗黙の前提としていたため、既存のシステムがどう機能しているのか、またいかに閉塞化しているのかには、あまりに関心を払わなかった。自民党政権の持続とともに現出した「党高政低」の実態は「官族複合態」であり、省庁分担管理システムを引き写した政務調査会各部会と国会常任委員会を足場とする「族」議員が個別省庁と共生関係を形成しているものである。

「官族複合態」の政治的資源は各省庁の「権限」である。「権限」とは、省庁設置法などの組織法令と事業法などの作用法令に基づく影響力の総量である。特に行政指導を可能にしている組織法令の作用法令化に注目すべきである。各省庁は「省益・顧客」志向を持つ供給者中心主義の「仕切られた小国」となっている。この分担管理システムと「族」議員を結びつけるのは「持続」の契機である。「官族複合態」の主たる特色は二つである。

一つは貸し借りの記憶を基に、いわば長期多角決済的な取引が行われることである。もう一つは密室性ないし閉鎖性である。省庁が「権限」の維持・拡大を、また政治家が政治資金・票集めを図るためには意思決定を外部に知られないほうが都合がよい。この密室性は日本官僚制の伝統的な秘密主義と符合する。

「仕切られた小国」の多元的並存の下で進展した「党高政低」とは「政治の行政化」であった。政治家は「判断としての政治」よりも「適用としての行政」に傾斜し、「小政治の群生」が生じた。もともと「行政の政治化」が当たり前のところへ「政治の行政化」が重なった。問われなければならないのは政治の質である。いまやトラブル・シューター（難問の解決者）たるべき官僚は「省益」を優先し対外不信を募らせることでトラブル・メーカー（面倒を起こす者）となりつつある。日本官僚の「優秀神話」も揺らいでいる。

中曽根行革は反官僚制・反「小政治」に立ち、諮問機関の活用で「官族複合態」の改革に挑む面を持っていた。臨調行革のアジェンダは、①削減合理化、②民間化・自由化、③規制緩和・廃止、④地方分権化、⑤行政組織の再編、⑥開かれた政府の実現であった。しかし、予算の減分主義は各省庁の官房の役割を強化したが官族関係を弱体化させなかった。許認可総数は減っていない。民間化は関係官庁の「権限」を縮小せず、新たな利権と腐敗をもたらした。総務庁新設以外のすべての省庁再編は見送られ、分権化と開かれた政府の実現は、ほとんど未着手である。

当時の改革に対する著者の見通しはどちらかといえば悲観的であった。しかし、その後、世紀転換期に進められた一連の政治・行政改革を見ると、当時設定されていた改革課題への取り組みは漸進しているといえる。一九九三年の行政手続法の制定、一九九八年の地方分権推進計画の決定、同年の中央省庁等改革基本法の制定、一九九九年の情報公開法の制定、二〇〇一年の政策評価制度の導入、二〇〇三年の構造改革特区の認定、同年の個人情報保護法の制定などは、官のシステムの改革が徐々に進んでいることを示している。こうした改革を加速させた要因として大きかったのは、なんといっても頻発した幹部職員の不祥事であった。公務員としての倫理どころか生活人としての常識の欠如が「人災」を頻発させているという印象が強く、「対民衆官紀」の重要性が改めて浮かび上がった。

経済学者・村上泰亮は、一九八四年（昭和五九）の著書『新中間大衆の時代——戦後日本の解剖学』の中で「高度成長期における日本の政府介入は、特殊的、固定ルール的、指示的という基本的性格をもっていた」[18]と捉え、細部への介入を避けて産業毎の枠組を与えることによって、競争の側面を残し「仕切られた競争」による活力の維持を可能にしたという認識を示した。その際、固定ルールを採り、業界グループ内の公平性を重視する政策運営のための必要条件として「すぐれた官僚層の存在」に着目していた。「戦後日本の官僚の間では、特定企業に対する情実優先主義が少なく、普通の意味の汚職が稀であって、このことは当然、政府介入の信頼性を高めその成功に貢献したと思われる。……他の国にない特徴は、官僚たち、とりわけ高級（キャリア）官僚たちが、特定の省庁に事実上『終身雇用』され、その省庁に対して非常に高い忠誠心をいだいているところにある。したがって、外部の利害（業界、企業、政党、政党内派閥など）と個々の官僚との私的なつながりは、強く抑制された。しばしば批判の的になる『高級官僚の（企業への）天下り』も、特定企業に偏らない配慮がなされており、特定の産業と担当官庁のつながりを強めるものではあっても、個々の企業へのネポティズムを強めるものではなかった。このようにして、戦後日本では個々の官僚（とくに高級官僚）のレベルでの汚職事件は非常に少なく、戦後日本の汚職は、主として下級官僚による小規模のものと、政治家のスキャンダルである」。村上は、高級官僚の汚職は巧みに摘発を免れただけだという通説に対して「個々の高級官僚が自分の属する省庁に忠誠を守ることの長期的な金銭的（そしてそれ以外の）報酬は、非常に大きくかつ確実であって、報酬の水準が低い下級官僚や、報酬（さまざまな意味の利得を含んだもの）が非常に不確実な政治家にくらべて、高級官僚の汚職がはるかに少ないのは当然なのである」と主張していた。

ここまでは讃美に近いキャリア官僚へのプラス評価である。一般的に言えば、「特殊的」な政府介入が行われる場合、個々の官僚と個々の企業との間には癒着が起こりやすい。しかし戦後日本のシステムではそれが有効に阻止されたというのである。ただし、「その反面、集団としての省庁と集団としての業界との共生関係が強かったことは事実であり、今後に関わる大きな問題点でもある」[19]と指摘していた。その村上は、同時に、「追いつき型の近代化」の国民的目標が失われるとき、業界と担当官庁の共生関係は、「各産業の個別利害と担当官庁の組織防衛にもっぱら奉仕するものにまで矮小化してしまう可能性がある」[20]と戦後型行政介入の変質も予感していた。事態は村上が危惧したように進んだ。

頻発した不祥事

一九八〇年代末から続発した高級官僚の不祥事は、「戦後日本の官僚制の構造それ自体が、個別的な汚職を抑制する効果を強くもっていた」という見方がもはや当てはまらないこと、あるいは「個々の高級官僚が自分の属する省庁に忠誠を守ることとの長期的な金銭的（そしてそれ以外の）報酬は、非常に大きくかつ確実」であったはずなのに、どうしてそれを放棄するような愚かな不祥事の主役に転じたのかを再考せざるを得なくなったことを示している。戦後の世俗化の波が、いわば時間差攻撃となって「清潔で有能な高級官僚」に浸透し、その本来の俗物性が露呈したのかもしれない。

人事院の各年度の『公務員白書』に掲載されている「主な公務員不祥事」を見ると、摘発された多くの事件が、単発的もしくは個人の特異な性格によるものではなく、官僚と業界の構造化した癒着に起因していたと見なさざるを得ないものであることが分かる。八九年のリクルート事件では文部・労働の両省事務次官経験者の逮捕に発展し、九六年の特養ホーム汚職では厚生省の、九七年の関空汚職事件では運輸省の事務次官経験者が逮捕されている。税と予算と金融を掌っていた大蔵省中枢の腐敗も発覚した。九五年の二信組接待汚職では事務次官クラスが国公法上の戦後初めての減給処分を受けた。世間は、例えば「民の血と汗酌み交わすお役人」「官庁のエンゲル係数また上がり」「タニマチにゴッツァンもある主計局」と揶揄した[21]。監督業界からの過剰な接待やそれに絡む汚職が明らかになったが、一九九八年の大蔵官僚の接待スキャンダルの発覚は衝撃的であった。処分は、幹部三二人を国家公務員法に基づく懲戒処分（停職一名、減給一七名、戒告一四名）、八〇名を省内規程による処分

（訓告二二名、文書厳重注意三三名、口頭厳重注意二五名、現任解職・官房付五名）という、前代未聞の事件となった。現職のキャリア大蔵官僚の逮捕は一九四八年の「昭電疑獄」で当時の主計局長以来五〇年ぶりであった。腐敗の根がキャリアシステムの中心に及んでいた。当時すでに中央省庁の官僚が自治体の食料費で接待を受ける「官官接待」も暴かれていた。[22] 二〇〇〇年、新潟県で女性拉致事件が起き、その女性が保護された当夜、報告を受けながら温泉ホテルで飲食し、マージャンを続け、辞職に追い込まれた前県警本部長、前関東管区警察局長はいずれもキャリア官僚であった。銀行の番人である日本銀行からも情報漏えい汚職で証券局課長が逮捕された。兵器の入札絡みで防衛庁調達実施本部の本部長と副本部長が逮捕され、長官と事務次官が辞任に追い込まれた。外務省では官房機密費の不正流用やハイヤーの水増しなどが露見した。こうして「優秀でモラルの高いキャリア」というイメージは消し飛んでしまった。

国公法第八二条によると、この法律又はこの法律に基づく命令に違反した場合、職務上の義務に違反し、又は職務を怠った場合、国民全体の奉仕者たるにふさわしくない非行のあった場合のいずれかに該当するとき、所管大臣は懲戒処分できることになっている。懲戒処分には、免職（職務剝奪）、停職（一年未満の期間職務に従事させず給与の停止）、減給（一ヵ月〜一年未満の給与を二〇％以内でカット）、戒告（普通昇給延期、一年間特別昇給対象から除外）の四種類がある。監督下の企業などから金品を受け取る収賄など信用失墜行為、信用失墜行為をした部下への監督不行届、遅刻・欠勤などが適用事例である。国家公務員法による懲戒処分は総務省所管の人事記録に記載される。このほかに、各府省は内規や慣例によって独自の判断で訓告や厳重注意などの処分を行っている。この処分は、省内の個人ファイルには記録されるが、総務省所管の人事記録には記載されないし、減給などの罰則がない。ただし、これに付随して人事更迭が行われることがある。こうした規定をキャリアの官たちが知らないはずがない。それでも不祥事が続発した。

国家公務員倫理法の制定

厚生省の汚職事件を契機に、一九九六年一二月一九日の事務次官等会議申し合わせ「行政及び公務員に対する国民の信頼を回復するための新たな取り組みについて」により、各省庁は倫理規程を制定した。その中で、接待を受けること、会食（パーティを含む）をすること、転任、海外出張に伴う餞別等を受けること、講演、出版物への寄稿等に伴い報酬を受けることなど、一二項目にわたり職務上の関係業者等との付き合いについて禁止行為を明記した。

この全府省申し合わせにもかかわらず、不祥事が続き、人事院は、一九九八年八月、給与改定に関する勧告と合わせて、大蔵省などで相次いだ汚職事件を強く意識し、「近年、他の職員の模範であるべき幹部職員の不祥事が生じ、国民の公務に対する信頼が損なわれている。不祥事は職員に国民全体の奉仕者としての自覚が欠けていたことから生じたと考えられ、その要因として人事システムの中に閉鎖的、特権的な要素があったことが挙げられる」とした上で、「公務員倫理を徹底するためには、幹部職員も含めた倫理研修の強化はもとより、公務員倫理に反する行為の防止を目的とする公務員倫

表終-2　国家公務員倫理規定の主な内容

▼利害関係者の定義 利害関係者とは，職員が携わる①許認可，②補助金交付，③立ち入り検査・監査・監察，④不利益処分，⑤行政指導，などの対象となる相手方．職員に異動があった場合は，異動の日から3年間は前職の利害関係者も対象となる． ▼利害関係者から受けることを禁止される行為 ①金銭，物品，不動産の贈与（せんべつ，祝儀，香典，供花などを含む）される行為 ②金銭の貸し付け ③不動産，物品の無償貸与 ④未公開株の譲渡 ⑤供応接待 ⑥役務の無償提供 ⑦その他，各省庁の長が訓令で定める行為	▼利害関係者との間で「割り勘」でも禁止される行為 ①会食（職務として出席した会議に伴う簡素な会食，昼食時の会食，立食パーティ，倫理監督官が必要かつ問題なしと認めた会食は除く） ②ゴルフなどの遊技 ③旅行（公務のための旅行を除く） ▼利害関係者以外でも禁止される行為 通常一般の社交の程度を超えた過度の接待や財産上の利益の供与など ▼禁止行為の例外 ①職務として出席した会議・会合での茶菓や簡素な飲食物 ②多数の者が出席する立食パーティでの飲食や記念品 ③事務所訪問の際，必要最低限の事務用品，自動車による移動 ④私的な関係にある利害関係者で，国民の疑惑や不信を招く恐れがないと認めて許可された会食など

理法の制定が有意義と考えている」などの改善策を政府と国会に提出した。

政府は、これを受けて、議員立法で国家公務員倫理法を制定し、二〇〇〇年四月から施行した。倫理が法律に書かれるという珍妙なことが日本国では起こったのである。政府が二〇〇〇年三月に閣議決定した「国家公務員倫理規定」の主な内容は［表終-2］のとおりである。

倫理規程（政令）の内容は、①課長補佐以上が接待を受けた場合、一回当たり五〇〇〇円を超えるときは報告を義務づける、②審議官級以上は株取引や給与外所得の実態も報告する、③報告書は人事院に新たに設ける「国家公務員倫理審査会」が審査、請求に応じ一般に公開する、④違反した場合、国家公務員法上の懲戒処分にする、というものである。倫理規定の制定により、逆にキャリアシステムの自浄作用能力の欠如が決定的になった。政府は、二〇〇五年四月一日付で、民間との情報交換のための割り勘の会食を原則自由にし、書籍監修料の受領を禁止するなど規定を五年ぶりに改正した(23)。

こうして個々の行為を縛ることで不祥事の発生を防止しようとしている。汚職は、公務員が職権や地位を濫用して賄賂を受け取ったり、もてなしを受けたりするなどの不正な行為をすることである。汚職という言葉には公務の神聖さを汚すというイメージがあり、公務員は廉潔無私の公人であることが期待されている。汚職は公務員が生身の人間としての好み・利害・本音(個別性)を抑えることなく、職務の対象となる生身の個人や団体の個別性と呼応し、公務遂行をゆがめるときに起きる。職業人としては「私」を制する強い自己規律が求められる。だから「サンズイヘン」といわれる汚職は突き詰めれば個々の公務員の内面的規律に依存している。しかし、汚職が起きやすい土壌ないしシステムに目を向け、その改善・改革を図って抑止する必要がある。

自治事務次官や内閣官房副長官を歴任した石原信雄は、腐敗の歯止め装置として幹部人事案の「閣議承認」を提案している。省庁の事務次官・官房長・局長の人事は、役所が作成した人事案が官邸の事務の官房副長官のもとで最終的に調整され、閣議の了解を得て主務大臣が発令するという建前になっていた。閣議による案件処理は、案件の重要度に応じて「決定」「承認」「了解」の三ランクになっており、この人事案件は最も軽い扱いである。これを一ランク上の「閣議承認」事項にして省庁幹部人事に重みと権威をもたせるというのである。「省庁の幹部人事が閣議承認制に格上げされると、事前の詳細な調査が必要とされるので、プライベートな問題を含めて綿密な審査が行われることになる」[24]からだとした。実際に、一九九八年六月の中央省庁等改革基本法によって、局長以上の人事については「閣議承認」に切り替えられた。

官民の利益共同体

幹部職員たちの不祥事の根はもっと深いところにあった。新藤宗幸は、二〇〇一年に刊行された『講義　現代日本の行政』の中で、一見精緻に組み立てられた生涯職官僚制と経済社会との間に緊張関係を欠いてきたことが、エリート官僚の不祥事をはじめとする今日の閉塞状況をもたらしているとしている。行政官僚制と経済社会の間に広大なグレーゾーンともいうべき利益共同体が形成され、そこで了解されているルールが、あたかも中立的な行政のルールであるかのように考えられている。新藤は、これを「共同統治ルール」と命名している。[25]国家行政組織法、国家公務員法を基本として作り上げられた行政組織は、一見すると、上下の指揮命令系統を明確にし、経済社会にむけて政策・法律・予算などを執行しているかのように見えるが、業務は顧客との間の相互浸透というよりも、むしろ融合した形態で遂行されていると見る。伊藤大一は『現代日本官僚制の研究』の中で「行政実務が拡散し、官僚と民間人によって分有されることの結果として、官僚制の外延が著しく不明確になっている。日本では官僚制が行政という相対的に閉鎖的な活動体系ではなく、むしろ民間人まで含み、その意味でそこが抜けた―という表現が悪ければ、開放的な―組織としての性格を強くもつことになった」[26]と捉えたが、新藤もその「底の抜けた」実態に着目している。さまざまな政策分野で、こうした実務拡散と相互浸透作用から不祥事が続発するのであるから、「底の抜けた活動空間」の実態を解明して改革しなければならないのである。

5 政官関係の改革

官のシステムのゆくえは、政官関係の新たな形成の成否に大きくかかわっていると思われる。この問題を検討し、本章を締めくくりたい。

政官の相互浸透

先の人事院の白書は、政官関係について、①政治主導、内閣主導は当然のこととしても、具体的な政策の企画・立案、実施についての政官の役割分担については必ずしもコンセンサスが得られていないこと、②企画・立案においては、与党内の意見調整に各府省の幹部職員が走り回るなど、本来政治の果たすべきであるような役割まで公務員が相当程度担ってきた実態があり、このような公務員の政治化が逆に公務の自律性を失わせているという指摘があること、③許認可や補助金交付などの執行事務においても、関係者の要望等を反映して政治家等から意見が寄せられ、その対応に多くの時間が費やされる場合があることを指摘した上で、このような政官関係の中では「政治家と公務員の不透明な関係が指摘され、公務員の中立性と全体の奉仕者性に疑念が呈されたケースも生じた」とし、「個別案件について政治家等との調整、根回しに多くの労力がさかれ、中・長期的観点から基本的問題を考える時間が持てないとの指摘がある」としている。興味深いことに、「若手職員には、各省幹部職員が党の会議等で厳しく叱責されながら政治との調整に奔走する姿は尊敬できず、将来に夢がもてないという意見もあった[27]」と付言している。政官関係の再形成が避けがたくなったといえよう。

政治家の官僚への「接触ルール」

政官関係にはいくつかの側面がある。政治家を中心にして考えれば、政治家の支持者が政治家に官庁への口利きを依頼し、それを取り次ぐ面がある。これに関しては、二〇〇〇年一一月に「あっせん利得処罰法」が制定され、「口利き政治」に一定の歯止めをかけている。

二〇〇二年、衆院議員の外務省への圧力が問題化したのを受けて、政府は、七月の閣僚懇談会で、国会議員と官僚の「接触ルール」を定めたガイドラインを申し合わせている。政府が「政と官」の関係についてルールをつくったのは初めてであった。対応方針には、「官」は国会議員や秘書からの働きかけで、政府の方針と著しく異なるなど対応が極めて困難なものは大臣・副大臣・政務官に報告し、報告は日時・経過、内容や処理の経過を記録して保存し、詳細な発言内容は改めて政治家本人に確認する、さらに大きな問題が生じた場合は内閣全体で対応することなどが盛り込まれている。

政治家に求められるのは官僚と直取引しないことである。口利き・あっせん政治は、政権党政治家のよって立つ基盤となっている面があるため、政治家による官僚への直接介入を排除する必要がある。

大臣・副大臣・政務官という政治任用による政治家が府省に配置されているのであれば、政治家の交渉窓口をここに限定し、政治家同士の折衝を踏まえて所管課におろすようにすべきである。政治家が課長、ときには課長補佐にまで直接電話をして圧力をかけるやり方が「政治主導」の実現であるかのように考え振る舞うのは政治家（屋）たちの誤解なのである。

政治家の直接「圧力」問題で揺れた外務省では、閣僚懇談会における「政・官の在り方」に関する申し合わせや外務省を「変える会」の最終報告（平成一四年七月二二日）を受けて、自己改革に乗り出し、その一環として、二〇〇三年（平成一五）一月一四日、文書管理規程を改め、「文書の作成（文書作成の義務）」の条文に新たな一項を起こし、次の場合に文書の作成を義務づけた。いずれも衆議院議員又は参議院議員並びにその秘書からの働きかけに関係している。①人事管理に係る事務のうち、人事異動をする事務、昇給、昇格又は降格をする事務、分限又は懲戒処分をする事務について、「特定の方針に基づく意思決定を求める等の意見提出」があった場合。②省の所掌に係る事務事業のうち、許認可等、補助金等の交付、立入検査、監査又は監察、不利益処分、行政指導、国の支出の原因となる契約、政府開発援助等に関する事務について、「特定の方針に基づく意思決定を求める等の意見提出」があった場合。③省の所掌に係る政策（狭義）又は施策について、「特定の方針に基づく意思決定を慫慂する等省の事務統括に係る大臣の権限の適正な行使を妨げるような働きかけ行為」があった場合。職員は、こうした場合の文書作成に当たっては、「当該意見提出又は働きかけ行為を受けた省員のこれに対する応答も合わせて記録しなければならない」とした。

文書管理規程は、事務処理手続きの規定であるが、文書作成義務を課すことにより政と官の関係を記録に残し、不当な「外圧」と不適切な処理を防止しようとしている。この規程に基づく記録文書は情報公開の対象となる。一見して地味な文書管理規程が政官関係の問題に対処できる可能性があることを示す事例である。

「官僚は政治をしてはならない」

一方、官のほうにも問題がある。官から政治家への働きかけが行われるのは、所管課を生みの親とする法案を是が非でも国会で通してもらうため政治家グループとのコネを使う場合、他省庁との所管争いに「勝利」するために有力（族）議員の人脈を動員する場合、行革や分権改革による「勢力削減」を阻止するため与党有力議員へ「お願い」して歩く場合などである。いずれも所管事項にかかわる所管局・課の意図を実現するため、非公式に政治家と接触し「取引」を行う。これがまた「○○先生に強い」といわれるキャリア官僚が昇任人事で有利といわれてきた背景となっている。

なんと言っても、所管課「発」の法案通過のための働きかけをどう考えるかが重要である。国会研究者の大山礼子が明言しているように、「議院内閣制を採用している以上、成立法案のうち政府提案のものの占める割合が高くなるのはむしろ当然といってよいであろう」し、議員立法待望論ないし万能論は「あまりにもナイーブな議論といわざるをえない(28)」といえよう。官僚の側には、政治の機能や役割が貧弱であるため自分たちが重要な政治的決定の役割まで負わざるを得ないという責任意識あるいは被害者意識がないではない。しかし、所管事項で政治家と直接組むような行動は、支持・支援と引き換えに政治家への便宜を図るといった「取引政治」を生み出す原因となる。官僚が政治家と距離をとることを忘れるとき「公務員の政治的中立性」が崩れるというべきである。この意味では政策の企画・立案に当たっている所管課は政治的中立性の原則を大きく逸脱しているといえる。政治家との距離感覚を失ってはならないことを、行革会議事務局に参事官として参加した坂野泰治は、「これからの官僚というのは『官僚は政治をしない』の一語に尽きるのではないかと思います」[29]と明言している。

官僚が政治をしないことに徹しようとするならば、現行のような政策立案のし方を変えざるを得ないだろう。所管課を中心にして法律案など政策の企画・立案がなされ、その際、所管課では、複数の代替案を立てず、熟慮の上で所管課案を一本にしぼり、内外の関係者から根回しによって同意を調達するやり方をとっている。当初案は、関係者の同意を前提にして修正されていく。この原案一本化の手法に固執する限り、政治家との政策情報共有を図り、国会での決定までの間、政治家への接近は必至となる。

人事院事務総長を歴任した鹿児島重治は、「もともと、官僚は、制度上、国政の一部分だけにその責任が限定されている。……どうしても、部分利益の主張や権限争いが生じることになりがちである。官僚が蓄積された豊富なデータに基づいてすぐれたシナリオといくつかの選択肢を示し、政治家がその中から国全体のことを考えてベストの選択、決断をするというのが望ましい姿なのである」と述べている。[30] 贈収賄で逮捕された元厚生事務次官・岡光序治は、自戒を込めて次のような提案を行っている。「『官』と『政』のいびつな関係が続いたことによって、本来は政治家がやるべきことに官僚が口をはさむようになり、結果として『官』が高く『政』が低いといわれるような状況が生まれたのではないかと私は考えている。官がテクノクラートであるのならば、一つの案件を処理するためには、三つ案を出さなければならない……いわゆる『上策』『中策』『下策』といわれるものだ。その三つを提示して政治にその判断をあおぐ。だいたいは『中策』に落ち着くのが常ではあるとはいうものの、その決定過程を公開するか、あるいは政治的な対立を孕んだ案件ならば野党の意見を容れるような場をオープンな形で作る手法を講じる」[31]と。民間の立場から政治行政の改革に積極的に参加している諸井虔は、「役人の役割は、内閣の方針を決めるときに必要なデータを集めて調査、研究をして、選択肢を提供することになる。中立的なしっかりした選択肢を出して、この案にはこんな問題点と長所がありますと説明する。内閣の方針が決まったら、それに沿って役所が行政をきちっと実行すればいい。しかも、細かいことはなるべく地方や民間にまかせて、中央省庁は外交や内政のいちばん基本的なことをしっかりやる」[32]と提言している。

こうした見解に共通している点は、政治家による選択を可能にする政策立案のあり方を探る提言になっていることである。これは明らかに所管課による原案一本化を変更し、政策形成における官の役割をより限定しようとしている。もちろん限定するからといって所管課の政策提案能力を高める必要がないということではない。官たちを単なる事務事業の執行者にすればよいという問題でもない。所管課が状況に応じて政策の選択肢を提供し続けなければ政治の世界もスムーズには回らない。

これまでのキャリアシステムにおいては、どちらかといえば職場能力（この中には根回し「取引政治」も含まれる）が重視され、それが特に政策形成に参画する官僚たちの振る舞いを決めてきたこと、そのために問題解決に必要な高い専門能力の確保・育成がむしろ疎かにされてきたことを反省しなければならないだろう。どうやら一般行政職におけるジェネラリスト（何でも屋）指向を修正せざるを得なくなっている。国が取り組むべき政策課題の解決策を構想するには、正確で深い専門的な知識・技術、専門的知識・技術を公平、客観的に評価できる力、内外の専門家と対等に論議できるコミュニケーション力、短期と中長期の政策のバランスよい立案能力などが求められているはずである。こうした人材開発こそが府省人事管理の基本にならなければならないだろう。

さらに言えば、霞が関の官僚たちは、職場能力を重視しているが、自分たちの仕事振りが他の人びとの心理にどのように影響するかについてはあまり意を用いない。相手方の心理を見抜いて仕事をするという教育を受けていないからである。本省で法律を作った後、政令、省令、運用基準などを作成し、それを施行・伝達していったとき、どれくらいのレベルの人が読み、どのくらいの忙しさになり、どういう誤解が起こりうるか、といった現地・現場の人びとの心理の屈折に対する配慮はあまりしない。だから、意図どおりに動かないと、相手方が無能で頼りなく見えるのである。しかし、この身勝手さ、無神経さにこそ霞が関の政策や制度の弱点を生み出している。現地・現場指向を自覚し政策や制度を上手に作る能力もまた問われている。

事務次官制の廃止と府省「政治部門」の強化

政官関係の改革論には、一定の職位以上の高級官僚の進退を閣僚と共にさせる人事制度の導入論がある。二〇〇一年一月の中央省庁再編に伴い、政治任用の枠は各府省の副大臣や政務官、総理補佐官などに広がったが、事務次官・局長・審議官などすべての職員が一般職となっており、その人事は実際には事務次官を頂点とする事務方の人事部門が握っている。大臣でも人事に容易には口が出せない。政策の最終担保は人事だといわれるように、幹部職員の人事の決め方は「政官」関係の骨格を成している。この改革のためには、審議官級以上の高級官僚の任免権を各府省大臣から内閣総理大臣に移すこと、これらの高級官僚の職位には行政機関の内外から自由に人材を登用できる「自由任用」制にすること、各府省の一定の高級官僚の職位は、閣僚とその進退を共にする「政治任用」制とすることなどのアイディアが議論されている[33]。

戦後改革を切り抜け持続したキャリアシステムの核心は人事システムである。かりに課長より上の審議官や局長級などの幹部級の人事権を各省大臣から内閣総理大臣の手に移し、しかもこれらの職位を府省内の官僚に独占させず外から民間の人材を自由に登用できるようにすれば、これらの幹部職員の忠誠心は内閣へ向かい、省庁の割拠主義は緩和されるかもしれない[34]。

しかし、府省設置法を存置し、官房と局を国の行政活動の基幹組織としている体制を変えないとすれば、幹部級職員を内閣の自由任用へ移すことは府省の「政治部門」を構成している特別職の大臣・

副大臣との関係が問題になるし、他省出身のキャリアが事情の分からない所管課を有効に統制できるかどうかの疑念も起ころう。中央省庁の再編で大型合併となった省では局長や審議官の人事配置をタスキ掛けで行い始めているが、そうした局長や審議官が所管課を的確に指示・指導できるだけの情報と能力をもちにくいのが実情である。

むしろ改革のポイントは事務次官及び府省名審議官の廃止ではなかろうか。事務次官以下の官たちは大臣の指揮監督下にあるから階統構造の中に位置づけられ、大臣・副大臣・大臣政務官という「政治部門」が事務次官以下の「事務部門」を統制する形にはなっている。しかし、明治以来、一般職としての事務次官を頂点とする、もう一つの階統構造が厳然と存在し、常設官僚制を形成している。それこそが官のシステムの核心部分ではなかろうか。事務次官等の職位を残したまま、自由任用にするのではなく、府省の「政治部門」の統制力を充実強化する方策を考えるべきである。極論すれば、キャリアシステムとは同期の一人を事務次官にするためにあるといってよい。その一人の事務次官のために同期キャリアがすべて現役を去るとか、事務次官級の府省名審議官を人事処遇上残すといったやり方はやめるべきである。当然、事務次官等会議も廃止し、もし閣議前の連絡調整が必要ならば副大臣会議とすべきである。閣議決定にかかる事項を一般職の事務次官が決めるのは官の優位そのものである。(35)

そこで、府省内の常設官僚制は官房・局までとしてはどうだろうか。府省レベルで議院内閣制を実効性あるものにするため、官房・局の上に府省の「政治部門」が陣取り、重要な政策方針について協議・策定し、府省としての意思決定を行う仕組みを整える。事務次官を自由任用あるいは政治任用（進退を大臣とともにする方式）にするのではなく、それを廃止し、府省「政治部門」を充実強化する必要がある。現行では大臣政務官というように「官」が付いているが、「政治部門」の担当者は「官」であってはならない。副大臣・大臣政務官は「官の仲間」ではないからである。国民の代表機関である国会と国会の指名を受けて任命される内閣総理大臣とその下にある閣僚が常設官僚制を統制できる体制を確立すべきである。

例えば現行の大臣政務官を複数の副大臣補とする。その一人ないし二人を事務担当の副大臣補とし、その人事は自由任用の特別職とし、必要に応じ秘書官を付ける。「政治部門」が政党・国会との接触・折衝を行い、同時に、政策の企画・立案を含め官房・局・所管課の「実務部門」の活動を指揮・統制する。すでに自民党の政策部会長らと各府省の副大臣・大臣政務官とが政策課題に関し週一回定期的に「政策ユニット」の場で協議を行っている。こうした場を制度化していくべきである。そして、所管事務に関係して課長や局長が国会議員や政党と直接接触し「政治をする」ことは原則禁止していくのである。

現代民主政のアポリア

現代民主政は一つのアポリア（難問）に直面し続けている。それは、中央政府が、不安定な国際情勢の中で複雑かつ流動性の高い現代社会が次々と生み出す問題に適切に対処していくための公共政策を展開するのに際し、情報の蓄積と入手の点でも、政策立案の技術的な能力の点でも、選挙選抜によって権力の座に就く政治家たちが、試験（能力）選抜で選ばれ安定的な身分保障の下で仕事をする官僚集団の補佐機能に依存せざるをえず、それに伴い補佐役に公共政策の実質的な決定権を握られるおそれが常にあることをいう。これが「政官」関係における「政」の「自律性」の問題であり、その確保は日本を含む現代民主政に共通した悩みである。その上、わが国については次のような事情にも留意しなければならないであろう。

日本社会は、明治国家の建設以来、国民統合と平等・公平の確保（平準化）の強い要請の下、「官」の浸透力が広く深いという意味では「行政化された社会」であると特色づけることができる。この行政化は、特に一九四〇年前後の戦時動員体制で強化され、戦後改革後も継続し、「官」のみならず「公」（自治体職員の活動）によっても形成・維持されてきた。むしろ、「官」は「公」へも浸透力をもち「公」が「官」化している面があり、その行政による社会管理がゆきわたってきた。

それは、府省設置法に基づく「森羅万象所管主義」（自然と物と人にかかわる森羅万象をどこかで分担管理する一大システム）とも呼ぶべき中央省庁の縦割り関与主義に現れているといえる。この関与主義は、一方で、国民・民間の反感と苦情を誘発するが、他方では従属と依存を固定化し、事故・事件・災害時における「国の責任」を絶えず問う傾向を生んできた。これが、行政に対する問責の情緒化（「世間を騒がせ、関係の皆様にご迷惑をおかけし、誠に申し訳ない。今後二度とこのようなことが起きないよう万全の措置をしたい」「あんなに誠意をもって謝っているのだから、勘弁してあげよう」）と類似問題の再発の背景である。

この点でマスメディアの機能も見過ごせない。入社・入省における厳しい選挙選抜という点で共通する省庁官僚とマスメディアの「競演」は「砂金嵐」と呼ばれ、マスコミの行政批判は省庁の関与主義の縮減には必ずしも結びつかず、むしろ温存・拡大に貢献してきた面を否定できない。首相官邸も各府省・各所管部局もマスコミ対策に相当のエネルギーを費やしている(36)。マスコミが第四権であるという説には現実味がある。情報公開法の後でも、政策情報のリークとスクープ合戦は変わっていない。「官」の組織原理は階統制であるから、社会の行政化は、各種の社会的な活動が縦の秩序へ編成されていることを意味する。しかも、「官」の実態は「合省国」（国は一本でなく、省庁ごと、局ごと、課ごと国である）であるから、縦割りシステムの分散状態ということになる。そして、最大の問題点は、物事を事務レベルないし技術的な問題として処理しつつ、実質的に社会的な価値の配分をめぐる意思決定を統制するという、その隠された「統治」の実態にある。このメカニズムを解明し、問題点を摘出し、その解決方策を探ることこそが現代日本の民主政のアポリアに取り組むことであるといえよう。

官たちもまた生身の人間であるから情緒化の契機は否定できず、「官僚たたき」に遇えば、「事務屋の意地」をもって民主政の代表機関との間に「協力」のみならず「競争」の関係を作り出そうとする。突き詰めて言えば、どんなに理想的な政策目標も散文的な「行法」活動を通してしか実現できないからである(37)。事務屋にもそれなりの意地とプライドがある。

官僚制に対する実効的な民主的統制は言うほど簡単ではない。それは、繰り返せば、現代民主政は有能で忠実な官僚集団を必要としているからである。いずれの組織集団にもいえるように、公務員組織もまた、知力に優れ意欲のある者を採用し、鍛え、有効に活用することが組織活力を維持する必要条件である。国家公務員というのはつまらない、出来の悪い人間の集団だという見方が社会の中に定着してしまえば、有為な人材は確保できなくなる。時代と社会の変化の中で、なにが日本国の官僚の果たすべき役割なのか、どういう点でどのような能力を発揮すべきなのかが改めて問われなければならないはずである。問題は、変わらなければならないのに変わらないでいる官のシステム自体である。それには国民の代表である国会議員が官の人事システムの抜本的な改革に乗り出す以外にない。

[注]

序章

(1) 井出嘉憲『日本官僚制と行政文化』(東京大学出版会、一九八二年)に所収。三九—四五頁を参照。
(2) 赤木須留喜『〈官制〉の形成——日本官僚制の構造』(日本評論社、一九九一年)、七五、八四頁を参照。
(3) 『學問のすゝめ』の「四編 學者の職分を論ず」(岩波文庫、一八七四年一月)、四四頁。
(4) 同右、四八頁。
(5) 中央公論社、一九九九年、三五九—三八〇頁参照。
(6) 『世界』一〇月号。辻清明『日本官僚制の研究』(弘文堂、一九五二年)、一八一頁。「対民衆官紀」は毛沢東の言葉だといわれるが、その出典はいまだ不明である。
(7) 臨時行政調査会OB会編『臨調と行革・二年間の記録』(文眞舎、一九八三年)、一五〇—一五三頁。座談会の登場人物は、山下=山下勇(部会長)、佐藤=佐藤誠三郎(参与)、牛尾=牛尾治郎(専門委員・部会長代理)、河合=河合三良(専門委員)、千田=千田恒(参与)の面々である。
(8) 寄本勝美「自治体政治の構造と実態」西尾勝他『自治行政要論』(第一法規出版、一九八六年)、一三三頁。
(9) 後藤田正晴『政と官』(講談社、一九九四年)、二一七頁。
(10) 次頁の表を参照。
(11) 拙稿「改革の時代と行政学」日本行政学会編『日本の行政学——過去、現在、未来』(ぎょうせい、二〇〇一年)、四五—六〇頁。

I章

(1) 浅井清『新版 国家公務員法精義』(学陽書房、一九七〇年)、一四五頁。すでに一九五五年に、人事院法制局長の地位にあった岡部史郎は、職階法は「画に描けるごとき状態にある」と述べていた。岡部史郎『公務員制度の研究』(有信堂、一九五五年)、二八五頁。
(2) 以下の公聴会での発言は、「六回・参・人事委員会・五号(一九四九年一一月二二日)」から引用している。その他の九

地方支分部局等の配置職員数（平成 17 年度末）

省名	支分部局名	職員数（人）
内閣府	沖縄総合事務局	1,039
宮内庁	京都事務所	77
公正取引委員会	地方事務所	166
国家公安委員会	管区警察局等	4,546
防衛庁・施設庁	防衛施設局	2,551
総務省	管区行政評価局等	903
	総合通信局	1,465
	沖縄総合通信事務所	45
法務省	地方法務局等	11,622
	矯正管区等	171
	地方更生保護委員会	258
	保護観察所	1,141
	地方入国管理局	2,566
公安調査庁	公安調査局等	1,136
財務省	財務局	4,817
	税関	8,465
国税庁	国税局・税務署	54,696
文部科学省	水戸原子力事務所	7
厚生労働省	地方厚生局	625
	都道府県労働局	6,199
	労働基準監督署	4,664
	公共職業安定所	12,164
社会保険庁	社会保険事務局	16,495
中央労働委員会	地方事務所	30
農林水産省	地方農政局	17,362
	北海道農政事務所	404
	北海道統計・情報事務所	410
林野庁	森林管理局・署	5,073
水産庁	漁業調整事務所	174
経済産業省	経済産業局	2,002
国土交通省	地方整備局	22,398
	北海道開発局	6,283
	地方運輸局	4,589
	地方航空局	4,718
	航空交通管制部等	1,291
気象庁	管区気象台等	4,188
海上保安庁	管区海上保安本部	10,728
環境省	地方環境事務所	369
合計		215,837
人事院	地方事務局・沖縄事務所	177

出典）「行政機関組織図（人事院）」等より作成.

人とは、全官公庁労働組合寒冷積雪地給対策協議会会長の笹川重雄、全国官庁労働組合連合会副委員長の及川知行、全国財務労働組合副委員長の高島清、全逓信従業員組合職能対策部長の赤羽幸作、労働基準監督官（労働基準局給与課勤務）の大澤己代治、日本国有鉄道労働組合調査給与対策部長の木内憙、立教大学教授の大内經雄、人事院職員組合執行委員長桑原要衞、東京ガス株式会社社員の瀧澤松太郎であった。

（3） 足立忠夫『近代官僚制と職階制』（学陽書房、一九五二年）も参照。

（4） 辻清明『日本官僚制の研究』（弘文堂、一九五二年）に所収の「職階制の具体的科学性」も参照。

（5） 岩波書店、二〇〇五年。

（6） 同右、一〇四頁。

(7) 赤木、前掲『〈官制〉の形成』四〇七頁。

(8) 辻清明『公務員制の研究』(東京大学出版会、一九九一年)、一五六頁。なお、自由任用の範囲の伸縮については次頁の表を参照。

(9) 岡田真理子「国家公務員の職階制――制度導入・制定・形骸化過程の分析に見る人事制度の特徴」『立教経済学研究』第五六巻第四号(二〇〇三年)、一一一頁。

(10) 浅井清『役人の生態』(学陽書房、一九七一年)、一三七頁。

(11) 有斐閣、二〇〇一年、一三六―一四〇頁。

(12) 辻、前掲『日本官僚制の研究』(これに所収の「公務員制の意義と限界」)四二頁。

(13) 鹿児島重治「公務員制度と人事管理――実務上の問題を中心にして」日本行政学会編『年報行政研究二二　公務員制度の動向』(ぎょうせい、一九八七年)、一〇六頁。

(14) 村松岐夫も『行政学教科書――現代行政の政治分析〔第二版〕』の中で次のように指摘している。「ここ(国家公務員法二九条三項)に導入された職階制は、新しい公務員制度の根幹をなすはずであったが、実現されなかった。職階制は、丹念な職務マニュアルとセットになって統一的で合理的な行政を保障するはずであった。しかし、日本の行政は、短期的な統一性や合理性よりも年功序列や終身雇用や入口選抜方式など日本の労働慣行や職場に発達した協力、分業のシステムを採った」(一八〇頁)。「人事院の設置を規定している国家公務員法は職階制を導入し、公務員制度の基礎としようとした。しかし、職階制は日本の風土と必ずしも合致せず(あるいはそう主張されて)、占領軍の帰国とともに、事実上死文化した」と(一八二頁)。

(15) 『生命の意味論』(新潮社、一九九七年)及び『免疫の意味論』(青土社、一九九三年)を参照。

II章

(1) 日下公人『経済感覚の磨き方』(新潮文庫、一九九〇年)、四二頁。

(2) 田代空『日本人の見たヨーロッパの人事風土』(日本経営出版会、一九八一年)、一九―二一頁、二六頁。

(3) 久世公堯『アメリカとヨーロッパの地方自治と地域開発』(帝国地方行政学会、一九七〇年)、七四頁。

(4) キャリーヌ・クラウス(エナ研修生)「フランス人実習生の見た日本の公務員」(『人事院月報』二〇〇四年二月)八頁。

(5) 拙著『自治体行政学入門』(良書普及会、一九八七年)の「職場組織の特徴――大部屋主義」、拙著『自治行政と住民の

自由任用の範囲の伸縮

対象官職	大正2年前	大正2年	大正3年	大正9年	大正13年	昭和9年
内閣書記官長	○	○	○	○	○	○
法制局長官		○	○	○	○	○
各省次官		○	×	○	×	×
内務省警保局長		○	×	○	○	×
警視総監		○	×	○	○	×
貴族院書記官		○	×	○	○	×
衆議院書記官		○	×	○	○	×
勅任各省参事官		○	×	○	×	×
各省大臣秘書官	○	○	○	○	○	○
鉄道院総裁秘書	○	○	○	×	×	×
各省参政官		—	○	廃止	—	—
各省副参政官		—	○	廃止	—	—
各省政務次官		—	—	—	○	○
各省参与官		—	—	—	○	○
拓殖局長				○	○	×

注）○は対象，×は対象外．
参事官　大臣又は次官の諮詢に応じ意見を具し及び審議立案等を掌るとされた．
参政官　大臣を助け帝国議会との交渉事項を掌理するとされた．
副参政官　大臣の命を承り帝国議会との交渉事項に参与するとされた．
政務次官　従前の参政官と同様のもの．
参与官　従前の副参政官と同様のもの．
出典）前掲『官吏・公務員制度の変遷』370頁により著者が作成．

「元気」――続・自治体行政学入門』（良書普及会、一九九〇年）の「『大部屋主義』の職場と職員」、拙稿「自治体職員の能力開発」（自治省編『自治論文集』ぎょうせい、一九八七年）を参照。

（6）西尾、前掲『行政学〔新版〕』一三七頁。

（7）例えば笹間良彦『江戸幕府役職集成（増補版）』（雄山閣出版、一九九一年〔一三版〕）を参照。

（8）この点について、辻琢也・山内康弘「自治体行政学研究／変革期の自治体組織・人事政策（第一回）」（『地方財政』二〇〇一年一月号、ぎょうせい、六六―七八頁）を参照。係制がしっかりしている国の場合と異なり、自治体では大部屋主義では説明できない状態が生まれているとしている。

（9）この辺の事情を知るには厚生省検疫課長宮本政於の『お役所の掟――ぶっとび「霞が関」事情』（講談社、一九九三年）が参考になる。この書は世間の注目を浴びたが、ご本人は役所では明らかに「変人」であった。無断欠勤などの理由で懲戒処分になり、その取り消し訴訟を起こしたが、一九九九年四月、東京地裁で敗訴した。

（10）二〇〇四年六月に「公益通報者保護法」が成立した。企業や官公庁の不正を内部告発した人を解雇などの不当な扱いから守るのが目的。違反した企業などに罰則がなく、告発者が保護を受けられる範囲も制限されており、内部告発を奨励するのではなく企業が通報窓口を設置し問題の早期解決に乗り出すことを促すのが狙いとなっている。

（11）久保田勇夫『役人道入門――理想の官僚を目指して』（中央公論新社、二〇〇二年）、一四六頁。久保田は旧大蔵官僚で、国土庁事務次官の経験者。

Ⅲ章

（1）本章の一部は、拙稿「省庁の組織と定員」（西尾勝・村松岐夫編『講座行政学 第四巻 政策と管理』、有斐閣、一九九五年）を加筆修正した内容となっている。

（2）一九八三年改正については増島俊之「国家行政組織法改正の意義（上・下）―組織規制の弾力化」（『自治研究』六〇巻二号、三号、一九八四年）が詳しい。

（3）この一大改革の経緯と内容については行政改革会議事務局OB会編『21世紀の日本の行政――行政改革会議活動記録』（行政管理研究センター、一九九八年）、田中一昭・岡田彰編著『中央省庁改革――橋本行革が目指した「この国のかたち」』（日本評論社、二〇〇〇年）を参照。

（4）菅直人『大臣』（岩波新書、一九九八年）、一六二頁。

（5）「小沢一郎ウェブサイト　夕刊フジ連載剛腕コラムバックナンバー第45回」（二〇〇一年六月八日）。小沢は「役人は国会に入れない」と宣言するぐらい徹底しなければならないと言っている。
（6）西尾勝「官房組織に関する覚書」総務庁長官官房総務課『行政作用の本質と機能に関する調査研究報告書（一九八四年度、その一）』（一九八五年）、牧原出『官房』の理論とその論理構造」日本行政学会編『官邸と官房』（ぎょうせい、二〇〇五年）を参照。
（7）『毎日新聞』（一九六九年五月二六日）「この人と　官僚論、共済組合連盟会長、今井一男氏　連載対談・松岡英夫〈六〉」。

Ⅳ章

（1）『朝日新聞』二〇〇五年一二月二五日付朝刊。
（2）前内閣総理大臣補佐官・水野清「中央省庁等基本法とは」（日本公共政策学会一九九九、シンポジウム報告）。
（3）村松、前掲『行政学教科書』一九二頁。また村松岐夫『日本の行政』（中央公論社、一九九四年）も参照。
（4）総務大臣麻生太郎「国・地方の公務員の定員合理化の強力な推進について」の「人口千人当たりの公的部門における職員数の国際比較（未定稿）」。
（5）「私の視点」『朝日新聞』二〇〇五年一一月一日付朝刊。
（6）「私の視点」『朝日新聞』二〇〇五年一二月一三日付朝刊。なお、稲葉清毅『霞ヶ関の正体――国を亡ぼす行政の病理』（晶文社、二〇〇五年）も参照。

Ⅴ章

（1）この着眼については京極純一『日本の政治』（東京大学出版会、一九八三年）、三四七頁が早い。
（2）所管課の様子は元官僚が書き残した著書が参考になる。以下、主として次の著書を参照しつつ、所管課の現場の見聞を基に、その活動を描くことにしたい。日本の官僚研究会編『お役人操縦法』（日本経済新聞社、一九七一年。「役所の住人たちが協力して書き上げた」とされているもの）、加藤栄一『官僚です、よろしく』（TBSブリタニカ、一九八三年。自治省官僚が「できるだけ官僚の行動の原理とパターン」を示そうとしたもの）、宮本政於『お役所の掟――ぶっとび「霞が関」事情』（講談社、一九九三年。中途採用の厚生省医官で「仕事と自分の生活を切り離すというポリシー」を貫いて分限処分された人が書いたもの)、脇山俊『官僚が書いた官僚改革』(産能大学出版部、一九九四年。元通産官僚が「官僚機構の決定メカニズム、カルチャー、人事慣行、国会との関係、産業界との関係などを、構造的な観点から検討する事こそが、官僚論の本質に迫る途である」と確信して書いたもの)、八幡和郎『官の論理』(講談社、一九九五年。元通産官僚が誤解だらけの官僚批判を排すために書いたもの)、斎藤栄『官僚が嫌われる理由』(PHP研究所、一九九七年。国土庁の現職官僚が「官僚の正しい姿を伝えようと書いた」もの)、吉田和男『官僚崩壊――新しい官僚像を求めて』(日本評論社、一九九七年。一四年間大蔵省に勤め一一のポストを経験した大学教授が、官僚に「サムライ」が復活するのを切望して書いたもの)、江田憲司『誰のせいで改革を失うのか』(新潮社、一九九九年。橋本総理大臣秘書官も務めた元通産官僚が霞が関へのレクイエムと変革の方向を示そうとしたもの)、田丸大『法案作成と省庁官僚制』(信山社、二〇〇〇年。建設省官僚を短期間経験して大学院で修士論文として「省庁官僚制における法案作成過程の動態を体系的に考察」したもの)、久保田勇夫『役人道入門――理想の官僚を目指して』(中央公論社、二〇〇二年。大蔵官僚の自伝的回顧録)、林雄介『霞ヶ関の掟・官僚の舞台裏――役所の常識は世間の非常識:キャリア官僚が明かすお役所の驚くべき実態』(日本文芸社、二〇〇三年。「地味な官僚ライフの実態を紹介したい」と思って書いたもの)。

職場の実態を府省ごとに実証的に分析することは難しい。文化人類学者のフィールド調査の手法が霞が関で通用するならば是非とも試みたいところではある。ある程度まで現場を訪れ、話を聞けても、それを固有名詞で書くことができない。書くことを前提にすると、現場は逡巡し口ごもる。内部実態の漏洩と疑われることを嫌がる。「自分たちの事は隠していたい」という意識は官の習性であろうか。ところが、ひとたび現役を離れ、「過去官僚」になると、結構、暴露に近い「事実」を書き、思い切った官改革論も展開する(例えば運輸省の事務次官までなった住田正二の『お役人の無駄遣い』読売新聞社、一九九八年を見よ)。現役時代に勇気を出していえばよかったのにと思うが、現役時代に官の掟を破れといっても、それは無理であろう。そこで、官僚経験者が書いたものを参考に共通点を探り、現場で確かめ、おそらくこうなっているはずだと言ってみることになる。本章の前半はたぶんにこうした観察主義に基づいている。

(3) 内閣法制局については西川伸一『知られざる官庁・内閣法制局 立法の中枢』(五月書房、二〇〇〇年)を参照。内閣法制局は、既存の法律との整合性をとる必要性を理由に、社会常識とはかけ離れた「法律言葉」に執着する傾向がある。一つはカタカナ語嫌いである。役所は珍妙な外来語風の和製英語(例えばハローワーク)を多用すると批判を受けるが、内閣法制局に関する限り、むしろ「カタカナ語乱用防止庁」的な既存日本語の管理・擁護者である。例えば世間では「在宅サービス」というが法律では「居宅サービス」である。いままで法文上「在宅」は使っておらず、使ってきたのは「居宅」であり、サービスはカタカナであるし、従来は「役務」といってきたから「居宅役務」になるが、さすがに「居宅役務」では分からないので、居宅サービスになっている。なお、政官財を跋扈する日本語を徹底解剖したイアン・アーシー『政・官・財（おえらがた）の国語塾』（中央公論社、一九九六年）の第一部「『霞が関ことば』入門講座」が痛快である。アーシーはカナダ人の翻訳家。

（4）加藤淳子『税制改革と官僚制』（東京大学出版会、一九九七年）を参照。

（5）村松岐夫『戦後日本の官僚制』（東洋経済新報社、一九八一年）。『書斎の窓』一九九九年一〇月号に掲載の「官僚制」は短文だが村松の考え方が明確に出ている。二七頁参照。ただし、本章のここでは「本人」と「代理人」の力の強弱を問題にはしていない。

（6）宮本、前掲（『お役所の掟』）、三四―三五頁。

（7）『朝日新聞』二〇〇四年八月七日付朝刊。

（8）厚生省五十年史編集委員会『厚生省五十年史（記述篇）』（中央法規出版、一九八八年）を利用した。

（9）行政管理研究センター「公的領域の多元化と行政に関する調査研究報告書（平成一二年度）」における「第五章　行政の変化――行政機構、政策、実施体制」（七九―八九頁）を参照。

Ⅵ章

（1）松下圭一『市民自治の憲法理論』（岩波新書、一九七五年）は、この点を鋭く批判し、分権改革への理論的根拠も与えた。

（2）著者は、この点を一九九四年（平成六）二月一四日付の全国知事会主催の講演で指摘した。拙稿「地方分権の推進と都道府県」（全国知事会編『都道府県展望』掲載、一九九四年四月号）。なお、五十嵐敬喜「行政権の範囲をこえる官僚支配」（『朝日新聞』一九九七年七月三〇日）、松下圭一・菅直人・五十嵐敬喜「座談会・行政権とは何か――『官僚内閣制』から『国会内閣制』へ」（『世界』一九九七年八月号）も参照。なお、二〇〇六年七月一日に日本プレスセンターで開催された日本自治学会のシンポジウムにおける菅直人の発言によれば、大森長官の答弁の原案は当時自治省から内閣法制局第一部に出向していた山田啓二参事官（二〇〇二年四月に京都知事）が起草したものであるという。

（3）以下、拙稿「日本官僚制の分権改革――機関委任事務制度の終焉」山脇直司他編『現代日本のパブリック・フィロソフィ』（新世社、一九九八年）の一部を再編している。また、東京大学二一世紀COEプログラムのシンポジウム「第二次地方分権改革への展望」（二〇〇五年一一月二六日）における「セッションⅡ」での報告「第1次分権改革に参画して」は資料とともに『ジュリスト』（二〇〇六年二月号）に収録されている。

（4） グループヒアリングという方式のアイディアは一九九六年（平成八）一〇月三日の有識者ヒアリングにおける石原信雄（地方自治研究機構理事長、内閣官房副長官・自治事務次官の経験者）の発言に窺われる。「最後に、この委員会の、これからの作業を進める上で、お願いと申しましょうか、私の体験から、お聞きいただきたいと思いますのは、……どこの省庁も建て前と本音というものがあります。それから、何よりも役人の通弊というか性格なのでしょうけれども、横並び意識が非常に強いのであります。どこの省庁はどこまでやったから、どうだと。自分のところだけが非常に分権に協力して、振り返ってみたら、どこもついて来なかった、自分のところだけが先へ行ってしまったということを、非常に気にするわけであります。そこで、私は、最後の詰めの段階になりましたならば、それぞれ小委員会、部会などの形で具体的な詰めをしていただくのでしょうけれども、それぞれの省庁の本当の責任者、少人数で腹を割った意見交換をしていただくということが非常に大切ではないかと思います。オープンの会議で一律に申し渡すという形では、なかなか議論が詰まらないのではないかと思います。いいか悪いかは別にして、役人の体質にもかかわるわけですけれども、その方が収まりが早いのではないかと思います」。この提案に対し諸井委員長は「特に、最後に各省庁と少人数で、少し腹を割って話せというお話をいただきました。これは、私どもも絶対に欠かせない段取りであると思っておりまして、この一〇月、一一月にかけて、手分けをして、その様なことをやろうと思っております」と応答している。分権委・第七二回議事要録（詳細版）、一〇頁、一一―一二頁。

（5） 分権委・第四九回議事要録（詳細版）平成八年一一月二八日。推進本部の地方分権・地方行革委員会との意見交換は六月一一日に行われた。なお、西尾勝『未完の分権改革――霞が関官僚と格闘した一三〇〇日』（岩波書店、一九九九年）、二〇三頁。

（6） こうした経緯は、すでに拙稿「公共事業の分権改革」（日本行政学会編『公共事業の改革』年報行政研究三五、ぎょうせい、二〇〇〇年）で跡付けた。また折衝に当たった西尾、前掲（『未完の分権改革』）も参照。なお、本書では技官については触れないので、新藤宗幸『技術官僚――その権力と病理』（岩波新書、二〇〇二年）、西川伸一『官僚技官』（五月書房、二〇〇二年）、藤田由紀子「日本の技官制度」『季刊行政管理研究』九九―一〇一号（二〇〇二―〇三年）を参照されたい。

（7） 拙稿「三位一体改革・自治体を信頼して推進を」（『朝日新聞』二〇〇四年一一月一八日付朝刊、「私の視点」欄）。

（8）金井利之「三位一体改革と地方財政体制の行方」（『都道府県展望』二〇〇五年一月号）、八頁。
（9）分権委・第六六回議事要録（詳細版）、二八頁。

終章

（1）辻、前掲『公務員制の研究』二頁。
（2）以下、人事院『人事院月報——特集 平成一四年度公務員白書』（二〇〇二年七月号）から引用。
（3）稲継裕昭『日本の官僚人事システム』（東洋経済新報社、一九九六年）、三五頁。
（4）人事院、前掲『月報』一八—二〇頁。
（5）同右、二六頁。
（6）東洋経済新報社、二〇〇五年。
（7）各府省におけるⅡ種・Ⅲ種等採用職員の登用の取組みについては、幹部職員への登用のほか、従前Ⅰ種採用職員が就いていたポストへの登用等を行うなど実情に応じた取組みを実施している。指定職ポスト、本府省課長等への登用は延べ三二機関、一一二名。各府省が、二〇〇三年（平成一五）度において、Ⅱ種・Ⅲ種等採用職員の登用の推進努力として行った指定職、本府省課長等の幹部職員への登用は次のとおりであった。指定職俸給表適用ポストへの登用は六機関一〇名（六機関一二名）、本府省課長等への登用は一九機関五一名（一三機関三八名）、地方支分部局長等への登用は七機関五一名（一〇機関四六名）、計延べ三二機関一一二名（延べ二九機関九六名）となっている（　）内は二〇〇二年度の人数）。
キャリアとノンキャリアという一種の身分制度を論じたものは多い。最近のものとしては西村健『霞が関残酷物語——さまよえる官僚たち』（中公新書、二〇〇二年）を参照。西村は旧労働省技官であったが、ノンフィクション作家になった。森村誠一の小説「官僚は落日を見て」は、キャリア官僚の傲慢振りを次のように描いている。

その朝、中里が九時半ごろ出勤しても、まだだれも来ていなかった。十時近くなって女の子が出て来た。十一時ごろになってようやく全員が顔を揃えた。
その日、最も遅く出て来たのは、課長以外のただ一人のキャリアである佐木山政道である。東大法学部在学中に上級試験をパスした秀才であり、父親は通産省の局長、伯父は防衛研修所の要路にあり、兄は大蔵省の主査（主計官補佐のキャリア組）という一族から高級官僚を輩出しているエリート一門であった。

中里の属する自動車保安課の中で、女子を除く最年少であり、経歴も入省二年目で最も浅いが、将来を約束されたキャリアとして、現場に実習に来た若旦那のように真綿でくるんだような扱いをうけていた。課長補佐や専門官も、自分の息子のような佐木山からキミ呼ばわりをされても、身分ちがいと諦めている。

その佐木山が出勤して来ると、先に来ていた課長補佐や専門官に挨拶もせず、出張して留守の課長の椅子に坐った。なにをするつもりかと視野の隅から様子をうかがっているノンキャリア組を尻目に、佐木山は課長の椅子の軸を中心にくるりくるりと回りながら、「ああおれもあと何年かすると、この椅子に坐るんだなあ」と部屋にいる者に聞こえよがしに言った。

ノンキャリア組の表情が硬直した。彼らが退官するまでまず坐れない課長の椅子に最新参の若造が座り、いとも無造作に射程の距離を計算している。それは同時にノンキャリア組に向ける侮蔑でもあった。

ノンキャリア組は胸の中では、憤激しても、それを口に現わすことはできない。ただ、歯を喰い縛って耐えるだけである。彼らの中には、課長補佐にすらなれない者もいる。専門官という職制は技官に与えられ課長補佐と同格とされているが、課長補佐ではない。「課長補佐のようなもの」であり、窓際に来てなんにも肩書きを与えないのは、可哀想だからということで考え出された褒賞用職名である。

佐木山は、ノンキャリア組の顔色が変わったのを悟っていた。それを悟りながら、相変わらず、くるりくるりと椅子を回していた。もともと彼らに見せつけ、聞かせるためのいやがらせである（『凶学の巣』廣済堂出版、一九九五年に所収、二三六―二三七頁）。

（8）こうした点に関しては伊藤大一、前掲書、五六―五八頁を参照。

（9）『読売新聞』二〇〇〇年一二月三一日付朝刊。

（10）公務員の労働基本権に関しては、一般法としては国の職員については国家公務員法で、自治体職員については地方公務員法で定め、個別法で規制している。例えば「一般給与法・勤務時間法・退職手当法・任期付職員法等、教育公務員特例法（教育職職員）・警察法（公安職職員の一部）・任期付研究員法（研究職職員一部）」では「団結権は有り」（ただし警察職員、監獄職員については無し）、団体交渉権については「交渉可能だが協約締結権はない」、争議権は「無し」というように。

（11）全面的な批判としては連合官公部門連絡会「『公務員制度改革大綱』とその問題点」（討議資料№5、二〇〇二年一月）、新藤宗幸『異議あり！　公務員制度改革――官僚支配を超えて』（岩波ブックレット、二〇〇三年）を参照。なお、公務員制度改革に関しては、西尾隆「公務員制度改革の政治行政――行政学の視点から」(『ジュリスト』有斐閣、一九九九年六月号)、辻隆夫「公務員制度改革と能力主義の課題」寄本勝美・辻隆夫・縣公一郎編『行政の未来――片岡寛光先生古希祝賀』(成文堂、二〇〇六年)を参照。

(12) 国家公務員法の改正論議と並行して地方公務員制度の改革も論議されてきている。地方公務員制度調査研究会は、すでに一九九九年(平成一一)四月の報告書の中で人事管理の改革を促していた。そこでは人事管理の改革を促すべき事項として、年功序列から能力・実績を重視した人事管理への転換、職員の能力・勤務実績に応じ適材適所の観点から優秀な人材を積極的に昇任させるような人事管理、給与への勤務実績の一層の反映、年功的要素の縮小、職員の能力や勤務実績について公正で客観的な評価を行う評価システムの整備などの必要性が強調されている。また、総務省内の「地方公共団体人事評価システム研究会」編で『地方公共団体における人事評価システムのあり方――導入のための提言とモデル例』(第一法規出版、二〇〇四年)も出されている。こうした改革論議も踏まえ、少なからざる自治体で、能力・実績主義と人材育成を眼目とした人事管理システムの充実・強化に乗り出し、目標管理と連動させた実績評価人事評価の技術革新に工夫を開始している。これまで人事当局による純粋な内部管理事項と考えられてきた人事運営は、部下による上司の評価を含む多面的評価方式や希望昇任・降任制の採用、民間面接者による職員採用試験など、これまでにない変化を見せ始めている。ポイントは、「能力評価」と「業績評価」からなる公正で納得性の高い新たな評価制度をどのように設計し実施していくかである。全体としての動きは能力主義の重視である。なお、稲継裕昭『自治体の人事システム改革――ひとは「自学」で育つ』(ぎょうせい、二〇〇六年)も参照。

(13) この点は自治体学校編『第二部課程第一四三期政策研究報告書』(二〇〇五年六月)所収の「人を育て組織力を高める人事評価システム」(指導・大杉覚)にヒントを得た。なお、民間会社で導入された成果主義の顚末に関しては、城繁幸『日本型「成果主義」の可能性』(東洋経済新報社、二〇〇五年)、高橋伸夫『虚妄の成果主義――日本型年功制復活のススメ』(日経BP社、二〇〇四年)を参照。

(14) 人事院、前掲『月報』二六頁。

(15) 『朝日新聞』二〇〇五年九月七日付朝刊。

(16) 辻、前掲『公務員制の研究』二九一―二九二頁。

(17) 「『設置法』改革で官僚の裁量権限は消滅する」(行革七〇〇人委員会『民と官――二〇〇一年役所と役人はこうなる』講談社、一九九九年)、二三七頁を参照。

(18) 同書、中央公論社、八八頁。
(19) 同右、一〇一―一〇二頁。
(20) 同右、一四七頁。
(21) 『朝日新聞』(一九九五年一二月二八日付)、「朝日川柳」。
(22) 例えば朝日新聞名古屋社会部『ドキュメント 官官接待――「公費天国」と「情報公開制度」を問う』(風媒社、一九九六年)や『週刊東洋経済』編集部『霞が関を解体せよ』(東洋経済新報社、一九九七年)を参照。
(23) 国家公務員倫理規程の主な改正点は次のとおりである。
接待については、割り勘の会食に関し「原則禁止。一部は例外として可能だが、一万円超は監督官の許可が必要」を「原則自由。一万円超なら監督官に届け出。一万円以下なら届け出義務なし」へ、また「審議官級以上の幹部職員は府省に絡む利害関係者すべてとの会食を原則禁止」を「幹部職員も自分の担当分野の利害関係者以外なら原則自由」へ変えた。新たな禁止事項は、監修料の受領禁止(補助金等又は国が直接支出する費用等をもって作成される書籍等及び作成数の過半数を当該職員の属する国の機関等において買い入れる書籍等の監修料及び編さん料の受領を禁止する)と倫理保持を阻害する行為の禁止(①他の職員が倫理規程違反の行為によって得た財産上の利益であることを知りながら、これを受け取り、又は享受することを禁止する。②国家公務員倫理審査会、任命権者、倫理監督官、上司等に対して、倫理法令違反行為を行った疑いがあると思料するに足りる事実について、虚偽の申述を行うこと、又は隠ぺいすることを禁止する。③管理者については、部下職員の倫理法令違反行為を行った疑いがあると思料するに足りる事実を黙認することを禁止する)である。
(24) 石原信雄『官かくあるべし』(小学館、一九九八年)、一六八―一六九頁。
(25) 東京大学出版会、一五頁。
(26) 伊藤、前掲書、二六頁。
(27) 人事院、前掲『月報』二二頁。
(28) 大山礼子『国会学入門(第二版)』(三省堂、二〇〇三年)、八一頁、七五頁。
(29) 坂野泰治「今次行革の特徴と評価――官僚の体験的視点から」(『北大法学論集』第五〇巻第六号、二〇〇〇年三月)一五六一頁。なお、「政治」を得意とする大蔵省がどのようにして失敗したかを分析した真渕勝『大蔵省はなぜ追いつめられたのか――政官関係の変貌』(中公新書、一九九七年)を参照。

(30)『悪い規制、良い規制——行政は国民の敵か？ 味方か？』（サンドケー出版局、一九九五年）、九三頁。
(31)岡光序治『官僚転落——厚生官僚の栄光と挫折』（廣済堂出版、二〇〇二年）、一七七頁。
(32)行革七〇〇人委員会、前掲書、二八二頁。
(33)人事院は、『平成一六年度公務員白書』（国立印刷局刊行）で、「政治任用——主要諸外国における実態」を特集し、その検討課題を提示している。その際、研究者の現地調査報告「政治任用——専門家の目から見た展望と留意点」も公表している。元官僚でキャリア制の廃止と政治任用の必要性を説いているものとしては、例えば平野拓也『官僚は失敗に気づかない』（ちくま新書、二〇〇二年）を参照。
(34)西尾勝「首相に幹部の人事権を」（『朝日新聞』二〇〇五年六月一五日付朝刊）参照。
(35)松下圭一は、前掲『世界』の座談会の中で事務次官・事務次官等会議を廃止すべきだとしている（五八頁）。
(36)例えば成田憲彦『官邸　上・下』（講談社、二〇〇二年）を参照。
(37)この点について依然として最も示唆的なのは政治学者・高畠道敏の「官僚制とは何か」（『思想の科学』一九七六年一月号）である。

あとがき

私は、行政学者としては、「政（まつりごと）を行う」という意味での「行政」を合理化し強化する論拠を提示するような役割を負ってよいはずはないと考えてきた。ただし、国や自治体の行政を現実に動かしていく考え方や手法の開発に行政学者が背を向けたままですますわけにはいかないのではないかとも考えてきた。このジレンマを克服していく方途は、結局、どのような方向と質の行政活動を追求するかということになる。

中央省庁の官僚たちの働きぶりを見ると、キャリアもノンキャリアも、良しにつけ悪しきにつけ、「政（まつりごと）」としての「行政」を担っているのだという自負に支えられてきた面が小さくなかったのではないか。そこが問題なのである。「政治主導」確立のための中央省庁等の再編、民間活動の自己責任を促す規制緩和と民間化、自治体の自己決定・自己責任を拡充しようとする地方分権推進は、明確な形で民主的統制の拡充につながるかどうかは必ずしも定かではないが、いずれも、明治以来の行政の「政（まつりごと）的側面」の縮減をもたらしつつあることは間違いないであろう。官たちは、これを自分たちの役割の縮減と捉えがちである。行政の「政（まつりごと）的側面」へのコミットメントが強いだけに役割喪失感も深まるのだろう。新たな役割に関する展望を開かなければ、それは「やる気」の衰滅に結びつくだろう。どんな組織であれ、メンバーが「やる気」を失えば、その組織は内から衰弱していく。そうあってはならないだろう。

辻清明先生の下で行政学の研究を志した私は、迂回になることを承知の上で、三〇年近く地域や自治体の現場を歩き、憲法九二条にいうローカル・オートノミー（地方政府の自律性）の拡充を求めて、既存制度の活用と改革について発言してきた。自治体の現場にこそ国の行政の弊害が顕在していると考えたからである。また、介護保険法の制定に行き着いた新たな高齢者介護システムの制度設計の検討作業に参画し、いわゆる分権一括法の制定（第一次分権改革）に結実した地方分権推進委員会活動にも加わり、キャリアシステムを内包する所管課の功罪の両面を観察してきた。その間、大学での学生を上回る数の自治体や国の職員に語りかけてきた。

どのような組織にも当てはまるといえようが、行政の組織にも、制度論的な視点から見て、「できること」と「できないこと」がある。いわゆる鉄格子の制約とか公平の原則はその例である。しかし、多くの場合、そのほうが面倒でないとか保身に役立つとかといった理由によって、「できない」ことが「できる」ことの中に絶えず侵食している実務現場も見聞してきた。変わることができるのに、なぜ変わることができないと考えてしまうのか。行政組織が、内発的な変化への可能性を引き出しにくいのはなぜなのか。そうした傾向が、国のみならず地域や住民に身近な自治体のレベルにも見られるのはどうしてなのか、それは十分に研究に値すると考えると同時に、そのことを国と自治体の職員に自問自答するよう問いかけてきた。

というのも、行政改革が、システム改革ないし制度改革である場合、何よりもまず、組織体の内部で「変化」への意識が共有されているかどうかが重要ではないかと考えたからである。行政改革論の多くが、外からの強要か義務といった視点からのリアクティヴな制度改革論になってしまっているため、改革と称するものの多くが実質な変化を回避するために口実や弁解に終わっていないかどうかに注意すべきである。もちろん、およそ行政組織は内発的な変化を遂げ得ないと仮定するのも間違いであろう。あるいは現状変更が必ずよき帰結をもたらすとは限らないであろう。

それでも、自治体の行政を観察すると、決して多いとはいえないが、例えば情報公開、住民参画、事務事業の評価、法定外普通税・目的税の導入、新たな人事評価システムの導入、自治基本条例の制定など、悪戦苦闘しながら行政組織の中からプロアクティヴな内発的な変化を生み出そうとする努力が行われてきている。変化は知性の働きであるから、組織の中に知性が働く環境が必要である。前例の踏襲でなく前例の創造、思考の停止でなく想像力の発揮が不可欠である。そうした知的環境は行政組織の中のどこにどのように存在するのか、それを発見していくことが重要ではないか。少なくとも私が目指してきた「自治体行政学」の焦点の一つはそこにあるし、また「自治体職員論」を職員の自己形成という概念を中心に展開してきた理由でもある。

そこから見ると、政治・行政改革によって明治以来の行政の「政（まつりごと）的側面」は大きな転換を迎えているにもかかわらず、官たちの自己改革の意欲は弱いように見える。しかし、政府の諸活動に関する説明の責務を規定する情報公開法の実施は、日本官僚制改革の「劇薬」説もあり、おそらく間違いなく国の職員の意識と行動を国民指向に変転させていく基礎になるだろう。変えたくなくとも変わらざるをえないのである。

英語の public administration は日本語で「行政」としか訳しようがない。パブリックについては、一応、公共、公、公的という訳語を当てることができるが、アドミニストレーションには、ぴったりする日本語は見あたらない。H・サイモンの *Administrative Behavior* は、わが国では経営学者が翻訳したため「経営行動論」となっているが、かりに行政学者が翻訳したら何となるのであろうか。行政行動論になるのであろうか。パブリック・アドミニストレーションを、なぜ公的執行とか公的経営といえないのか判然とはしない。これまでのところ「行政」とならざるをえない。それならば、最近注目されているNPMのPM（Public Management）と、どこがどう違うのか、アドミニストレーションとマネジメントの相違にすぎないのであろうか。あるいは、いわゆるNPO（Non-Profit Organization）の運動家が、NPOをNew Public Organizationsと読み換えていることを知れば、公共活動を「行政」と競い合うライバルが民間団体として登場し始めていることをどう考えるのか。

行政学者にとって、このアドミニストレーションが難物なのではないか。どのような形容詞が付こうが、組織集団に何か共通した行動原理というか合理的な振る舞い方があるらしいことを分かっているが、その適切な訳語が見あたらない。したがって、英語で administrative reform という場合、これを「行政改革」と訳してしまってよいのかどうか疑問なしとしない。わが国で行政改革という場合は、どうみても改革の眼目がアドミニストレーションないし「行法的側面」にあるとは思えない。そうだとすれば、どんな理論と手法を行政学者は用意できているのかが問われる。本書もまたそうであったように、「政（まつりごと）」的側面に目が向いている。だからこそ、おそらく、行政の「政（まつりごと）的側面」が次第にそぎ落とされて「行法的側面」が比重を増していけば、アドミニストレーションとは何か、それを修飾し限定する「パブリック」とは何か、それは従来の「官」とどう違うのかが改めて問われることになるのではなかろうか。近年の「公共性」の検討あるいは「公共哲学」の研究の興隆は、それへの重要な手がかりを与えるだろう。

当面、現に進行している一連の制度改革が、「政治の世界」にどのような逆流現象を生み出すか、「政治主導」の「政治」にどのような質的変化を促していくのか、その「政治」は国民からどれほどの信頼を得られるのか、また、行政の「政（まつりごと）的側面」にどのような影響を及ぼしていくか注目していく必要があろう。そして、改革の進展に伴って、今後、現実の省庁行政が、「行法」化を遂げ、素っ気ない、散文的で、日常的な事象であるパブリック・アドミニストレーションになっていくとき、どのような理論と手法をわれわれは用意して、これと取り組むことができるのか。今程度の発想と知力で、より面白くなくなっていく「行法の世界」を面白く描くことができるであろうか。かりに今起こっている行政改革が、今までのような「政（まつりごと）を行う」官僚の存在理由を減衰させていく可能性があるとすれば、そうした公務員の実務活動に、研究者を駆り立てるどのような意義と魅力があるのか。比喩的にいえば、それは、地味で、真面目で、控え目な日常の暮らしを忍耐強く維持している堅気の世界の営みをいきいきと描く困難さに似ているかもしれない。ひょっとして日本の行政学者は新たな、しかも相当に困難な時代を迎えるのかもしれない。

日本の環境行政の礎を築いたといわれる橋本道夫の『私史環境行政』（朝日新聞社、一九八八年）は私に「官のシステム」を書かせる動機の一つになった。橋本は、その「おわりに」の中で、「行政官があらゆる方向からせめられるときに公正のあかしと変革のポテンシャルが生まれると私は体験的に信じている」とし、「なぜ国民の税金で給料が払われ、なぜ役割と権限が与えられ、なぜ身分が保障されているのかということは、公害行政官時代に身にしみてその意味を感じた。日本の公務員はこの点に目覚め、自らを厳しく律することがもっと強調されてよいのではないか」と問いかけている。私は、橋本の仕事と考え方の中に国民起点の公務員の姿を見る思いがした。官たちはどうしてそうなれないでいるのか、それを探りたいと考えた。古くから慣れてきた職務と人事の体系が状況の変化により病理現象を呈していることになぜ気がつかないのかと。

これまで国や自治体でさまざまな職員に出会ってきた。その中に意欲を持ち能力を発揮しようとして職場では「出る杭」扱いをされて辛い思いをしながらも、公務員としての自己形成を忘れずがんばっている職員がいて、そうした職員から学ぶことが多かった。

これまでの人生の幸せの一つは、現在は府省や民間で活躍している元学生たちと四半世紀以上の付き合いを続けてきたことである。氏名は省くが「陶駒会（すえこまかい）」のメンバーたちで、会の名前のとおり東京大学教養学部（駒場）で私が担当した政治学やゼミを受講した面々である。現役の官僚や大学教授など、しかるべき社会人として活躍している。中にはキャリア官僚を辞した者もいる。酒を酌み交わしながらも結構まじめに行政や官僚のあり方を議論する勉強会である。彼らとの語らいから現場の実情を学んできた。「森羅万象所管主義」という言葉は、この中の一人の造語である。拙いながらも本書を彼らに贈りたい。

本書が刊行できたのは、類まれな行政学者の西尾勝先輩による編集と本当に辛抱強く待ってくださった東京大学出版会の斉藤美潮さんのお蔭である。感謝を繰り返し申し上げたい。もう四〇年以上連れ添ってきた妻の章子は、私の仕事の日程調整など「秘書」役も果してくれている。「秘書」に決定権が集中しがちであるが、この連れ合いにも感謝したい。

二〇〇六年　盛夏

大森　彌

索　引

ア　行

赤木須留喜　39
浅井清　22, 45
足立忠夫　25, 27, 39
天下り　8, 224, 240
新たな人事評価　229
移管　165
意見照会　143
石原信雄　246
痛みわけ政治　205
一課一部屋　142
一括管理　235
一括採用　236
一所懸命　61
一所の執務空間　73
一般行政　44
一般行政職　28, 29, 42, 220, 227
一般職　6
一府一二省体制　85
井出嘉憲　3
稲継裕昭　211
稲葉清毅　138
大蔵省給与局　37
大部屋　53
　――主義　19, 54, 58, 63
大森政輔　175
大山礼子　251
岡光序治　253
小沢一郎　99
覚書　151, 152

カ　行

課　107
　――レベルの組織変動　162
概括列挙主義　63
改称　166
改文　148
閣議　246
閣議承認　246
隠れ公務員　136
課・室等に置かれる職　114
課長　107
課長級総括整理職　112, 141
課長級分掌職　141
外国人研修生　60
係長　144
各省庁設置法　83
学卒一斉採用　37
格付　33
鹿児島重治　47, 252
霞が関　16
片山虎之助　189
加藤淳子　154
加藤秀樹　237
川手摂　31, 32, 38, 42
官員　3
環境省　202
官紀　17
官公均衡　15
間接統治　10
官族複合態　238
官尊民卑　6
菅直人　175

幹部職員の不祥事　240
官房　93, 103
官房三課　105
官房審議官　103
官房長　103
官吏　3
　天皇（陛下）の——　4, 8, 11-13, 237
管理職　77, 78
管理職員等の範囲　146
官吏服務紀律　8
官僚たたき　259
企画官　149
企画法令係長　143
機関委任事務制度の廃止　176
技官集団　183
義務教育費国庫負担制　197, 203
キャリア　7, 57, 142
　——制度の廃止　216
キャリア採用試験　40
キャリアシステム　7
　——の見直し　215
キャリア中心主義　220
キャリアパス　211
級別定数　219
給与準則　51
給与制度　30
給与等級型試験　41
行政改革会議　175
行政改革推進法　137
行政関係検討グループ　178
行政管理局　101, 116
行政機構　90
行政組織変遷史　169
行政の政治化　239
業績評価　233
共同統治ルール　247
協働の体系　63
行法　3, 18
行法的側面　279
行法官　3
局　93, 106
局長　106
切り落とし　89, 135
勤務評定　228
金融庁　90
久世公堯　59
口利き政治　249
グループヒアリング　178, 181
計画的削減　130
経済財政諮問会議　1
警察官　14
経済産業省　202
継受（サクセッション）　2
原案一本化　152, 252, 253
権威　71
権威主義　71
減員　167
現業職員　131
研修員　55, 57
建設国債対象経費　205
憲法第六五条問題　174
降格　167
厚生労働省　199
更迭　6
降任　6
公僕　13
公務員白書　210, 242
公務遂行能力　62
国土交通省　202
国民健康保険　200, 204
国務大臣　84
国立大学法人　2
個室　58
個人評価　233
国家　14
国会解除　157

国会対策　154
国会答弁書　157
国家行政組織法　1, 83, 92
国家公務員　14
　——の純減　120, 207
国家公務員採用試験　30
国家公務員法　21
　——改正　46, 223, 224
　——第 75 条　225
国家公務員倫理規定　245
国家公務員倫理法　17, 244
国庫負担金　184
国庫補助金　184
後藤田正晴　13

サ　行

採用　7, 52
砂金嵐　259
座席の配置　65
佐藤栄作　117
三すくみ状態　191
三位一体改革　189
GHQ（連合国最高司令官総司令部）　10, 36
次官　102
施設等機関　94
自然減耗　119, 133
実施庁　90, 133
質問主意書　160
質問通告　155
指定職　106, 218
児童扶養手当　205
自民党行政改革推進本部　180
事務次官　20, 95, 102
事務次官等会議　102
事務稟議　151
一五級制　26, 39
主計官　146
主任の大臣　85, 86
自由任用制　27, 30, 42, 255
　官吏の——　43
純減目標　120
生涯職　66
昇格　167
常設官僚制　102
省庁間の合併　87, 89
省庁再編　20
省庁設置法　238
省庁の内部組織　82
省庁分担管理　238
城内融和　69
昇任　7, 52
上命下服　71
所管課　139, 195
　——の力　154
職員団体　12
職員配置　55
所掌事務　63
職階課　23
職階給制　37
職階制　21
　——廃止　47
職階制まがい　32, 38
職階法　21
　——の廃止　225
職級　33
職級明細書　33, 34
職場組織　51
職場能力　6, 254
職務記述書　48, 66
職務行動　229
職務行動評価　229
職務段階　217
職務能力　6
所属長　77
処分　244

辞令　7, 52
審議会　93, 148
人件費削減　120
人事異動　7, 62, 66, 70, 75
人事院　22, 209, 210
　──の設置　46
人事行政　209
人事考課　222
人事システム　209
人事評価シート　230
新設　163
新藤宗幸　247
森羅万象所管主義　237, 258, 281
スクラップ・アンド・ビルド　117
スポイルス・システム　28
スリム化　121, 138, 183
政官の相互浸透　248
税源の移譲　184, 186, 206
政策共同体　184
政策決定職（ポリシー・メーキング・ポジション）　28
政策稟議　151
政治主導　275
政治的中立性　7
政治任用　84, 255
政治の行政化　239
政と官の役割分担　224
政府委員　99
政府介入　240
政府参考人　99
政務次官制　99
政令事項　83
セクショナリズム　234
世俗化　8, 13
専門能力　6, 254
増員　167
総額裁量制　198
総括整理職　108
総括課長補佐　66
総人件費削減　122
総定員の最高限度　130
想定問答　156
総務係長　66, 145
総務省　197
総量管理方式　130
奏任官　9, 36
属人主義化　70
組織
　──の新設（ビルド）　117
　──の適正規模　76
　──の廃止（スクラップ）　117
組織管理　116
組織共用文書　149
組織規律　89
組織段階　220
外出し公務員　135
尊厳化　8

タ　行

第一次分権改革　173
第一次臨時行政調査会　83
第二次臨時行政調査会　47, 83
待機　155
退職　7
退職管理の一元化　235
大臣　97
大臣政務官　98
大臣庁　85, 86
大臣レク　159
対民衆官紀　9, 13, 240
タコ部屋　57, 149
田代空　57
多田富雄　48
縦割り行政　97
小さい政府　1, 136
チーム評価　232

チームプレー　76
地方警察職員　14
地方警務官　14, 124
地方支分部局　16
地方分権改革推進会議　186
地方六団体　191
　――の改革案　192
中央教育審議会　198, 204
中央省庁等改革　88
中央省庁等改革基本法　88
中二階総括整理職　112
懲戒処分　243
勅任官　9, 36
辻清明　9, 25, 27, 46, 209, 236, 276
定員管理　101
定員管理法制別定員　124
定員削減　19
鉄格子　19, 81, 82, 119
転勤　66
統合　165
特殊法人　121
特別職　6, 85
特別の機関　95
特命担当大臣　90
独立行政法人　2, 90, 92, 121
土光臨調　10, 87
トラブル・メーカー　239

ナ　行

内閣府　1, 89, 196
　――本府　1, 89
内閣法制局　150
内部告発　70
内部昇進　37
中曽根行革　239
西尾勝　45
二重の駒型　211
根回し　150
粘性　19, 41
能力等級制　23, 224, 225
能力等級法　23
能力評価　233
農林水産省　201
野中広務　223
ノンキャリア　7, 57
　――の幹部登用　216

ハ　行

廃止　166
廃止―新設　164
配置　7
配置換え　7
配置（座席）表　61
配転　52
初めに職員ありき　52, 62
初めに職務ありき　52, 61
橋本道夫　280
八割規定　42
判任官　9, 36
坂野泰治　252
非現業職員　124, 131
非公務員化　121
秘書官　100
部　106
福澤諭吉　5
副大臣　98
府省組織の規格化　19
府省の政治部門　256
府省名等の総括整理職　109
部長　106
復活　166
フラット化　138
分割　166
分割逃げ回り　11, 12
文官高等試験（高文）　27, 35, 36
分権改革　20, 174

公共事業の――　183
分掌職　108, 170
文書管理規程　250
文書発信権　142
分担管理　16, 85, 86, 139
俸給　8
俸給表　217, 220
法律作成　148
法律事項　83
補佐級分掌職　141
ポスト削減　138
骨太の方針　1
――2003　189
――第四弾　190
本府省課長級　229
本府省課長補佐級　229

マ　行

増島俊之　137
政（まつりごと）的側面　19, 275
真淵勝　171
水谷三公　6
身分切り替え　15
身分付与型試験　40
村上泰亮　240
村松岐夫　134, 154
面従腹背　72
免職　6
諸井虔　253
文部科学省　197

ヤ　行

役割達成度評価　229
郵政事業　131
有能さ　68
よき人柄　77
予算編成　146
与党・政府合意　192, 203
与党勉強会　153

ラ　行

猟官制　26
倫理規程　244
劣化した職場共同体　69
労働基本権　224
六級職　26
――の採用試験　26, 40

著者略歴
1940年　東京生れ
1968年　東京大学大学院修了，法学博士
1984年　東京大学教養学部教授
1996年　東京大学大学院総合文化研究科教授
1997年　同研究科長・教養学部長
2000年　東京大学停年退官，千葉大学法経学部教授，東京大学名誉教授
2005年　千葉大学定年退職

主要編著書
『日本の地方政府』（共編著，東京大学出版会，1986 年）
『自治体行政学入門』『自治行政と住民の「元気」』『自治体職員論』（良書普及会，1987 年，1990 年，1994 年）
『新版 分権改革と地方議会』（ぎょうせい，2002 年）
『変化に挑戦する自治体』（第一法規，2008 年）
『政権交代と自治の潮流』（第一法規，2011 年）

行政学叢書 4　官のシステム

2006 年 9 月 26 日　初　版
2015 年 7 月 3 日　第 11 刷

［検印廃止］

著　者　大森《おおもり》　彌《わたる》

発行所　一般財団法人　東京大学出版会
代 表 者　古田元夫
153-0041 東京都目黒区駒場 4-5-29
電話03-6407-1069・振替00160-6-59964
http://www.utp.or.jp/

印刷所　株式会社理想社
製本所　牧製本印刷株式会社

ISBN 978-4-13-034234-6　Printed in Japan

西尾勝編

行政学叢書

全12巻四六判・上製カバー装・平均二八〇頁

日本の政治・行政構造を剔抉する、第一線研究者による一人一冊書き下ろし

1 官庁セクショナリズム　今村都南雄　二六〇〇円
2 財政投融資　新藤宗幸　二六〇〇円
3 自治制度　金井利之　二六〇〇円
4 官のシステム　大森彌　二六〇〇円
5 地方分権改革　西尾勝　二六〇〇円

ここに表示された価格はすべて本体価格です．御購入の際には消費税が加算されますので御了承下さい．

6	内閣制度	山口二郎	二六〇〇円
7	国際援助行政	城山英明	二六〇〇円
8	行政改革と調整のシステム	牧原　出	二八〇〇円
9	地方財政	田邊國昭	
10	道路行政	武藤博己	二六〇〇円
11	公務員制	西尾　隆	
12	政府・産業関係	廣瀬克哉	

ここに表示された価格はすべて本体価格です．御購入の際には消費税が加算されますので御了承下さい．